W0060991

Stephan Wackwitz

Fifth Avenue
Spaziergänge
durch das letzte
Jahrhundert

S. Fischer

© S. Fischer Verlag GmbH, Frankfurt am Main 2010
Satz: pagina GmbH, Tübingen
Druck und Bindung: GGP Media GmbH, Pößneck
Printed in Germany
ISBN 978-3-10-091059-2

Inhalt

Musik

Die Fifth Avenue entspringt (denn wir erzählen in Richtung des Verkehrsflusses von der berühmten New Yorker Einbahnstraße) am nordöstlichen Stadtrand von Harlem. An einem strahlenden Samstagnachmittag im März 2008 habe ich mich in die unansehnliche, vage heruntergekommene Stadtlandschaft am Harlem River verirrt, wo der Weltboulevard seinen Ausgang nimmt. Das Flussufer riecht nach Wasser und Verwesung. Eine Brücke aus Stahlträgern führt in die Bronx hinüber. Lagerhäuser und backsteinerne Sozialwohnungen nehmen quadratkilometerweit kein Ende. Der Highway, der die Insel Manhattan einfasst, wütet hinter einer Absperrung vorüber. Er folgt dem Verlauf des Harlem River von Nord nach Südost zum East River. Eine ihrer ästhetischen Absichten nicht ganz gewisse Stadtplanung hat das Dreieck, das durch die Begegnung von diagonalem Flussverlauf und rechtwinkligem Straßengitter zustande gekommen ist, auf der Mitte der Straßenkreuzung in Gestalt eines kaum vorgartengroßen Verkehrsinselparks wiederholt. Drei kleine Bäume. Zwei unbequeme Bänke. Pflegeleichtes Bodengehölz. Vom unablässig wehenden Wind der Flusslandschaft hergetragene Plastiktüten haben sich in ihm verfangen. Zigarettenkippen. Werbeprospekte, wie man sie in Hauseingängen findet und irgendwo wegwirft, vergilben im Rinnstein. Und inmitten der Vernachlässigung steht und glänzt im kalten Frühlingssonnenlicht ein drei Meter hoher Obelisk aus dunkelgrauem Granit.

Einen Moment lang ist er ein Zitat aus den Anfangsszenen von Stanley Kubricks »2001 – Odyssee im Weltraum«. Wenn man sich nicht entschließen will, den wie vom Himmel in diese denkbar unpassende Gegend gefallenen Stein auf eine schwer greifbare Weise unheimlich zu finden, ist er entschieden rührend in seinem rudimentären und schmutzigen Miniaturpark – und deswegen wie alles Rührende auch ein bisschen lächerlich. Obelisken sind seit dem frühen 19. Jahrhundert die schwersten, die geheimnisvollsten, die ultimativ dramatischen Zeichen repräsentativer Städtebaukunst gewesen. 1836 wurde der Obelisk von Luxor auf der Place de la Concorde in Paris aufgestellt. Nicht lang zuvor war die riesige Freifläche zwischen Stadt und Palast nach der Revolution benannt gewesen und hatte die Guillotine beherbergt. Die von undeutbaren Bildern bedeckte Steinsäule aus dem fremden Land war dort aufgerichtet als nicht zu entzifferndes und deshalb auf alles Erdenkliche verweisendes Zeichen eines wiederhergestellten Zusammenhangs der Stadt, des Landes, der Lebenden und der Toten (die Ägypter symbolisierten in diesen seltsamen, eleganten und unübersehbaren Stelen, wie man vermutet, die Strahlen des Göttlichen, das in ihnen auf die Erde trifft). Seitdem ließ sich jedes Beaux-Arts-Stadtbild des 19. Jahrhunderts angelegen sein, einen wirklich aus

8

Ägypten herangeschafften oder vor Ort selbst behauenen Obelisken an denjenigen Plätzen, Embankments und Promenaden aufzustellen, wo es besonders mysteriös, bedeutungsreich und romantisch zugehen und den Spaziergänger anmuten sollte.

Allerdings hat der Obelisk am Ursprung der Fifth Avenue nichts von der Größe, der Verwittertheit, der Authentizität zum Beispiel des sogenannten »Obelisken von Heliopolis«, der ein paar Kilometer südlich von hier zwischen Metropolitan Museum und Central Park steht (der New Yorker Industriefürst William H. Vanderbilt hat ihn im späteren 19. Jahrhundert aus Ägypten hierher transportieren lassen). Doch sind auch die goldenen Inschriften des kleinen Monuments in Harlem fast hieroglyphenhaft geheimnisvoll, und ihr Sinn wäre nicht zu enträtseln, wenn nicht eine grünweiße Erklärungstafel der Stadtverwaltung einen ins Bild setzen würde. Die französischen Ortsnamen nämlich, die kryptischen Datumsangaben, das Symbol der drohend aufgerollten, zum Vorschnellen bereiten Schlange und die zugleich umständliche wie lakonische Truppenbezeichnung »369th Infantry Regiment (15th Regiment NYG) (Colored)«, erfährt man, verweisen auf eine Einheit der US-Nationalgarde. Als regulärer Truppenteil der vierten Armee der französischen Republik hat das hier geehrte 369. Infanterieregiment nach 1917 gegen das Deutsche Kaiserreich gekämpft (und gegen meinen Großvater, dachte ich sofort, der als Offizier damals in Flandern stand). Allein bei der Befreiung des Fleckens Sechault in den Ardennen fiel ein Drittel der

Einheit. Die Überlebenden des Kriegs wurden nach ihrer Rückkehr mit einer Parade geehrt, die vom Washington Square aus die gesamte Fifth Avenue stadtauswärts nach Harlem entlanggeführt hat – bis zu dem seltsamen Platz, auf dem wir jetzt stehen und in der Märzsonne blinzelnd uns einen Reim auf die goldenen Inschriften des kleinen grauen Obelisken zu machen versuchen.

Die »Harlem Hellfighters«, wie das »369th Infantry Regiment (15th Regiment NYG) (Colored)« der New Yorker Nationalgarde sich irgendwann selbst getauft hat und von seinen weißen Kameraden bald immer respektvoller genannt werden sollte, ist eine rein afroamerikanische Einheit gewesen (in der American Army herrschte zur Zeit des Ersten Weltkriegs noch *race segregation*). Nach dem Eintritt der USA in den Krieg im April 1917 wurden die »Hellfighters« in die Armee übernommen. In South Carolina trainierte man sie unter dem rassistischen Hohngelächter der Einheimischen als eine Art Exotikum auf Gefechtsbedingungen. Und am Neujahrstag des Jahres 1918 schließlich betrat mit dem »369th Infantry Regiment« ein Gepäckträger und Mietpage aus Albany im Staat New York den in schon vier entsetzlichen Jahren umkämpften Kontinent Europa: Henry Lincoln Johnson. Diesem Mann wird unsere Erzählung jetzt eine Weile lang folgen, bis seine Gestalt sich wieder in den Atmosphären, Erinnerungen und Geistererscheinungen verflüchtigen wird, die in dem kleinen vernachlässigten Verkehrsinselpark am Ursprung der Fifth Avenue umgehen.

Man weiß im Grunde nicht viel von Henry Lincoln Johnson. Er war 1897 irgendwo im Süden zur Welt gekommen, noch vor der Übersiedlung der Familie nach New York State. Sein zweiter Vorname lässt darauf schließen, dass seine Eltern gehofft haben, mit ihrem Kind der Erinnerung an die Sklaverei, die zu Beginn des 20. Jahrhunderts noch schwer auf den amerikanischen Südstaaten gelastet hat, in erfolgversprechendere Gegenden zu entfliehen. Aber es war dann doch nur ein professioneller Lastenträger aus Henry Lincoln geworden, der sich in Albany am Bahnhof bereithielt, um gegen Entgelt Golfausrüstungen, Hutschachteln, Seekisten und Koffer in Autos zu verladen oder auf Hotelzimmer zu schleppen. Auch seine Karriere in Nationalgarde und Armee war lange Zeit unspektakulär verlaufen. Bis am 14. Mai 1918 Private Johnson im Niemandsland zwischen den Fronten des Argonner Walds einen verwundeten Kameraden zu seiner Einheit zurückbegleitete und in einen Spähtrupp von dreißig bis vierzig deutschen Soldaten hineinlief, die das Feuer eröffneten. Johnson wurde in dem sich nun entfaltenden Schusswechsel verwundet. Er scheint einen Moment in Ohnmacht gefallen und für tot liegengelassen worden zu sein, während die Deutschen seinen Kameraden in die Gefangenschaft davonführten.

Nun passierte Folgendes: Henry Lincoln Johnson erlangte nach kurzer Zeit das Bewusstsein wieder und sah sich ohne seinen Schutzbefohlenen allein im Schlamm des Argonner Waldes liegen. Er stand trotz seiner schweren Verwundung irgendwie auf, nahm – offenbar vollkommen *high* von Wut und Adrenalin – sein noch geladenes Gewehr an sich, setzte dem deutschen Spähtrupp, seine Waffe leerschießend, nach und warf sich, ausgerüstet mit nichts als seinen Fäusten und dem sogenannten »Bolomesser«, einer unterarmlangen Machete, auf den Feind, dessen Verblüffung in einen entscheidenden taktischen Vorteil umwandelnd. Der sich rücksichtslos in die völlig aus dem Konzept gebrachten deutschen Pioniere hineinkämpfende (dabei, wie gesagt: selbst schwer verwundete) Henry Lincoln Johnson ließ eine beispiellose Schneise der Vernichtung hinter sich. Der Entfesselte tötete vier deutsche Soldaten, verwundete um die zwanzig, schlug die übrigen in die Flucht, kümmerte sich eine Nacht lang um seinen Kameraden und wurde erst im Morgengrauen von seinen scheu staunenden Kameraden entsetzt.

Die Nachricht vom Amoklauf des Gepäckträgers aus dem amerikanischen Albany verbreitete sich mit der Geschwindigkeit eines Steppenbrands bei Freund und Feind. Henry Lincoln Johnson wurde im französischen Heeresbericht erwähnt und erhielt das »Croix de la guerre«. Das 369. Infanterieregiment sollte wenig später auch als Einheit diesen Orden erhalten und wurde weithin berühmt als eine der tapfersten Truppen des großen Krieges. Der Mann jedoch, der in einem einzigen, nie mehr zu vergessenden Lebensmoment eine generationenalte Wut auf den weißen Mann im Rahmen des militärisch Zulässigen und Erwünschten in sich befreit und eine gar nicht mehr übersehbare Schuld der Weißen an deutsche Soldaten zu-

rückgezahlt hatte, wurde wie so viele Veteranen aus dem
ersten großen Krieg des 20. Jahrhunderts nicht mehr heimisch in der Welt. Militärische Heldenstücke wie das von
Henry Lincoln Johnson am 14. Mai 1918 vollbrachte sind
vielleicht nur zu erklären durch die Annahme eines in
vielen (vielleicht allen) Menschen bereitliegenden Dispo-
sitivs der Tötungslust. In bestimmten Extremsituationen
von Angst und Wut entlädt es sich (das ist die eine Möglichkeit) verbrecherisch. Oder eben, wenn Krieg ist, in
einem Rahmen, der zur Verleihung von Orden führt.

»Drei Minuten vor dem Angriff winkte mir Vinke mit
einer gefüllten Feldflasche. Ich tat einen tiefen Zug. Es
war, als ob ich Wasser hinabstürzte. Nun fehlte noch die
Offensivzigarre. Dreimal löschte der Luftdruck das
Streichholz aus. Der große Augenblick war gekommen.
Die Feuerwalze rollte auf die ersten Gräben zu. Wir traten an.« So hat Ernst Jünger die Seelenzustände »in Stahl-
gewittern« beschrieben. Sie herrschten von 1914 bis 1918
auf beiden Seiten des Frontensystems im Westen. Das
nordfranzösische und flandrische Erdreich war in jenen
Jahren unterminiert, als seien dort Maulwürfe am Werk,
die in einem Albtraum oder Horrorfilm zu Raubtieren
mutiert waren. Von Zeit zu Zeit brachen sie hervor ans
Licht und stürmten voll Mordlust nach vorn. »Im Vorge-
hen erfasste uns ein berserkerhafter Grimm. Der über-
mächtige Wunsch zu töten beflügelte meine Schritte. Die
Wut entpresste mir bittere Tränen. Der ungeheure Ver-
nichtungswille, der über der Walstatt lastete, verdichtete
sich in den Gehirnen und tauchte sie in rote Nebel ein.

Wir riefen uns schluchzend und stammelnd abgerissene Sätze zu, und ein unbeteiligter Zuschauer hätte vielleicht glauben können, dass wir von einem Übermaß an Glück ergriffen seien.«

Wie Hochverrat ist Massenmord eine Frage des Datums. Johnson könnte (sich so den Fall zurechtzulegen und ihn in seinen geheimen Implikationen weiterzuspinnen, kommt man bei längerem Nachdenken nicht umhin) in einem umnebelten Zustand des Außersichseins gesteuert gewesen sein von der nicht mehr zu kontrollierenden Wutlust darauf, weiße Männer umzubringen. Es war eine Urszene, eine extreme, im Körper Henry Lincoln Johnsons aufgespeicherte, aus fernen Zeittiefen an ihn überlieferte Möglichkeit, die an jenem Maitag im Jahr 1918 plötzlich überwältigende Realität wurde. Wer aber derlei einmal erlebt hat, aus dem wird kein guter Gepäckträger mehr. An der Siegesparade seiner Einheit die Fifth Avenue stadtauswärts hat Henry Lincoln Johnson noch in der ersten Reihe teilgenommen. Ich betrachte im Internet das vergilbte Foto eines schüchtern dreinblickenden, kleingewachsenen schwarzen Mannes unter dem französischen Helm. Man fährt ihn stehend in einem offenen Auto wie einen Präsidenten oder sonst eine Zelebrität. Und er hält, so ungeschickt und verlegen wie manche Geistererscheinungen, einen Blumenstrauß in der Hand.

Aber mit seiner Frau (die sich vor ihrem Mann insgeheim jetzt gegraust haben mag) wurde es nach seiner

Rückkehr aus Frankreich nie mehr wie zuvor. Seine vielen Kriegsverwundungen machten es ihm unmöglich, weiter in seinem Beruf zu arbeiten. Der von Dünkel und Rassenangst verblendeten US-Armeeführung ist das von Private Johnson in Frankreich angerichtete Massaker (das als Heldentat anzuerkennen sie freilich nicht umhin konnte) offenbar tief unheimlich gewesen. Sie verweigerte ihm angemessene soziale Unterstützung ebenso wie eine militärische Auszeichnung. Erst knapp über dreißig Jahre alt starb Henry Lincoln Johnson 1929 im Veteranenkrankenhaus von Albany am Alkohol und an den Folgen seiner Verwundungen (mein Großvater, der im selben Jahr geboren ist wie Private Johnson und im gleichen Krieg gekämpft hat wie er, stand – hochdekoriert – damals einer deutschen Auslandsgemeinde im polnischen Oberschlesien vor und würde noch fünfzig Jahre, bis 1979 leben; eine andere Geschichte, die anderswo erzählt worden ist). Henry Lincoln Johnson aber wurde erst von Präsident Bill Clinton 1996 posthum das »Purple Heart« verliehen. Und eine Veteraneninitiative, die in Albany schon die Errichtung eines Denkmals für ihren berühmten Kameraden und die Umbenennung einer Ringstraße in »Henry Johnson Boulevard« durchgesetzt hat, lässt sich derzeit die Höherstufung dieses Ordens zur höchsten amerikanischen Tapferkeitsauszeichnung, der »Medal of Honor«, angelegen sein.

Die Geschichte Johnsons ist eine Art Mikroskop oder Fernglas. Man kann mit ihm die Tage und Nächte, die Träume und Ängste, die Wut und die Einsamkeit der

kein Ende nehmenden Mordmonate des Ersten Welt-
krieges betrachten – Erlebnisse, von denen dann oft
schon die übernächste Generation (»Opa erzählt wieder
vom Krieg«) nichts mehr wissen will. Die Geschichte der
Kunst ist weniger pointillistisch, skandalös und unterirdisch überliefert als die der körperlichen Tapferkeit und
militärischen Tötungsathletik. Die Eroberer und Wegbe-
reiter, die Schurken und Versager, die Hochstapler, die
Berühmten und die Verkannten im kulturellen Geister-
reich sind Thema einer episch ausschwingenden, vielfäl-
tig zusammenhängenden, gut ausgearbeiteten und oft
wiederholten Erzählung, die sich jeder gern vergegen-
wärtigt. Verblüffenderweise aber hat auch zu ihr das
»369th Infantry Regiment (15th Regiment NYG) (Colored)« ein entscheidendes Kapitel beigetragen. In den nun
folgenden Wochen erfuhr ich es schrittweise, staunend
und immer mehr erfüllt von so etwas wie Ehrfurcht,
auf Spaziergängen und über Recherchen in Bibliotheken
oder im Internet, nachdem ich den Faden an jenem kalt
strahlenden Märznachmittag des Jahres 2008 in Harlem
einmal aufgenommen hatte.

Um es kurz zu machen: Die Regimentskapelle der »Harlem Hellfighters« war eine der berühmtesten und ein-
flussreichsten Jazzformationen der Musikgeschichte. Die
»369th Infantry Regiments Band« hat ihre Kameraden
aufgeheitert und getröstet durch damals hochberühmte
Nummern wie »On Patrol in No-Man's Land«. Einerseits. Andererseits und sozusagen nebenher aber hat diese Regimentskapelle nichts Geringeres geleistet als die

Einführung des Jazz in Frankreich und überhaupt in Europa. Ihr Bandleader, der Pianist James Reese Europe, ist als Musiker und Kulturpolitiker eine zentrale Figur des »Ragtime«, jener synkopierten und harmonisch grellgefärbten Marschmusik, aus der erst in den zwanziger Jahren entstanden ist, was wir heute Jazz nennen. Vor dem Ersten Weltkrieg freilich war Ragtime noch nicht die Vorgeschichte von irgendetwas, sondern eine von mehreren Avantgarden schwarzer Kultur, die sich in New Orleans, Chicago und Harlem etablierte und den Kampf um ihre gesellschaftliche Legitimation aufnahm.

Wie Henry Lincoln Johnson kam James Reese Europe aus dem Süden, aus Alabama. Schon seine Eltern waren Musiker. Und bei dem Kompositionswettbewerb, der dem musikalischen Wunderkind zum ersten Mal so etwas wie Ruhm eintrug, bekam er nur deshalb den zweiten und nicht den ersten Preis, weil den seine kleine Schwester gewann. Mit 22 begann er in New York für die wichtigsten Bandleader seiner Zeit zu spielen. Die Künstlerlegende behauptet, der siebenjährige George Gershwin habe auf dem Bordstein des Harlemer Lokals gesessen, wo Europe's Musik durch offene Türen zu ihm herausdrang. Fest steht jedenfalls, dass James Reese Europe, dessen Ruf sich in der Musikwelt nun schnell verbreitete, sein Prestige als Künstler in die Gründung einer kulturpolitisch bahnbrechenden und bis heute vorbildlichen Musikerkooperative einbrachte. Der »Clef Club«, dessen Immobilie in Midtown, an der West 53rd Street, bald zum Zentrum des Jazz in New York wurde, ist eine Kombination von Künstlergewerkschaft, Lokal, Konzertagentur und Musikklub gewesen. Ein visionäres Monument der Selbstorganisation einer Berufsgruppe, die in der öffentlichen Wertschätzung damals noch knapp über Schuhputzern, Clowns und Gangstern rangierte. Und der höhere Organisationsgrad zahlte sich aus. Zunächst in einem neuen Selbstbewusstsein der New Yorker Jazzmusiker, aber dann auch sehr schnell in verbesserten Arbeitsbedingungen und intensiver Kommunikation über Musik, über Auftrittsmöglichkeiten, Personalien und den neuesten Klatsch. Der Arbeiterbewegung analog und parallel zu deren Erfolgen kam es schon vor dem Weltkrieg zu einer gewerkschaftsartigen Beheimatung und Einbürgerung des musikalischen Jazz-Prekariats in der entstehenden schwarzen *middle class*. Die in der Folge zum Träger der sich in solchen Initiativen bereits ankündigenden »Harlem Renaissance« der zwanziger Jahre werden sollte.

Die »Harlem Renaissance« ist die erste und der Musterfall einer Reihe von Arrivierungsbewegungen gewesen, aus denen die Kulturgeschichte New Yorks im letzten Jahrhundert besteht. Neuformatierungen (Verklärungen) des Marginalen und Verachteten waren seit Beginn des Jahrhunderts das wichtigste Funktionsprinzip der künstlerischen Moderne in Europa. Spätestens seit Duchamps Aufenthalt von 1915 bis 1919 war New York ihr transatlantischer Stützpunkt. Das endgültige modernistische Zentrum, Erbin des Pariser Montmartre, ist die Stadt erst nach dem Zweiten Weltkrieg geworden und dann das ganze letzte Jahrhundert hindurch geblieben. Die Kulturbewegung New Yorks verlief dabei von den verachteten Rändern im Norden und Süden in die Kunsttempel von Midtown. Eine unablässig sich drehende Sittenkomödie der sozialen und kulturellen Neuinterpretation war die letzten hundert Jahre hier in Gang. Eine allseitige Umdeutungsmaschinerie zwischen oben und unten. Ein permanent tagendes Jüngstes Berufungsgericht, das im kulturellen Feld die Polpositionen verschob und vertauschte. Zwei Förderbänder der Kulturbewegung beschäftigten sich das ganze 20. Jahrhundert lang unablässig damit, Kunstwerke, Stile, Toleranzen, Paradigmen die Fifth Avenue hinauf- und hinunterzuschaffen, von Harlem im Norden und vom Greenwich Village im Süden zur etablierten Mitte der Stadt: ins MoMA, in die Carnegie Hall, ins Whitney Museum of American Art, ins Lincoln Center und ins Metropolitan Museum.

Illegitime Unterschichtenkulturen wie Jazz oder *folk music* fanden sich in New York mit oft spektakulärer Geschwindigkeit auf dem kulturellen Olymp wieder und Bilder von Suppendosen im ersten Museum des Landes. Unten war hier so plötzlich oben wie nirgendwo sonst auf der Welt und zugleich so sichtbar und sensationell oben wie sonst nirgendwo. Was in ungeheizten Ateliers *downtown* unter allgemeinem Kopfschütteln entstanden war, hing über Nacht (ein halbes Jahr später) *uptown* im Metropolitan Museum. Das kulturelle high/low-Mobile, das sich im soziokulturellen Oben/Unten-Schema der

New Yorker Avenuen spiegelt, ist Erbe und Spielform des Klassenkampfs zwischen Bourgeoisie und Proletariat gewesen. Bis ins 20. Jahrhundert hinein hatte der soziale Urkonflikt des 19ten die architektonische Gestalt der Stadt geprägt – bis in die Lage und Beschaffenheit des letzten Pflastersteins. Heute dagegen (und schon seit langem) werden Immobilienpreise, Ansehensgewinne, das *image* von Häusern, Menschen, Vierteln in New York anhand kultureller Unterscheidungen bestimmt. So kann man die Geschichte New Yorks im 20. Jahrhundert schreiben als die Verwandlung des Klassenkampfs in Kulturkämpfe. Oder als die Ablösung der Massaker, Schlachten, Orden und Triumphe des Kriegs durch die Siege, Niederlagen, Karrieren und Untergänge, die im Reich der Kunst vorkommen und möglich sind. Als die Geschichte, um es mit zwei Namen zu sagen, der beiden Regimentskameraden Henry Lincoln Johnson und James Reese Europe.

Schon vor dem Krieg, am 2. Mai 1912 war das Ragtime-Orchester des Clef-Club unter der Leitung von James Reese Europe zum ersten Mal in der Carnegie Hall in Midtown aufgetreten. Eine Band aus Harlem im vornehmsten Konzertsaal der Bourgeoisie – das war 1912 eine kalkulierte Provokation, ein spektakulärer Akt des Muts, eine Offenheit auf Seiten des Carnegie-Managements, die in europäischen Kultureinrichtungen damals undenkbar gewesen wäre. Und eine Gelegenheit, der sich James Reese Europe mit seinen musikalischen Mitstreitern nun in einer so aufregenden und überzeugenden Weise gewachsen zeigte, dass der Ragtime-Tabubruch bis zum Beginn des Ersten Weltkriegs und zur Einschiffung der Band nach Frankreich noch zweimal wiederholt werden sollte. James Reese Europe aber fiel nach der Rückkehr aus dem Krieg (den er unversehrt überstanden hatte) auf der Amerika-Tournee seiner Band dem Wutausbruch eines Perkussionisten zum Opfer, der in der Konzertpause aus einem längst vergessenen Grund mit dem Messer auf seinen Chef einstach und ihm die Halsschlagader durchtrennte. In der Geschichte seiner Musik hat es James Reese Europe nicht zu größerem Ruhm gebracht als zu dem eines Wegbereiters. Und es ist ein ironischer Akzent seines Lebenslaufs, dass ihm (der auf kulturellen Feldern ungleich Bleibenderes geleistet hat als auf denen des Kriegs) im Gegensatz zu seinem (tatsächlich bis zur Unheimlichkeit tapferen) Kameraden Henry Lincoln Johnson die militärische Ehre einer Bestattung auf dem Heldenfriedhof in Arlington zuteil wurde.

Es herrschte dann schon ein geradezu mediterran festlicher und überschwänglicher Frühling in New York, als ich im April 2008 an Wochenenden die Gewohnheit annahm, von der 96sten Straße ins puertorikanische East Harlem hinaufzuwandern und am Jefferson Park vorbei zur 125sten Straße. An dieser Ost-West-Magistrale, der repräsentativen Hauptstraße von Harlem, liegt nicht nur das musikgeschichtlich legendäre Apollo-Theater oder das Büro Bill Clintons, sondern auch das National Black Theatre und, an der Kreuzung zur Lenox-Avenue (die hier Malcolm X Boulevard heißt), die Lenox Lounge, ein erst 1999 wiederhergestelltes und der Ruinierung entrissenes innenarchitektonisches Ensemble der vierziger Jahre, in dem Miles Davis und John Coltrane gespielt, James Baldwin und eben Malcolm X sich amüsiert haben. In einer der kunstledernen Sitzbuchten kann man dort am Fenster einen Kaffee trinken, auf den Boulevard hinaussehen und den Erinnerungen nachsinnen, die einen aus dem langen Spiegel hinter der Bar anfliegen. Die Täfelung aus gelben und braunen Hölzern ist vollständig erhalten, allerlei Intarsien aus Glas und goldenen Mosaiksteinchen sind liebevoll restauriert. Ein alter Mann saß jedesmal, wenn ich dort war, gleich am Eingang. Er trug einen eleganten hellen Anzug, altmodisch spitze Schuhe, einen braunen Fedora-Hut und wirkte vage zuständig oder zumindest, als habe er hier immer schon gesessen. Manchmal sah er in einer eigenartig verkrampften Haltung (die er hätte vermeiden können, wenn er nur einen oder zwei Plätze weiter in den Raum hineingerückt wäre) zu dem ununterbrochen laufenden Fernseher über ihm empor, und manchmal unterhielt er sich mit einer der jungen Frauen, die sich hinter der Theke langweilten (zu dieser Tageszeit kommt fast niemand in die Lenox Lounge).

Der hintere Konzertraum ist von der Bar getrennt durch Glasscheiben, in die elegant geschwungene Art-Deco-Ornamente geätzt sind. Auch wenn abends dort sehr ernstzunehmende Jazzmusiker für Touristen und für die Leute aus der Nachbarschaft spielen, ist es nicht wirklich überfüllt. Es war ein Abend im März 2008. Wir waren zum ersten Mal hergekommen. Gegen zwölf bestellte die japanische Reisegruppe, die die drei Tische im Hintergrund mit Beschlag belegt hatte, das Taxi zum Hotel. Der Saxophonist (und Bandleader), sein durch nichts aus der Ruhe zu bringender Klavierspieler und ein auf seinem Sitz jeden Moment in neue Explosionen ausbrechender Drummer waren unter der Hand durch ein halbes Dutzend Musiker verstärkt worden, die entspannt und ohne dass es weiter aufgefallen wäre, den Verlauf des Abends über hereingeschneit waren mit ihren Kästen und Gerätschaften. Eine kleine Pause trat ein. Als es gegen halb eins wieder losging, hatte sich die Stimmung im Hinterzimmer der Lenox Lounge radikal verändert. Plötzlich machten die Musiker keine Späße mehr. Der Touristenjazz war vorbei. In wechselnder Besetzung nahmen die Band und ihre Gäste einander und uns Übriggebliebene noch zwei Stunden lang mit auf einen Höhenflug, wie er selbstvergessener auch zu den Zeiten nicht gewesen sein kann, als »Birth of the Cool« frisch in den Plattenläden war. Wir hatten die Lenox Lounge zwei Jazzmusikern aus Deutschland gezeigt, die zum Staunen und zur anerkennenden Begeisterung der alteingesessenen Harlemer später auch noch eingestiegen waren. Gegen drei verabschiedeten wir uns von unseren Begleitern. Wir sahen einander an, als seien wir gerade aus einem Traum über die frühen fünfziger Jahre in die Wirklichkeit zurückgestolpert. Als wir vor der neugotischen Sandsteinkirche der Lenox Avenue ein Taxi anhielten, war das nächtliche Harlem plötzlich wieder eine

Stadt des frühen letzten Jahrhunderts. Die eleganteste, erstaunlichste, träumerischste Metropole der modernen Welt.

Unterdessen liegt, wenn ich samstagnachmittags in Harlem spazieren gehe, schon ein grüner Schleier von Knospen und frisch aufgewachsenem Gras über den Nachbarschaftsgärten der Ruinengrundstücke. Sie beschwören die Atmosphäre des Hausbesetzer-Kreuzbergs der frühen achtziger Jahre herauf. Die ehemals so eleganten, von neobarockem Ornamentschmuck überwucherten *townhouses* der Vor- und Zwischenkriegszeit haben merkwürdig gebauchte Erker, die man nirgends sonst in New York sieht. Vor 1990 wurden viele von ihren Besitzern angezündet, weil die Versicherungssummen höher waren als jede hier zu erzielende Mieteinnahme. Harlem hat damals ganze Straßenzüge weit ausgesehen wie nach einem Bombenangriff. Noch heute sind viele Grundstücke leer oder beherbergen bloß eine von Schlingpflanzen überzogene Ruine. Fenster sind mit Brettern vernagelt. Bunt und sexy angezogene Menschen flanieren auf der 125sten Straße. Romanautoren bieten selbstverlegte Bücher feil. An jeder Ecke gibt es karibisch eingelegte Krabben oder auf Campinggrills gelegte Fleischspieße mit Fladenbrot. Man kann illegal kopierte CDs und DVDs kaufen. Räucherstäbchen glimmen. Naturparfüms stehen in Hunderten von Flaschen auf Tapeziertischen.

Das Sortiment der auf dem Bürgersteig allgegenwärtigen Buch- und Broschürenhändler ist von einer Seltsamkeit, die für Gegenden ideologisch anspruchsvoller *gentrifica-tion* offenbar überall auf der Welt charakteristisch ist. Ich fühle mich erinnert an das Angebot im Kreuzberg meiner Jungmännerjahre. Nicht allerdings die Klassiker des Anar-chismus, des Bombenbaus, des politisierten Liebeslebens und des Marxismus-Leninismus werden auf der 125th Street feilgeboten wie damals auf Festen in besetzten Häusern der Waldemarstraße oder auf dem Mehring-damm. Stattdessen zum Beispiel ausführlich-schwülstige Erörterungen über die »spirituelle Essenz der schwarzen Frau« (was immer das sein mag). Oder historische Roma-ne über berühmte Abessinierkönige des Mittelalters. Die Aufsätze W. E. B. Du Bois' über *The Souls of Black Folk.* Bunte Schaubilder und *charts* verzeichnen und systemati-sieren afrikanische Herrschergestalten, schwarze Erfinder und Politiker (ein halbes Jahr später wird das Konterfei Barack Obamas allgegenwärtig sein). Dicke Broschüren reißen historischen Verschwörungen, Templergreueln und Illuminatenorden die Maske vom Gesicht. Unange-nehm berührt einen der manifest antisemitische Dreh vie-ler dieser Publikationen.

Die fünfzehnstöckige Harlemer Stadtverwaltung, ein Bau der frühen siebziger Jahre, könnte auch in Polen, in Weißrussland, in Rumänien oder Indien stehen. Seine Fensterfront sieht den Boulevard entlang nach Süden Richtung Central Park. Hinter verdreckten Jalousien ver-trocknen Zimmerpalmen. Der klobige, gleichsam popu-listisch einschüchternde Beton- und Glasbau ist benannt nach Adam Clayton Powell Jr., einem Harlemer Politiker und Geistlichen, von dem ich noch nie etwas gehört hatte. Jedoch werden einem seine Lebensbewandtnisse und Verdienste auf dem Sockel eines ebenfalls sehr realsozialistisch aussehenden Bronzedenkmals ausführlich erläutert. Es zeigt Adam Clayton Powell Jr., wie er hochdynamisch irgendwie aufwärtsstrebt und der Zukunft entgegenschreitet. Auf dem Platz davor spielt die Band eines Stadtteilfests so mitreißenden Rhythm 'n' Blues, dass ich mich zusammennehmen muss, um mich den vor der Bühne entfesselt Tanzenden nicht anzuschließen. Denn ich muss weiter. Alte Männer mit jamaikanischen Haarbeuteln rauchen vor schäferhundgroßen, furchterregend wummernden schwarzen *boom boxes*. Im Marcus Garvey Park (der den Verlauf der Fifth Avenue mit seinen Felsenabhängen, Bäumen und Ausblicken unterbricht) schreien, klettern und laufen Kinder durcheinander. Vor der Einzäunung bemühen sich ambulante Fahrradreparaturwerkstätten fachmännisch und liebevoll um die Fahrzeuge der Nachbarschaft.

Aber nicht nur die Erinnerung an das Kreuzberg der achtziger Jahre wandelt den Spaziergänger in diesen Straßen an. Auch ein Heimweh nach den aus langen historischen Albträumen erwachten Städten Polens, Ungarns oder der Slowakei in den späten neunzigern wird in mir lebendig und findet zugleich etwas, woran meine Nostalgie sich halten und worüber ich nachdenken kann. Denn die sich aus niedergedrückten Verhältnissen der Hoffnungslosigkeit, des Terrors und der Gleichgültigkeit herausarbeitende Marktwirtschaft, scheint es, sieht sich überall auf der

Welt ähnlich. Eine Atmosphäre und Formgesinnung gleichsam handgemachter Improvisation ist Kennzeichen einer embryonalen Mittelklasse, eine gewisse ungelenke Lebendigkeit, eine oft das Närrische streifende Originalität, aus der dann die entscheidenden und bleibenden Innovationen hervorgehen (das *Benjamin-Franklin-Syndrom*). Bei einem meiner Besuche in Harlem zum Beispiel gab es an der Kreuzung der 125sten Straße mit der Fifth Avenue noch ein Café, in dem man zugleich auch Kosmetik kaufen konnte. Man sah die Runde der von ihrer Idee unwiderleglich begeisterten *entrepreneurs* geradezu vor sich, denen es irgendwann einmal als die ultimative Geschäftsidee eingeleuchtet haben muss, dass die jungen Frauen Harlems hier nach dem Kauf eines Lidschattens eine Schokolade trinken oder sich bei Kaffee mit Kuchen zwischen Parfüms entscheiden würden.

Aber es macht auch nichts, dass das alles dann offenbar nicht geklappt hat. Schon bei meinem nächsten Besuch waren Handwerker einer (vermutlich auch gerade erst kürzlich gegründeten) Firma für Innenausbau in dem großen Raum beschäftigt, als ich über einem Milchkaffee mein Buch auspacken wollte. Mit dem Kosmetikcafé war es schon wieder aus. Eine neue Geschäftsidee bereitete ihren Einzug vor. Diese Straßen haben jede Woche einen neuen Gedanken. Manche werden ihren Findern zumindest soviel einbringen, dass sie mit wieder neuen Ideen weitermachen können. Denn der Mittelstand hat sich nie und nirgends anders entwickelt als in jener Stimmungsmelange aus Begeisterung, fixen Ideen, Bastelei,

Schäbigkeit, kindlichem Stolz auf sich selbst und einer (immer auch sehr rührenden) Selbstüberschätzung. Zu Beginn des 21. Jahrhunderts habe ich diese Mischung aus Atmosphären, Plänen, Projekten, Erfolgen, Träumen und Niederlagen in Krakau oder Katowice kennengelernt, auf Spaziergängen durch ganz ähnliche Viertel und Straßen. Jetzt kann ich mir diese Gegend an Aprilwochenenden in Harlem (so weit von zu Hause) wieder erwandern. Vielleicht ist sie, denke ich einen Moment lang träumerisch vor mich hin, die weltweit definitive Stadtlandschaft unserer Zeit.

Eines der Bücher, die ich am vorletzten Wochenende in der Filiale der New York Public Library am Marcus Garvey Park ausgeliehen hatte, war eine als Schullektüre (mit kurzen Einführungen, Erschließungsfragen, Arbeitsaufträgen und so weiter) edierte Anthologie der afroamerikanischen Literatur. Und so las ich (wie sich später herausstellte, am letzten Wochenende, das dem Kosmetikcafé beschieden war) an der Kreuzung der Fifth Avenue mit der 125ten Straße, zwei Häuser stadtaufwärts vom Black National Theatre entfernt, zum Beispiel das intellektuell-moralisch hochdifferenzierte und literarisch erstaunliche Geständnis des Sklaven Nat Turner, der 1831 mit seinen Genossen als ein amerikanischer Spartakus die Familie seines Besitzers und Peinigers sowie sechzig weitere Weiße erschlagen hatte. Wochenlang hielt er sich danach in den Wäldern Virginias verborgen, bis er schließlich verraten, verurteilt und gehängt wurde. Ich las die alte, vielleicht noch aus Afrika stammende Geschichte von dem in die amerikanische Sklaverei geratenen Zauberer, der in der höchsten Kollektivnot seiner Brüder und Schwestern dann schließlich das magische Wort ausspricht, das Menschen zu fliegen befähigt. Worauf die geschundenen Sklaven sich von den heißen Baumwollfeldern in die Luft erheben und wie der fliegende Robert des Kinderbuchs hoch am Himmel fernhin über den Ozean dahinziehen, als flögen sie nach Haus (eine Geschichte, die ich schon früher nicht lesen und auch jetzt nicht nacherzählen kann, ohne dass mir Tränen in die Augen steigen). Und ich las »Of our Spiritual Strivings« von W. E. B. Du Bois, dem intellektuellen Vater der »Harlem Renaissance«. Als Zeitgenosse der Südstaatenrestauration hatte er erlebt, dass die juristische Freiheit nicht zur politischen Teilhabe am amerikanischen Traum geführt hat und es Formen der Ungerechtigkeit gibt, die verheerender in innere Landschaften eingreifen, als die Befreier aus dem Norden je hätten verstehen können (wenn es sie interessiert hätte).

Der große, leidenschaftliche, an der Predigt des europäischen Protestantismus geschulte Stil ergriff mich, wie einen die Unabhängigkeit des Geistes angesichts der Dummheit und Ungerechtigkeit des Lebens ergreift. Und in Du Bois' Schilderung einer (zeitweiligen) Abkehr der Schwarzen vom politischen Machtroman erkannte ich die welthistorische Ausweichbewegung wieder, die kluge Reformer angesichts unüberwindlicher Unterdrückung schon oft und erfolgreich vollzogen haben. Die Gallier, Spanier und Illyrer nach ihrer Niederlage und

Eingliederung ins Römische Reich zum Beispiel. Die Schotten nach der endgültigen Unterwerfung ihres Landes durch den englischen Süden. Das deutsche Bürgertum im Zeitalter der Französischen Revolution. Die Polen nach dem Scheitern der großen Aufstände des 19. Jahrhunderts. Die europäische Arbeiterbewegung vor dem Ersten Weltkrieg. Wie seltsam, dachte ich, dass mein Herz, als ich jung war, immer bei den Revolutionären und ihrem schönen Scheitern gewesen ist – und heute meine *gut reaction* ohne Zögern auf Seiten der pragmatischen Reformer. Als »Helden des Rückzugs« (wie Hans Magnus Enzensberger Michail Gorbatschow genannt hat) lassen sie in einer Art entschlossener Resignation die ihnen nicht erreichbare (*noch* nicht erreichbare) politische Selbstbestimmung zunächst fahren und wenden sich einem vielleicht radikaleren Projekt zu. Sie nehmen jetzt die Arbeit daran auf, die Unterdrücker auf ihren eigenen Exzellenzfeldern zu übertreffen, auf dem der Kultur zum Beispiel oder dem des wirtschaftlichen Erfolgs. Sie fordern zunächst nicht mehr die Macht (die werden sie später bekommen). Aber dafür schon jetzt die gleichberechtigte Teilhabe an Idealen, die auch die feindliche Suprematie, wenn sie sich nicht selbst widersprechen will, nur verstehen kann als prinzipiell für jeden gültig. *Romanitas* in der römischen Kaiserzeit. Vernunft und Prosperität im 18. Jahrhundert, als die Schotten die Moderne erfanden. Bürgerliche Kunst und Bildung in der Goethezeit oder während der kulturellen Blüte des österreichisch-ungarischen Galizien. Der Sozialstaat, den die Zweite Internationale vor dem Ersten

Weltkrieg gefordert und nach dem Zweiten bekommen hat.

Auch die »Harlem Renaissance« der zwanziger Jahre hat ihr Emanzipationsziel im letzten Jahrhundert eine Zeitlang mit einer solchen Ausweichstrategie verfolgt. Ihr *spiritus rector* W. E. B. Du Bois ist einer der ersten schwarzen Absolventen von Harvard gewesen. Wie es scheint, hat er seine eigene Arrivierung als Modell einer gesellschaftspolitischen Strategie verstanden und deren paradoxe, kühne, elegante Wendung zu Beginn des 20. Jahrhunderts geschildert: »Langsam aber stetig begann in den nun folgenden Jahren eine neue Vision den Traum von der politischen Freiheit zu verdrängen – es war eine machtvolle Bewegung, der Aufstieg eines neuen Ideals, das die Unberatenen führte, der Aufgang einer anderen Feuersäule, die bei Nacht nach einem wolkenverhangenen Tag vor ihnen herging. Es war das Ideal der ›Büchergelehrsamkeit‹, die auch der erzwungenen Unwissenheit eingeborene Neugier, jene kabbalistischen Lettern und Schriften des weißen Manns zu kennen und zu beherrschen, die Sehnsucht nach Wissen. Hier endlich schien der Bergpfad ins Gelobte Land entdeckt; er war länger, steiler und steiniger als die Straße der Emanzipation und des Gesetzes. Aber er verlief geradeaus und führte auf Höhen, von denen aus der Blick über das Leben sich auftat. Den neuentdeckten Pfad hinauf mühte sich die Avantgarde, langsam, schwer, beladen; nur wer die strauchelnden Tritte gesehen und ihnen beigestanden, nur wer einen Blick in die umnebelten Intelligenzen getan, das halb und unvollständige Begreifen der dunklen Schüler dieser Schulen miterlebt hat, nur der weiß, wie treu, wie erbarmenswürdig dieses Volk sich abmühte zu lernen. Es war eine erschöpfende Arbeit. Der kalt blickende Statistiker registrierte die wenigen Zentimeter des Fortschritts in diese und jene Richtung und hat notiert, wo ein Fußtritt fehlging oder einer der müden Kletterer gefallen ist. Ihnen war der Horizont verdunkelt, die Nebel kalt, Kanaan immer undeutlich und fern. Und obwohl die Aussichten noch kein Ziel enthüllten, keinen Rastplatz, überhaupt wenig außer Schmeichelei und Kritik, so gab die Reise doch Muße zur Reflexion und Selbstprüfung. Sie verwandelte das Kind der Emanzipation in den Jugendlichen, dem Selbstbewusstsein, Selbstverwirklichung, Selbstachtung dämmern.«

Du Bois ist bei diesem *Bildungsmodell* der Befreiung nicht stehengeblieben und hat mit der Gründung der »National Association for the Advancement of Colored People« den Schritt ins Land wirklicher politischer Freiheit vorbereitet, dessen Zeitgenossen wir heute sind. Und doch schien mir, wenn ich an diesem Nachmittag im Kosmetikcafé von meiner »Anthology of African-American Literature« aufsah und mich über die (schon damals unheilverheißend menschenleeren) Gänge zwischen den Regalen voller Naturseifen, Patschuliparfüms und Hennapasten wunderte, dass im Bildungsidealismus jener Passage aus »Of our Spiritual Strivings« etwas seltsam Deutsch-Idealistisches, ein Schiller- oder Jean-Paul-Ton mitschwingt. Du Bois könnte solche theoretischen und stilistischen *vibes* in seiner Berliner Studienzeit bei dem Kathedersozialisten Gustav von Schmoller aufgenommen und nach Amerika mitgebracht haben. Wo dann trotz seiner Harvard-Dissertation und der ehrenvollsten Stipendien zunächst nicht mehr aus dem  großen schwarzen Soziologen geworden war als ein besserer Gymnasiallehrer. Das Bildungsideal W. E. B. Du Bois' aber hat sich dann denkbar fern von seinen ursprünglichen Intentionen verwirklicht.

Fern vor allem von dem Fluchtpunkt des *booklearning*, zu dem er sein mühsam sich über die Berge des Wissens schleppendes Volk unterwegs sah. Die schwarze Kultur ist einen anderen, einen heiteren und tänzerischen Weg ins Gelobte Land gegangen – im synkopierten Rhythmus der Musik, die sie der Weltkultur einzuschreiben begann, während sich der seltsame, verschlungene und widersprüchliche politische Lebensweg W. E. B. Du Bois' über die erste Hälfte des Jahrhunderts entfaltete. Nietzsche hätte der siegreiche Tanz der schwarzen Kultur gefallen. Bevor der Schwulenbewegung in den siebziger Jahren etwas Ähnliches gelang (die Verwandlung verachteter Triebverbrecher in *gentlemen* durch Kulturpolitik), sind schwarze Genies in Harlem die Ersten gewesen, die

eben nicht auf den steinigen Bergpfaden der Philosophie, der Politik, der Literatur und der Parlamente ans
Ziel kamen, sondern in Klubs wie der Lenox Lounge, in
Tänzen, Liedern, Harmonien, durch Mode, lange Nächte, unbekümmerte *coolness* und durch die Erfindung
einer Musik, ohne die wir uns die Welt nicht mehr vorstellen können. Längst bevor das schwarze Amerika Politiker von der Größe Martin Luther Kings oder Barack
Obamas hatte, waren seine Musik, sein Lebensstil, seine
Leichtigkeit, seine Mode schon ganz emanzipiert.

An einem diesigen, fast schon sommerlich schwülen Ap-
riltag bin ich die knapp zwanzig Straßenblocks der Fifth
Avenue vom Marcus Garvey Park bis zum Endpunkt an
der 142sten Straße noch einmal hinaufgegangen. Anders
als in den Singles-Paradiesen des East Village und der
Lower East Side (einer planetenartig unübersehbaren
und in sich abgeschlossenen, lauten, immer überfüllten
und grundlos von sich selbst begeisterten Zusammenbal-
lung origineller Boutiquen, Bars, Restaurants, Klubs,
Straßenmärkte, Friseurläden, Cafés und Buchläden) sind
es in Harlem ganze Familien, die samstags den Camping-
grill, den CD-Spieler und ein paar wacklige Stühle auf
den Bürgersteig gestellt haben. Gruppen alter Männer,
die mit fachmännisch ernsten Mienen um ein Brettspiel
versammelt sind. Die Stadtlandschaft Harlems ist weniger kompakt als die *downtown*, durchsetzt von leeren
Stellen (ganze Straßenzüge voll geschlossener oder zur
Vermietung anstehender Läden; jene überwachsenen
Baulücken jahrzehntelanger Ruinierung). In Seitenstra-

ßen verfallen Häuserzeilen neben prachtvoll restaurierten viktorianischen Holzhäusern, die mit elaborierten Veranden, Erkern, Freitreppen und Vestibülen beladen sind. »Painted Ladies« ist der architekturgeschichtliche Fachbegriff. Und diese flamboyant bemalten, wie Kulissen eines Südstaaten-Kostümfilms in Elend und Vernachlässigung stehengebliebenen Paläste der kolonialen Mittelklasse sehen jetzt wirklich wieder aus wie grellgekleidete, geschminkte, geschmückte, verachtete und unwiderstehliche Kokotten der Belle Epoque.

Um den Hellfighters-Obelisken hat man, seit ich zuletzt hier war, rote und gelbe Tulpen gepflanzt, die sich im warmen Wind regen. Die Knospen der kleinen Bäume (in zwanzig Jahren werden sie einen Hain bilden auf ihrer dreieckigen Verkehrsinsel) sind schon aufgeplatzt. Das Gras vor der 369th Regiment Armory zeigt das fast künstliche Grün des späten Frühlings. Ein Apfelbaum auf der gegenüberliegenden Straßenseite steht in vollem Blütenflor. Ich setze mich auf eine niedrige Mauer, den Harlem River Highway im Rücken. Im Sekundenrhythmus nähert sich sein Donner, flammt zur Unerträglichkeit auf und schwillt wieder ab. Ich habe meinen Zeichenblock herausgeholt und versuche, mir mit Bleistift und Radiergummi einen Reim auf die Art-Deco-Fassade vor mir zu machen. Stilisierte Adler, die Steinkugeln ergreifen, bilden den einzigen Figurenschmuck des Gebäudes. Mit seinen vor- und zurückspringenden, asymmetrisch ausgebreiteten Simsen, Zierbändern, Fensterfronten, Friesen und Schmucksäulen hat es die starke Anmutung eines

Raubvogels in aggressivem Anflug (mit aufgerissenem Schnabel und zugespitztem Krallenpaar dort, wo sich der geometrisierte Kalkstein zu einem prächtig ausgearbeiteten Portal verdichtet).

Es scheint undenkbar, dass man zu Beginn des 20. Jahrhunderts in Deutschland irgendwo eine so schöne und architektonisch so avantgardistische Kaserne gebaut hätte wie die 369th Regiment Armory (die erst 1924 fertig wurde; aber Henry Lincoln Johnson könnte sie noch gesehen haben). Gestaffelte Relieffelder voll sich blattartig überlappender Dreiecke aus hellgrauem Kalkstein bilden die komplizierte Dachlandschaft des fußballfeldlangen Fassadenbands, das (denke ich jetzt beim Zeichnen) nicht nur ein Raubvogel sein könnte, sondern auch eine Burg. Vielleicht einer der apulischen Kalksteinkristalle Friedrichs II., bei denen man immer im Zweifel ist, ob sie aus der Antike stammen oder aus der Zukunft. Oder, so kommt es mir einen fast panischen Moment lang vor, eine Welle aus Backstein mit einer komplizierten kalksteinernen Schaumkrone, die über den einsamen Zeichner, der sich auf seinem Block und mit seinem Bleistift um sie bemüht, gleich hereinbrechen wird. Nach zwanzig Minuten sieht meine Skizze aus wie eine verunglückte architektonische Entwurfszeichnung von Friedensreich Hundertwasser. Ich verstaue den Zeichenblock wieder in meiner Umhängetasche und gehe über die Straße noch einmal zum Obelisken hinüber.

Denkmäler, so ausschließlich sie einzelnen Helden, bestimmten Schlachten oder einem herausragenden Datum zugedacht sind, werden durch einen fast naturwüchsigen Eingemeindungsprozess vom sie umgebenden Stadtraum überblendet, oft so vollständig, dass einem gar nicht mehr in den Sinn kommt und man sich mühsam ins Gedächtnis zurückrufen muss, wen sie eigentlich darstellen und woran sie erinnern sollen. Wenn genug Zeit vergangen ist, hat dann, ohne dass Stein und Bronze sich verändert hätten, jeder Anwohner, jede Passantin ihr eigenes Denkmal. Das Liebespaar, das sich auf der Bank vor dem Reiterstandbild zum ersten Mal geküsst hat. Das Kind, für das es zum ersten Mal »Das Pferd« gewesen ist (und sein ganzes Leben lang bleiben wird). Der alte Mann, der hier an einem Frühlingstag sein Tagebuch aus der Jugend gelesen hat. Am Ende gibt es so viele Denkmäler wie Menschen, die an ihm vorübergehen, stehenbleiben, sich vor ihm niedersetzen, es von ihrem Fenster aus am Morgen sehen. Und so hat sich während dieser Frühlingswochenenden auch der Obelisk der »Harlem Hellfighters« am Ursprung der Fifth Avenue in meiner Erinnerung verwandelt ins Wahrzeichen einer komplizierten und idiosynkratischen Denkfigur, die vom Krieg zur Kunst weiterschwingt, Schlachtenschreie in Saxophonsoli ausklingen lässt und die Zeit meines Großvaters in den Zukunftshoffnungen meiner eigenen.

Eine höhere Form des Landlebens

Ein Checkpoint-Charlie-Gefühl ist an der Nordostecke des Central Park (wo auf der Höhe der 110. Straße die Fifth Avenue Harlem verlässt) plötzlich unabweisbar – Atmosphären und Dämonen eines nur noch mühsam im Zaum gehaltenen Zwischenreichs. Die Stadtlandschaft stürzt ab. Jedenfalls: Sie ist hier auf dramatische Weise weniger konsistent als noch hundert Meter nördlich oder südlich. Sie scheint nicht mehr lückenlos mit sich selbst zusammenzuhängen. Nur eine dünne Membran, so kommt es dem Spaziergänger jetzt vor, trennt diesen Abschnitt der Fifth Avenue von den Erinnerungen, Ängsten, Verwirrungen und Träumen, die aus dem Wachbewusstsein zu verbannen unser Verfahren ist, überhaupt so etwas wie »Die Wirklichkeit« in uns herzustellen. Zwei Welten grenzen sich voneinander ab und gehen ineinander über. Ein *terrain vague* ist entstanden, in den Straßen und in unserem Kopf. Und jedesmal, wenn ich die 110. Straße von Harlem her auf dem Fahrrad überquere, spielt in meinem Kopf Bobby Womack den Titelsong von Barry Shears Film »Across 110th Street«. Oder Pam Grier zieht im Vorspann von Quentin Tarantinos »Jackie Brown« in unbewegter Haltung und mit unbewegter Miene zu dieser gefährlich züngelnden Musik auf dem Laufband eines Flughafens an uns vorüber.

Von Süden her wirkt der Übergang noch dramatischer. Die mit Bobby Womacks Titelsong unterlegten *establishing shots* des Gangsterdramas »Across 110th Street« vollziehen ihn mit einer großen, weich federnden 70er-Jahre-Limousine auf der östlichen Ringstraße des Central Park. An den Spielplätzen, wo die 96th Street einmündet, legt sie sich zu den zischenden, heulenden, tuschartig auftrumpfenden Synkopen des Hits von 1972 sanft in die Kurve. Und dann ist die Filmerzählung, nach einer weiteren, irgendwie schicksalhaft anmutenden Weggabelung, angekommen in einem Schattenreich der Gefahr in nächtlichen Straßen. In einer Welt gespenstisch und einsam glühender Leuchtreklamen. Unter dekorativ verzweifelten, spärlich bekleideten Frauen mit überdimensionierten falschen Wimpern. In den Revieren gewalttätiger, verschwenderisch fluchender Männer in zu kurzen schwarzen Lederjacken und engen Schlaghosen, auf Plateausohlen.

Noch effektiver wird das *rite-de-passage*-Gefühl im Vorspann von Tarantinos Film (der ja zum großen Teil aus Zitaten besteht) heraufbeschworen. Pam Grier, die auf ihre Verhaftung zufährt (sie transportiert Geld, was sie weiß, und Rauschgift, von dem sie nichts weiß), wird in weniger als einer Minute in einen Malstrom aus Gefahr, Verbrechen und glücklichem Ausgang stürzen. Jetzt fährt sie bewegungslos (als sei sie schon gestorben) auf dem Flughafenlaufband über die Bildfläche wie die Passagiere im Fahrzeug des Totenfährmanns, die unterwegs sind an einen Ort, wo sie von jetzt an für immer bleiben werden, die Augen starr gerichtet auf jene ultimativen Gegenden, die dem europäischen Bildgedächtnis als eine von Zwielicht umflossene Insel oder Küste gegenwärtig sind. Pam ist in einem Zwischenreich. Es ist ihr noch eine kurze Frist belassen. So wie Flughäfen überhaupt geisterhafte Unorte sind und man noch längst nicht irgendwo angekommen ist, wenn man auf ihren Laufbändern vom Terminal zur Gepäckausgabe bewegt wird.

Vielleicht kann man das Geheimnis des Übergangs zwischen Harlem und der Upper East Side wirklich am genauesten von Süden her ausbuchstabieren (wie es im Weitergang von Shears Film dann auch geschieht). Es ist das plötzliche *Auseinanderfallen* jener kompakten Gebäudephalanx der Fifth Avenue, was die Nordostecke des Central Park zu einem so eindrücklichen Ort macht. Von der 59sten Straße an stadtaufwärts hat eine solide Felswand aus Granitfassaden, Fensterreihen, Dachgärten, Söllern, Terrassen und antiquitätengefüllen Luxusapartments ungebrochen und lückenlos die gesamte Länge des Parks gesäumt. An der 110. Straße zerbröselt sie von einem Schritt auf den anderen in eine innerstädtische Grenzlandschaft, wie man sie vor 1989 in Westberlin von hölzernen Aussichtsplattformen aus besichtigen konnte. Eine Brache zur Linken, abgeschlossen durch efeuüberwachsene Brandmauern. Zwei vernachlässigte, uneinleuchtend futuristische Hochhäuser in einer Art DDR-Raumschiffdesign. Die aus Warten, Leere, Zeitverschwendung, Heimweh, Endstationsvergeblichkeit und Zukunftsangst zusammengesetzte Atmosphäre, wie sie auf Busbahnhöfen herrscht. Und auch dem Bemühen der Stadtverwaltung, dem Absturz der Straße aus Luxus in Obskurität eine Übergangsform, etwas wie Selbstbewusstsein und Würde zu geben, ist eine ehrenwert resignierte Verzweiflung nur zu deutlich anzumerken. Man hat ein weites Rondell angelegt, eine Verkehrsinsel, unter deren Bäumen man auf Bänken sitzen kann. Ein kitschiges Denkmal für Duke Ellington steht direkt an der Fahrbahn. Und das Ganze ist auch benannt nach dem großen Jazzmusiker: »Duke Ellington Plaza.«

Der essayistische Stadtwanderer des frühen 21. Jahrhunderts macht seine Hausaufgaben im Internet. Aus dessen Tiefen war tags zuvor (als Teil des Eintrags über den antiken Totenbegleiter Charon) das Bild einer düsteren, brandbedrohten und vollkommen dämonischen Weltlandschaft des niederländischen Dürer-Freundes und -Zeitgenossen Joachim Patinir aufgetaucht. Der Nachen des baumgroß riesenhaften Fährmanns in die Unterwelt. Ein ganz kleiner nackter Mann sitzt darin und schaut über die stillen, dunklen Wasser des Totenflusses angsterfüllt hinüber auf das in Dämmerung versunkene Reich des Tartaros. Hieronymus-Bosch-artige Feuer glühen dort. Gehenkte baumeln. Vor einem kohlrabenschwarzen Ruinenberg bewacht das mehrköpfige Monster Zerberus den Eingang in die endgültige Vergeblichkeit und Verdammnis. Und doch steht am anderen Ufer des Totenflusses ein versöhnlich winkender (oder anders hoffnungsvolle Zeichen gebender) Engel, der die verzwei-

felnde Seele auf die von hellen Bäumen und Hügeln,
freundlichen Flüssen und Lichtgebäuden erfüllten Auen
der anderen Seite einladend hinweist. Als hätte Charons
Passagier immer noch die Wahl zwischen Himmel und
Hölle. Aber das dunkle Reich scheint die größere Verlockung auf der frühmanieristischen Leinwand zu entfal-
ten, und die Seele kann sich auf Patinirs (vielleicht von
der calvinistischen Prädestinationslehre inspirierten) Gemälde von den schrecklichen Anblicken und Aussichten
des Höllenufers nicht lösen.

Wir dagegen überqueren jetzt die Grenze von der Unterwelt Harlems ins Elysium jener Klippen- oder Canyon-
landschaft fünfzehn- bis zwanzigstöckiger Apartment-
häuser aus den zwanziger Jahren des letzten Jahrhunderts.
Man hat diesen Abschnitt unserer Straße *millionaire's mile*
genannt oder dann auch, als sich die berühmtesten Muse-
en der Stadt und der Welt hier ansiedelten: *museum mile*.

Nur ein Anhauch, eine plötzliche Veränderung der Atmosphäre, war beim Durchfahren des Rondells auf dem Fahrrad – wir waren vollauf beschäftigt mit Schlaglöchern, überholenden Bussen, unberechenbaren Passanten – zu spüren von jenem Übergang. Und schon gleiten wir auf der (plötzlich viel besseren) Straße im Schatten hoher Bäume dahin. Zu unserer Rechten der Wald, die Wiesen, die Hügel, Felsen und Spaziergänger des Central Park, die verzweigte Wasserfläche des »Harlem Meer«, die hinter hohen schmiedeeisernen Gittern verborgenen französischen Gartenanlagen, die sich anschließen, abgezirkelte Beete, Hecken und Laubengänge. Die hohen Fenster des Stadtmuseums von New York und des Museo del Barrio (einer Art *Tate Modern* des puertoricanischen Harlem). Und zu unserer Linken erstreckt sich jene nun fünfzig Blocks kein Ende mehr nehmende Reihe klassizistischer, neugotischer, barocker, palladinischer und moderner Fassaden nach Süden – Flügel, Risalite, Höfe, Türme (könnte man sich vorstellen) eines einzigen, kilometerweit sich fortsetzenden Palasts.

Ein andermal. Gekleidet fürs Büro. Wir sind auf dem Weg zum Lunch bei einem berühmten Sammler. An der 84. Straße mündet die abgesenkt (fast unterirdisch) durch den Park geführte Durchgangsstraße wieder ins Stadtgebiet. Aus der noch sommerlich um uns glühenden und heulenden Straße treten wir zwischen frisch bepflanzten Beeten durch ein überraschend bescheidenes, fast landhausartiges Portal. Über uns türmt sich die hellgraue Kalksteinwand der Fassade. Schwere Türflügel

aus Glas, feingeschmiedetes schwarzlackiertes Gitter-
werk, öffnen sich unter dem Griff eines livrierten Por-
tiers. Wir sind eingetreten in einem sausend gekühlten
Salon voller Spiegel, Perserteppiche, barocker Kommo-
den, goldgerahmter Stiche, chintzbezogener Sessel und
Sofas, Kristalllüster, großer, stark duftender Blumensträuße in chinesischen Vasen. Hier geht es nicht in den
Hades, wie an jener Kreuzung dreißig Block weiter
stadtaufwärts, sondern in ein Elysium, das die ganze
Parkfront der Fifth Avenue entlang, nirgends mehr als
zehn Schritte vom Bürgersteig entfernt, auf die ihm Vor-
bestimmten wartet (aber auch das antike Elysium, fällt
mir ein, ist eine Landschaft jenseits des Totenflusses).
Dabei sind wir erst im Vorraum des Hauses. Der Portier
fragt uns (nicht übermäßig höflich), wie wir heißen und
in welchem Stock wir erwartet werden, lässt sich unsere
Angaben über das Haustelefon bestätigen (wobei er in
einen ungleich respektvolleren Ton wechselt). Er scheint
ein wenig beruhigt über die Identität und die vorläufige
Hauszugehörigkeit der Eindringlinge, öffnet die Tür des
kleinodien-kabinetthaft messing- und mahagoniblitzen-
den Aufzugs, drückt den richtigen Knopf und schließt
das altmodisch schwarzlackierte und geölte Scherengit-
ter hinter uns.

Der Vorraum, in dem sich dieses Gitter nach einer Minute wieder öffnet, gehört schon zur Wohnung selbst
und wird von anderen Hausbewohnern nie betreten. Es
hat uns ins Penthouse verschlagen, eine heute (nicht
aber zur Entstehungszeit des Hauses) besonders ge-

schätzte, sozusagen bohemehaft angeschrägte Variante
der ursprünglich vornehmeren Grundrisse der Beletagen
unter uns. Das Penthouse hat erst spät, sozusagen kürzlich, seinen heutigen Platz in der allgemeinen Vorstel-
lungswelt als besonders luxuriöser Teil eines Gebäudes
gefunden, und das Fifth-Avenue-Apartmenthaus ist bei
dieser architektursoziologischen Neuinterpretation vor-
angegangen – im Zuge der uns schon bekannten New
Yorker Verwechslungen, Saltos und Purzelbäume zwischen kulturell oben und kulturell unten. Durch komplizierte, komische und tiefsinnige Spielzüge gelangen
nach den hier geltenden Regeln Comics in die vornehmsten Galerien. Schwer heizbare Fabriketagen werden zum bevorzugten Aufenthaltsort von Millionären.
Und wo früher die Dienstboten hausten, ohne ästhetischen Anteil an der Fassade und damit dem eigentlichen
Gesicht des Hauses, wo die Fenster kleiner, die Grundrisse weniger raffiniert sind und die Decken niedriger –
gerade hier oben hat sich unser Gastgeber (er tritt uns
jetzt freundlich entgegen) eingerichtet mit seinen kostbaren 6oer-Jahre-Designermöbeln, zwischen unverputz-
ten Backsteinwänden, hinter liebevoll konservierten
Metalltüren aus dem letzten Jahrhundert. Der Fußboden
ist aus schweren, gefurchten Industriebohlen. Fabrik-
artig raue Fenstersimse, offene Geländer, ungegliederte
Grundrisse verraten den einstigen Dachboden.

In die Fenster der rückwärts nach Südosten gelegenen
Küche scheint eine fast schon herbstliche Sonne, ringsum
gefiltert, reflektiert und eingefärbt von den Brandmau-

ern, Kaminen, Blechen und Backsteinwänden einer weit in den Himmel, ins Licht, in den Wind hinaufgebauten Hinterhoflandschaft. Innen glänzen die Flächen der kostbaren Einbauten aus gebürstetem Stahl, dunkelbraunem Holz, milchfarben geädertem Marmor. Es ist kaum halb eins, aber der Hausherr öffnet eine Flasche Pouilly Fumé, deren Etikett wir in den uns zugänglichen Weinläden noch nie gesehen haben. Von der wir jedoch instinktiv wissen, dass wir allenfalls zu Weihnachten oder einem runden Hochzeitstag uns derlei leisten würden und wollten. Betäubt staunend, die Nase schon in unseren großen Gläsern, treten wir durch überall in spätsommerliche Herbstahnungen hinein offenstehende Terrassentüren auf den balkonartigen Vorsprung hinaus, den eine steinerne Brüstung abschließt. Er führt um das schmucklos einstöckige (von der Straße aus nicht sichtbare) Dachhaus ganz herum. Im Wind, eingehüllt von den plötzlich sehr starken Gerüchen der Pflanzen und Wasserflächen unter uns, den jetzt wieder unendlichen Himmel im Blick, wird uns klar, dass wir ebenerdige Spaziergänger nur die halbe Wahrheit über den Park unter uns kennen. Erst Höhergestellte begreifen ganz den Sinn des unerhörten Areals, das rechteckig wie ein Gemälde und kein Ende nehmend wie ein Märchenwald jetzt unter uns liegt, scharfkantig herausgeschnitten aus dem teuersten Baugrund der Welt. Seit Mitte des 19. Jahrhunderts ist es unversehrt. Und widerlegt so nebenher das populärmarxistische Zentraltheorem der in New York angeblich unumschränkt herrschenden Profitorientierung. Denn die unvorstellbar teure Immobilie dieses Landschaftsgartens gehört wirklich uns allen und beileibe nicht nur den Reichen. Sie können sich keine Anteile an ihr kaufen. Nur einen privilegierten Blick auf sie.

Der allerdings eigentlich unbezahlbar ist. Das Jacqueline-Kennedy-Onassis-Reservoir imponiert hier oben als See, den man auch in natürlicher Landschaft als groß empfinden würde. Die Platzverschwendung der bukolischen Wasserfläche mitten in der Stadt vor Augen, machen wir (von der Aussicht wie vom Pouilly Fumé ein bisschen angegriffen) eine vielleicht etwas bildungshuberische Bemerkung über das idealistische Konzept des Erhabenen, die unser Gastgeber (er genießt unsere Überwältigung insgeheim) jedoch zu schätzen weiß. Als schnurgeradkompakte, honiggelbe Wand leuchtet in leichtem Dunst und kilometerweiter Entfernung die gegenüberliegende Palastwand des Central Park West. An ihrer Oberkante ist sie aufgelöst in eine gigantische Spitzenborte aus korinthischen Tempelchen, französischen Dachmansarden, surrealistischen Terrassensälen, spanisch oder maurisch konnotierten Balkonflächen, ausgedehnten Dachgärten und Gewächshäusern. Giebel und Türme gotischer, dorischer, jugendstilbewegter, kristallisch erstarrter oder allegorisch figurativer Machart tun sich hervor. Die Bäume stehen dicht. Sie sind erst jetzt, nach anderthalb Friedensjahrhunderten, so alt und so hoch, wie es die Schöpfer des Parks zur Zeit des Bürgerkriegs sich gewünscht und sich für ihr großes amerikanisches Kunstwerk vorgestellt haben. Die Kronenlandschaft verdeckt Wiesen, Lichtungen, Felsen und Teiche, an deren Ufern, über deren weite Flächen wir gestern noch spazieren gegangen sind. Der Park ist ein mit unseren Blicken nicht mehr zu durchdringender Wald. Eine in der ganzen Welt beispiellose Aufhäufung durchgestalteter Natur inmitten des geradezu hochmittelalterlich konzentriert, kleinteilig, kunstvoll, chaotisch und teuer bebauten und bewohnten Stadtraums von Manhattan.

Für den schwindelerregenden Preis derartiger Immobilien war der Blick, der uns jetzt den Atem raubt, als immaterieller Wertbestandteil immer schon maßgebend. Die Sichtbarkeit der Lichtungen, Bäume und Perspektiven einer romantischen Ideallandschaft (in den großen Fenstern der Fifth Avenue erscheint sie wie im Rahmen von Gemälden) gehört so untrennbar zur Innenarchitektur dieser Wohnungen wie Renaissancekamine, Mahagonitäfelungen, Treppenflügel, Fensterbrüstungen, Dienstbotentrakte und Terrassen. Und der Park setzt sich im Innern der auf ihn herabsehenden Häuser fort. Denn die Innenarchitektur der Fifth Avenue ist seit den zwanziger Jahren bemüht gewesen, möglichst viele Elemente eines *vormodernen* Architekturtypus ins Design der amerikanischen Etagenwohnung aufzunehmen. Es sind die Formen, Lebenschancen und Landschaftsausblicke des europäischen Landhauses. Der britische Adel hatte es über die Jahrhunderte aus der Renaissancevilla Palladios weiterentwickelt. Auf der Fifth Avenue, dem Central Park gegenüber, hat das *country home* des alten Europa zu einer Modernitätsform gefunden.

Zum Beispiel: jene New Yorker Zimmerfluchten wiederholen die Grundrisse ihrer insgesamt oft zwanzig oder dreißig Säle, Salons, Boudoirs, Küchen und Kammern vor allem deshalb auf zwei übereinanderliegenden Ebenen, damit sie um zentrale Treppenfoyers und offene Galerien herum organisiert werden konnten. Den amerikanischen Architekten und Auftraggebern ist es in ihren Vornehmheitsträumen vor allem auf dramatische Eingangssituationen angekommen. Die Gesamtanlage sollte sich – wie in vergangenen Jahrhunderten im Palast des britischen Adels – dem Eintretenden auf einen Blick erschließen. So hatten es die gesellschaftliche Choreographie und architektonische Szenographie des 18. und 19. Jahrhunderts vorgesehen. Der Besucher in den Landhäusern, die das Vorbild des New Yorker Luxusapartments sind, sollte beim Eintritt ins Foyer den Blick beeindruckt aufwärts richten. Von dort kam ihm die Hausherrin im Licht der Kronleuchter entgegen. Ein Diener erwartete ihn auf dem Treppenabsatz. In seinem Rücken dunkelte der Park, über ihm (in der Kuppel der Eingangshalle) entfaltete sich eine allegorische Geschichte der hier residierenden Familie und ihres Ruhms (in der der Palast selbst als Accessoire sich vielleicht wiederholte). Vor ihm lag die *Sala terrena*. Und aus den Salons der britischen Beletagen sah man vom ersten Stock auf Landschaften hinab, die in Hampshire oder Devon mit so unsichtbarem Aufwand, mit so vollkommen ihre Spuren verwischender Kunstfertigkeit angelegt und gepflegt worden sind wie der New Yorker Central Park.

Der zeitgenössischen Kollektiverinnerung hat sich diese Eintritts- und Ausblickssituation vielleicht am nachvoll-ziehbarsten durch die Kulissenarchitekturen der *screwball comedies* eingeprägt (oder, in einer dramatisch-thrillerhaf-ten Variante dieser cineastischen Architekturform, durch das berühmte Treppeninterieur in Hitchcocks »Notorio-us«). Die Ausstatter und Studioarchitekten Hollywoods bauten die Schauplätze ihrer Gesellschaftsstücke noch in den dreißiger und vierziger Jahren um gigantische Treppenhäuser, Mezzanins und Galerien herum. Hier verwechselte das schöne, komische, glamouröse oder vertrottelte Filmpersonal Cousinen mit fremden Passan-tinnen, Leoparden mit Haustieren und die große Liebe mit einer entfernten Bekannten, die einem immer ein bisschen auf die Nerven ging. Aber auch vom englischen Landhaus scheinbar ganz entfernte Pathosformeln des Luxus und der Großzügigkeit im modernen New Yorker Wohnungsbau gehen unterschwellig auf Arbeiten der ed-wardischen und viktorianischen Architekten zurück. Die in modernen Wohnungen für alle praktischen Zwecke ganz ungeeigneten Kamine zum Beispiel. Oder die Idee des *duplex*, einer auf kleinstem Grundriss noch zweistöcki-gen Wohnung. Mit winzigen Balkonen und einer die Ebe-nen verbindenden Treppe werden Schwundformen von Eingangsfoyer, Ausblick und Haus verwirklicht inmitten standardisierter und beengter Wohnverhältnisse. Sogar noch die Mode der fünfziger Jahre, in denkbar bescheide-nen Einzimmerwohnungen einen minimal höhergelegten Eingangsbereich durch ein paar Stufen vom eigentlichen Wohn- und Schlafraum zu trennen, steht in traumhaft subliminaler Verbindung mit einem Vorbild großzügigen Wohnens und richtigen Lebens, das sich vor dreihundert Jahren in schottischen Hochmooren und in den Landschaftsparks von Buckinghamshire entwickelt hat.

Der italienische Architekt Rosario Candela hat, zusammen oder in Konkurrenz mit seinem Rivalen James Carpenter, in den zwanziger Jahren des letzten Jahrhunderts die vornehmen Architekturen der Fifth Avenue, des Riverside Drive und der Park Avenue entwickelt. Er scheint freilich eher als von den angelsächsischen Weiterentwicklungen der italienischen Villa unmittelbar von den feudalen Barockarchitekturen seiner sizilianischen Heimat inspiriert gewesen zu sein. Man sieht seine größten Leistungen kaum, wenn man es sich nicht leisten kann, sie zu besitzen. Viele von ihnen sind später auch in mehrere kleinere (wenngleich immer noch unerhört luxuriöse) Wohnungen aufgeteilt und umgebaut worden. Aber die Architektur der Fifth Avenue ist nicht auf Passanten und deren Eindrücke bedacht. Sie ist nicht von außen nach innen berechnet, sondern von innen nach außen. Candela war nicht nur Architekt, sondern auch der Erfinder militärischer Geheimcodes im Ersten Weltkrieg. Auch von seinen esoterisch ausgetüftelten Interieurs dringt nichts auf Bürgersteig und Straße. Allenfalls durch die fürstlichen Abmessungen der Fenster unterscheiden sich diese Häuser von äußerlich vielleicht aufsehenerregenderen. Irgendwie *geschmückt* sind Candelas Fassaden meist überhaupt nur mit ein paar Renaissancebalkonen, -friesen, -balustraden oder Wappenschildern in poetisch absurden Gebäudehöhen (man fragt sich, wer da stehen oder dorthin hinaustreten soll). Aber im Durchschreiten der Zimmerfluchten hoch über dem Park, im Genießen ihrer mathematisch exakt hintereinander aufgebauten Aussichten und Durchblicke, in der Choreographie der hier möglichen Bewegungen, Erholungen, Begegnungen und Rückzüge, heißt es, geht dem Bewohner und Besucher die Vision eines besseren und schöneren Lebens unwiderleglich auf. Diese Wohnungen sind eine höhergelegte, großbürgerlich vervielfältigte und bautechnologisch potenzierte Form des aus der Renaissance überlieferten adligen Landlebens.

Sherman McCoy freilich, der Held in Tom Wolfes »Fegefeuer der Eitelkeiten« kann derweil in seinen achtziger Jahren des 20. Jahrhunderts die *désinvolture*, die seine Wohnung auf der Park Avenue ihm innenarchitektonisch vorschreibt, nicht aufbringen. Gerade hat er seiner Frau gegenüber behauptet, trotz des strömenden New Yorker Regens den Hund ausführen zu wollen. Dabei will er sich bloß an einer nahegelegenen Telefonzelle mit seiner berückend ordinären texanischen Geliebten verabreden (wir befinden uns im Vor-Handy-Zeitalter, im Jahr 1987). »Genau in diesem Moment, in genau der Art Park-Avenue-Eigentumswohnung, die den Bürgermeister (der im vorhergehenden Kapitel eine sozialdemagogische Rede gehalten hat, S. W.) so zwanghaft beschäftigte ... Vier-Meter-Decken ... zwei Trakte, einer für die weißen, angelsächsisch-protestantischen Wohnungseigentümer und einer fürs Personal ... kniete Sherman McCoy in seiner

Diele und versuchte, einem Dackel die Leine anzulegen. Der Boden bestand aus dunkelgrünem Marmor, und der erstreckte sich weiter und immer weiter. Er führte zu einer anderthalb Meter breiten Nußbaumtreppe, die sich in einer pompösen Rundung zum darüberliegenden Stockwerk hinaufschwang. Eine Wohnung also, die, wenn man nur an sie denkt, bei Leuten in ganz New York und letztlich in der ganzen Welt Neid und Habgier entfacht. Doch Sherman brannte auf nichts weiter, als für dreißig Minuten aus seinem sagenhaften Riesenreich herauszukommen.«

Denn seine Lebensverhältnisse, so märchenhaft kostspielig sie sind, verbleiben 1987 notwendigerweise im Rahmen der Angestelltenwelt und der kleinbürgerlichen Familie. Der ursprüngliche Besitzer der Wohnung von Sherman McCoy dagegen wird, wenn ihm zumute gewesen ist wie seinem Nachfolger jetzt, die Limousine geordert haben und das Objekt seiner Begierde (wie Charles Swann in Prousts Roman oft genug seine Odette) in einem befreundeten Salon getroffen haben (wo seine Frau nichts zu suchen hatte). Oder in einer Theaterloge. Oder in einem der berühmten Restaurants der Stadt. Aber auch das Büro, in dem sich Sherman McCoy nicht den geringsten Fehltritt erlauben darf, imitiert und zitiert die Inneneinrichtung adliger Souveränität ja nur. Diese Interieurs sind nicht wirklich wahr. Wer hier rausfliegt (Sherman McCoy wird im Verlauf des Romans genau dieses Schicksal erleiden), landet in der Gosse, statt gelassen auf seine Güter zu retirieren.

»Neben der Fahrstuhltür befand sich ein falscher Kamin mit einem dicken Mahagonisims, dessen Ecken Schnitzereien dicker Obstbüschel zierten. Vor dem falschen Kamin stand ein Kamingitter aus Messing, ein fence oder fender, wie man das auf Landsitzen im Westen Englands nannte. Während der entsprechenden Monate glühte ein imitiertes Feuer darin, das flackernde Lichter auf zwei mächtige Messingkaminböcke warf. Die Wand dahinter war ebenfalls mit Mahagoni verkleidet: mit Paneelen in einem satten, rötlichen Ton, in die das Faltwerk so tief eingeschnitzt war, dass man beim bloßen Hinsehen die Kosten in den Fingerspitzen fühlte. All das spiegelte die Leidenschaft des Hauptabteilungsleiters bei Pierce & Pierce, Eugene Lopwitz, für alles Britische wider. Britisches – Bibliotheksleitern, bauchige Konsolen, Sheraton-Beine, Chippendale-Rücken, Zigarrenabschneider, Klubsessel mit Troddeln, Plüschteppiche – wurde von Tag zu Tag mehr auf der fünfzigsten Etage bei Pierce & Pierce. Leider konnte Eugene Lopwitz an der Decke nicht viel ändern, die kaum zwei Meter vierzig hoch war. Der Fußboden war um dreißig Zentimeter angehoben worden. Darunter verliefen genügend Kabel und Drähte, um ganz Guatemala mit Strom zu versorgen. Die Leitungen lieferten den Strom für die Computerterminals und Telefone des Börsenraums. Die Decke war dreißig Zentimeter heruntergezogen worden, um Platz für Lampengehäuse, die Rohre der Klimaanlage und ein paar weitere Kilometer Kabel zu schaffen. Der angehobene Fußboden, die tiefere Decke: Es war, als befände man sich auf einem englischen Herrensitz, der plattgedrückt worden war.«

Derweil träumen die Interieurs der Fifth Avenue – nicht
behelligt durch derlei Einbauten – in der Hauptstadt des
20. Jahrhunderts vom adligen Landleben des 18ten. An einem Samstag im Frühsommer 2008 bin ich in einem Bus
von Chelsea aus nach Annandale-upon-Hudson zum Bard
College hinaufgefahren. Parallel zum Strom (der an den
Kreuzungen manchmal sekundenlang sichtbar wird) ging
es die 10th Avenue hinauf, durch die Upper Westside nach
Harlem, über die Brücke in die Bronx hinüber (ich sah
die 369th Regiment Armory hinter der Stadtautobahn am
Harlem River stehen). Das gegenüberliegende Ufer entlang fuhren wir ins Land hinaus. Vorstädte und Industrie-
brachen. Eine Stunde später lag der gewaltige Fluss schon
in seinem urweltlichen Bett. Kilometerbreit überspannte
ihn eine Autobahnbrücke. Steilabstürze am östlichen, be-
waldet-liebliche Anstiege am westlichen Ufer. Villen und
Landhäuser. Diese Hügel sind der *Hudson River Historic
District*, eine staatlich geschützte Denkmalslandschaft.
Weiß schimmernde Paläste, die man zwischen alten Bäumen von der Landstraße aus sieht. Zwei Stockwerke hohe
dorische Säulenportale. Die Freitreppen, die vereinsam-
ten Rasenflächen davor. Nirgends Zäune oder Mauern.
Chassidische Familien in Großraumlimousinen. Das modernistische Hesselmuseum des Bard College inmitten einer dörflich in die Landschaft verstreuten Campusanlage.
Eine Ausstellungseröffnung des *Postgraduate Center for Cu-
ratorial Studies*. Die feuchte Hitze, die enthusiastischen
jungen Menschen. Unsere Gastgeberin Marieluise Hessel
(Miss Germany in den fünfziger Jahren, Millionärin und
bedeutende Kunstsammlerin seit den Sechzigern, Muse-

umsgründerin in den Neunzigern) tritt uns entgegen. Champagnercocktails auf sommerlich duftenden Rasenflächen und seltsame, von furchterregend beredten Professorinnen erläuterte zeitgenössische Kunst.

Dem Essayisten müssen bekanntlich alle Dinge, Landschaften, Erlebnisse und Gespräche zum Besten dienen. Im Fond eines Universitätsdienstwagens lauschte ich wenig später den Erläuterungen eines Künstlers, der mir seine ökologische Skulptur im Gelände zeigen wollte. Ich konnte mich nicht richtig konzentrieren. Und als wir nach einer kurzen Fahrt im Park eines neugotischen Herrenhauses (»The Manor«) angekommen waren, hörte ich schon nicht mehr hin. Denn ich spürte, dass ich im Bannkreis von »The Manor« in Wirklichkeit am Fluchtpunkt meiner Grübeleien und Forschungen über die Fifth Avenue angelangt war. Mit Wasserspeiern, Dachgiebeln, Türmchen, Söllern und Wetterfahnen schwer beladen, schaute der Landsitz in die Hügel hinaus, wie er seit dem frühen letzten Jahrhundert die Stürme, Schneedecken, Sommergewitter, Herbstblätter und Frühlingsknospen Neuenglands durch seine Fenster und Portale in sich aufgenommen hatte. Kaminfeuer hatten im Wind gezittert. Einsame Frauen, die wussten, dass der Millionär, den sie vor Jahrzehnten geheiratet hatten, sie gerade jetzt in seiner Stadtwohnung betrog (vielleicht waren sie gar nicht so besonders traurig darüber), hatten am Fenster gestanden und sich resigniert seufzend in den getäfelten Salon hinein abgewandt, wo sich die Schatten des Spätnachmittags sammelten.

Oder: Kinder waren an langen, leeren Sommervormitta-
gen mit ihrem Fräulein zum Teich in jener Senke hinun-
tergegangen. Vor Langeweile fast schon komplett ver-
zweifelt hatten sie zwischen den Seerosen die Frösche
verstummen und leise klatschend im grüntrüben Wasser
verschwinden sehen. Libellen hatten glänzend und
schwirrend in der Luft gestanden, bevor sie sinnlos wo-
andershin schossen. Oder: Junge Männer waren von weiten Schneespaziergängen durch den Park zum neugotischen Portal von »The Manor« zurückgekehrt. Auf ihren
einsamen Wanderungen hatten sie sich allerlei Hoffnungen hingegeben und Sorgen gemacht bezüglich reicher,
hübscher und dummer Erbinnen. Die jungen Männer
hatten sich nach dem ausgedehnten Abendessen mit
französischem Cognac betrunken und waren am nächsten Tag in ihren großen, buntlackierten Limousinen
wieder in die Stadt zurückgefahren, in eine der Zimmerfluchten der Fifth Avenue (wo der ziellose Unsinn mit
jenen Erbinnen dann weiterging). Und mir war, als hätte
ich im Traum in einem Schlafzimmer hoch in der loire-
schlosskomplizierten Dachlandschaft von »The Manor«
gelegen, während die Parklandschaft von Annandale
längst ein Teil meiner unbewussten Ahnungen, Sehnsüchte, Ängste geworden war – und zugleich zum Ursprung einer Geborgenheit, die durch nichts zu erklären
ist, was ich jemals wirklich erlebt habe. »Ein Haus zu
bauen, in dem dessen eigene Vergangenheit und die Vergangenheit anderer Gebäude als Gespenster umgehen:
das ist die Strategie, durch die der ›Manhattanismus‹ sich
eine stellvertretende Geschichtlichkeit zulegt, ein ›Alter‹

und die dazugehörige Respektabilität.« Diese Sätze stehen in Rem Koolhaas' berühmtem Buch »Delirious New York«, einem Klassiker der Postmoderne von 1994. »In Manhattan«, postuliert Koolhaas, »präsentiert das Neue und Revolutionäre sich immer im falschen Licht eines längst Vertrauten.«

Es waren, ein Jahr zuvor, die Tage der Wohnungssuche in New York gewesen. Es war August. Man hatte die Straßen kaum betreten, als einem schon der Schweiß über das Gesicht lief. Die Allgegenwart zu vieler Menschen, Autos, Geräusche und Bilder verdichtete sich nachmittagelang zu dem Eindruck: »Hier werde ich es nicht lange aushalten.« Die hektischen Gänge, gehetzten U-Bahn-Fahrten, nervösen Taxi-Expeditionen, die glühenden, brütenden, geräuschvoll und selbstbezogen voranhastenden Straßen raubten mir jeden Tag ein Kilo meines in zehn osteuropäischen Jahren angesammelten Körpergewichts. Die beiden jungen israelischen Makler, denen ich mich anvertraut hatte, waren offenbar noch nicht sehr viel länger in der Stadt als ich selbst. Mit dem jüngeren der zwei, einem freundlichen Hünen namens Dan, der vor nicht langem noch der Olympiabasketballmannschaft seines Heimatlandes angehört hatte, verband mich eine über die Tage immer zutraulichere Kameraderie.

Man sieht auf solchen Streifzügen viel vom Innenleben einer Stadt. Noch ein Jahr später ist mir beispielsweise der Blick aus dem Schlafzimmer einer Musterwohnung

im sechzigsten Stock in Midtown in schaudernder Erinnerung. Über die Freiheitsstatue sah ich weit auf den
Ozean hinaus. Einen Meter von der Bettkante entfernt
aber gähnte und führte, durchs Panzerglas eines bis zum
Boden reichenden Fensters durchgehend sichtbar, der
Abgrund senkbleigerade bis auf die miniaturisiert umein-
anderwuselnde Straßenszene hinunter. Im Fenster mar-
morstrotzender Küchen lag einem die Stadt (die Welt)
zu Füßen. Und doch konnte man sich kaum umdrehen
in ihnen. Winzige Balkons in hundert Metern Höhe
schienen zu nichts zu gebrauchen, als sich von ihnen in
die Tiefe zu stürzen (»durch Mietzahlungen in den Ruin
getrieben«). Die Wolkenkratzerwohnungen waren von
ihren niedrigen Decken verdüstert, ihre überall gleichen
Grundrisse von deprimierender Phantasielosigkeit. Ver-
walter benannten in nonchalantem Konversationston ab-
surd hohe Mietsummen. Eine merkwürdig freudlose
Verschwendung kam in ihnen zum Ausdruck. Mir wurde schnell klar, dass ich in Manhattan auf meine Bibliothek würde verzichten müssen.

An einem dieser glühenden, halbstündlich von mittel-
schweren Verzweiflungsanfällen bedrohten Nachmittage
hatte ich mich mit Dan verabredet bei der Adresse 300
East 56th Street, am östlichen Rand von Midtown. Das
Gebirgsmassiv des zentralen Bürobezirks löst sich hier auf
in die von niedrigerer Bebauung durchsetzte Lagunen-
landschaft zwischen dritter und zweiter Avenue. Die Tris-
tesse der im tropisch feuchten Sonnenglast der frühen
Mittagsstunden daliegenden Hauseingänge. Ein schlech-

tes Pastramisandwich in einem eisschrankartig gekühlten finsteren Coffeeshop. Irgendeine hoffnungslos-unkonzentrierte Lektüre. So kam ich, eine Viertelstunde vor meinem Makler, ins Foyer des »Bristol«. Das »Bristol« ist, wie einen der Prospekt informiert, ein *luxury highrise rental building* der Firma Glenwood. Sie bietet in verschiedenen solcher Hochhäuser auf der gesamten Insel den Angestellten internationaler Firmen eine Zuflucht, für meist nicht viel länger als zwei oder drei Jahre. Schon beim Näherkommen durch die Straßen war mir ein kleiner Wald aus hohen Bäumen aufgefallen, der den Komplex freundlich (fast bukolisch) inmitten der städtischen Wüstenei umgibt. Als ich vor dem 30- oder 40stöckigen Backsteingebäude stand, verbreitete ein Springbrunnen im Mittelfeld der gepflasterten Auffahrtskurve eine Kühlungsatmosphäre, die mir fast feudal vorkam. Es schien mir noch nie aufgefallen zu sein, ein wie schönes Geräusch fließendes und fallendes Wasser macht. Das kühle, stille, zwei Stockwerke hohe Foyer nahm das gesamte Untergeschoss bis zum Aufzugsblock ein. Es war mit Perserteppichen ausgelegt. Falsche Barocktapisserien hingen an den Wänden. Zu Seiten des Eingangs standen Blumensträuße in monumentalen chinesischen Vasen. Ihr Liliengeruch erfüllte den schlossartigen Raum, der von einem livrierten *doorman* überwacht wurde. Er saß auf einem hohen Stuhl an einer Art Pult, auf dem ein Buch lag, offenbar ein Verzeichnis der Mieter und deren Wohnungsnummern.

Ich ließ mich nach ordnungsgemäßer Anmeldung in die tiefen und weiten Polster einer Sitzgruppe sinken. Das

Verwöhnungs- und Heimatgefühl im Blick in das Ur-
waldgrün des Eingangsparks. Der Schatten unter dem
Vordach. Große Tischlampen. Zimmerpalmen. Es war
ein einsamer Schlossmoment vollkommener Geborgenheit. Fast hätte er mich bewogen, die überteuerte Arm-
seligkeit der Wohnung in Kauf zu nehmen, die mir Dan
und die Verwalterin des Gebäudes dann zeigten. Beim
Hinausgehen warf ich einen bedauernden Blick über die
verschwenderischen Sitzgruppen, in den Wald vor der
bis auf den Boden gehenden Fensterfront. In unsere Vorstellungen vom richtigen Wohnen und Leben ist ein feu-
dales Erbteil eingebaut, das vor Selbstverständlichkeit
fast unsichtbar geworden ist. Es besagt, dass wahrer Luxus darin besteht, in der Bequemlichkeit und Geborgenheit des Hauses die Berührung mit der Natur (dem Inbe-
griff der Unbequemlichkeit und des Ausgesetztseins)
dennoch aufrechtzuerhalten. Das Moment nicht nur des
luxuriösen, sondern überhaupt eines richtigen Lebens
geht zurück auf die Erfahrung, die mir in jenen phantasierten Blicken aus dem Herrenhaus des Bard College in
die Hügel des Hudson Valley erschienen war. »Befragt
über sein Verhältnis zur Natur, sagte Herr K.: ›Ich würde
gern mitunter aus dem Haus tretend ein paar Bäume
sehen.‹«

Wobei Brechts Kunstfigur als Marxist im gleichen Atem-
zug freilich wieder in die unterschwellige Verachtung
verfällt, durch die das moderne Naturgefühl sich von
jenen feudalen Restbeständen zu befreien sucht. Denn
nur »ein paar« Bäume sollen es bezeichnenderweise sein

und nur »mitunter« und nur »aus dem Haus tretend« will Keuner sie sehen. Festzuhalten bleibt aber, dass der moderne Blick auf die Natur seine vormoderne Herkunft durch diese fast verächtliche Beiläufigkeit nur verschleiert. Herrn Keuners Wahrnehmungsweise ist in letzter Instanz nichts anderes als der Blick aus dem Herrenhaus in die umgebende Wirtschaftslandschaft. Der Blick des Herren, der das Vieh, wie man sagt, fett macht und sich dann (denn das adlige Landleben ist die ökonomische Grundlage des europäischen Geists) in den Formen des englischen Parks verliert, von dem Stallungen, Felder, Wirtschaftsgebäude in gebührlicher Entfernung eingerahmt werden.

Wirklich gemietet habe ich dann ein paar Tage später ein Penthouse der Firma Eberhart Brothers. Die Geschäftsidee dieses alteingesessenen deutschstämmigen Familienunternehmens ist es während der achtziger und neunziger Jahre gewesen, in Yorkville – einer noch vor vierzig Jahren unverkennbar deutschen Wohngegend um die East 86th Street herum – in großem Stil sogenannte *air rights* aufzukaufen. Das Recht nämlich, auf den Dächern der hier vorherrschenden kleinbürgerlichen *brownstones* Erweiterungsbauten zu errichten. Der einmal auf sie aufmerksam gewordene Spaziergänger entdeckt sie hier überall: dreigeschossige, einfamilienhausgroße Aufstockungen mit großzügigen Terrassen. Diese Aufbauten sind hoch genug für eine Empore (ein *mezzanine*) über der Einbauküche. Es gibt drei kleine Zimmer im Eingangsgeschoss, eine Innentreppe zum höhergelegenen Wohnzimmer hinauf und Details von altmodischer Gediegenheit und landhausartiger Originalität. Fast grenzenlos bezauberte mich der von ozeandampferhaft weißgestrichenen Geländern, Treppen und Pfeilern gegliederte hohe Wohnraum, die Intimität der Schlafzimmer darunter, die honigfarbenen Naturholzböden und das seltsam exterritoriale Adlernestgefühl hoch über den belebten Straßen. Hier wollte ich wohnen.

Vollends kein Halten gab es mehr, nachdem ich beim Internet-Surfen erfahren hatte, dass das Elternhaus von Chico, Harpo, Groucho, Gummo und Zeppo Marx heute noch direkt um die Ecke steht. Und der von hohen Drahtzäunen umgebene Bolzplatz einen Block weiter östlich heißt »Marx Brothers Playground«. Erst später habe ich verstanden, dass ich mich in eine popularisierte, mir gerade noch erschwingliche Version der Fifth Avenue verliebt hatte (meine eigene Form des New Yorker Landlebens). Denn von der Terrasse des nach hinten hinaus gelegenen Häuschens sieht man nicht nur ein Stück des von Frachtdampfern und Motoryachten belebten East River in der Entfernung. Fast zum Greifen nah ist auch eine Pappel, die aus dem zugemüllten Hinterhof des Nachbarhauses über die Jahrzehnte ans Licht emporgewachsen ist und in der Höhe sich weit verzweigt hat. Und im Mittelgrund rauschen die Kronen eines kleinen Parks um die Backsteinfronten eines Sozialwohnungskomplexes von Spanish Harlem (»Jefferson Houses«), aus dem tagsüber Kindergeschrei und nachts gewalttätiger Hip-Hop dringen (einmal im letzten Herbst sogar Schüsse und Mordgeschrei tief in dunklen Morgenstunden).

Beliebt sind die Eberhart-Penthouses vor allem bei Europäern und bei Wohngemeinschaften junger amerikanischer *professionals* (beide Mietergruppen scheuen den Auf- und Abstieg durch das liftlose Treppenhaus nicht). Kaufkräftigere Mieter und Käufer werden vielleicht auch durch die noch nicht lange polizeilich befriedete Randlage an der Südbegrenzung des östlichen Harlem abgeschreckt. Und tatsächlich steigt man zum Luxus meines Penthouse empor durch ein Treppenhaus, in dem es beispielsweise im zweiten Stock durchdringend nach dem Urin eines inkontinenten alten Hippies riecht. Manchmal, wenn ich nach Hause komme, ruht er sich halb liegend auf den Stufen ein bisschen aus, übermannt beim Aufwärtssteigen von Müdigkeit und Weltekel. Ich wechsle dann ein paar freundliche Worte mit ihm und versuche, nicht zu tief durchzuatmen. Müll liegt eigentlich auf jedem Treppenabsatz herum, und man ist froh, wenn man den Weg hinunter ohne die Konfrontation mit einer toten Kakerlake hinter sich bringt. Einmal duftete unterhalb des dritten Treppenaufgangs sogar ein Fladen Kotze, der dann über Tage in den flauschig-verdreckten Teppichboden einsickerte und in dessen Tiefenschicht nun für immer eingetrocknet ist. Im Geruchsmilieu des Eingangs wiederum (dort, wo auf der Fifth Avenue der *doorman* Wacht halten würde) nimmt man in wechselnder Intensität die Joints wahr, an denen eine puertoricanische Jugend ohne Gott im Herumlungern sich kaum verhohlen gütlich tut.

Mit einem vielleicht zwanzigjährigen, offenbar geistig etwas minderbemittelten Hünen im vierten Stock verbindet mich eine oberflächliche Grußbekanntschaft. Tagsüber schickt ihn seine Mutter aus der engen Wohnung oft nachmittagelang vor die Tür ins Treppenhaus, wo er sinnlos vor sich hinraucht. Oder er deklamiert, jault und zischt leise (sozusagen flüsternd) überraschend virtuose Rap-Gesänge zum Fenster hinaus und nippt an einer Limonadenflasche, die er dann natürlich auf dem Fensterbrett stehen lässt. Und seit ich ihm einmal zwanzig Dollar »geliehen« habe, sehe ich sein rundes, unbewegtes Gesicht manchmal mitten in der Nacht durch den Türspion, während seine hohle Grabesstimme mich ins Bild setzt über nicht sehr glaubhafte Kalamitäten à la »My Momma has gone to New Jersey. I need a couple of bucks, man«. Direkt in »Zille sein Milljöh« geht auch der steile Blick von meiner Terrasse auf den im Sommer grün wuchernden Hinterhof eines benachbarten Ruinengrundstücks. Dort hat eine schwarze alte Dame sich so etwas wie einen improvisierten Schrebergarten eingerichtet. Ein verschossener Sonnenschirm, wacklige Stühle um einen Campingtisch. Ein paar Flaschen Bier mit den Nachbarinnen in der Sommernacht. Der Ghettoblaster des Enkels, der zum Kaffeetrinken an Samstagnachmittagen manchmal zu Besuch kommt.

Aber auch in der Oberwelt kommt bei uns in Südharlem das Feiern nicht zu kurz. Die jungen Computerfachleute und Studenten aus reichem Haus, die sich die Dachreihenhäuschen neben mir in häufig wechselnder und schwer zu durchschauender Zusammensetzung teilen, schleppen samstagnachmittags oft mühselig Bierfässer die Treppen hinauf. Worauf das gedämpfte Wummern der Bässe mich in den Schlaf wiegt oder rumpelnde Streitigkeiten im Treppenhaus meine Nachtruhe durchlöchern. Lachen auf der Nebenterrasse. Blutunterlaufene junge Augenpaare, stier geworden unter dem Einfluss gottweißwelcher Drogen, richten sich scheu und ein bisschen schuldbewusst auf das Idyll des älteren Herrn, der da nachtfalterumschwirrt im Schein einer Tischlampe auf der benachbarten Terrasse in einem Buch liest: »How are you doing, Sir? I hope we're not disturbing you too much ...« Gar nicht. Und am erfreulichsten umbrandet mich Leben von dem Dachgarten des sich neben uns türmenden Hochhauses voller Luxusapartments her, wo abends gegrillt und getanzt wird, Kinder quietschend Fangen spielen und Salsamusik durch die Nacht herüberweht.

Eine so gute Laune macht allen miteinander vielleicht die unterbewusste Gewissheit, dass wir mit unserem Südharlemer Landleben nicht nur dem VornehmheitsVorbild der Fifth Avenue nacheifern (sie sieht einen halben Kilometer westlich ruhig, zahlungskräftig und majestätisch auf den im Nachtwind wogenden Wald des Central Park herab), sondern dass wir in unserer Turbulenzzone der *gentrification* in Sichtweite des East River zugleich auch so etwas wie die Hamptons von Manhattan hergestellt haben. Das soll mal jemand nachmachen. Und manchmal bemitleide ich die Bewohner des luxu-

riösen Turms neben uns in ihren winzigen, schuhkarton-
förmig bis in schwindelnde Höhen aufeinandergetürmten Wohnboxen. Nachts bieten sie mir ein seltsam
enzyklopädisches Panorama des Menschenlebens, wenn
ich von meiner Terrasse aus in ihre beleuchteten Behau-
sungen hineinsehe. Und wenn ich morgens vor Arbeits-
beginn den Blick vom Buch hebe, kann ich beobachten,
wie eine Mietpartei nach der anderen sich um ihre Früh-
stückstische und Kaffeemaschinen versammelt.

Vielleicht ist überhaupt der frühe Morgen auf halber Höhe über der Stadt das Schönste an meiner Wohnung.
Um genau Viertel nach sechs erreicht der East River den
Punkt vollkommenen Gleichgewichts zwischen Ebbe
und Flut (er ist ja kein Fluss, sondern ein Meeresarm).
Ich habe es mir zum Morgenritual gemacht, jeden Tag
als Erstes seine Fläche zu betrachten, die ein paar Minuten lang als vollkommen ebenmäßiger See unter der Robert Kennedy Bridge daliegt, bevor die gewaltige Was-
sermasse, unmerklich und dann immer reißender,
wieder zu strömen beginnt. Um diese Zeit hält die Sonne sich noch hinter den Aufbauten und Kühlanlagen des
nahen Metropolitan Hospital verborgen. Aber der Verkehr der Second Avenue stadteinwärts ist schon in vollem Betrieb. Um seinen Lärm nicht bekümmerte Vögel
lassen sich aus den Zweigen der Pappel im Hof hören.
Große Schmeißfliegen und ein paar Wespen (es gibt in
Amerika keine Bienen mehr) schwirren um die noch
taufeuchten Blütendolden der immergrünen Blattge-
wächse in ihren toskanahaft terrakottafarbenen Plastik-

kübeln. Es dauert noch eine Viertelstunde, bis ich den Sonnenschirm aufstellen muss. Von Harlem her weht um diese Tageszeit sogar im Juli so etwas wie Morgenkühle.

Nicht nur der East River, auch der Tag ist im Gleichgewicht. Ich schaue auf die Baumkronen des kleinen Walds um die Jefferson Houses. Vor zwanzig Jahren konnte man sich dort als nicht uniformierter unbewaffneter Weißer kaum hineinwagen. Heute durchqueren Krankenschwestern auf dem Weg von der Nachtschicht zur U-Bahn unbeschwert die asphaltierten Parkwege, und plötzlich wird mir klar, dass noch die schlimmsten Quartiere dieser Stadt seit Jahrhunderten jederzeit das Recht in Anspruch genommen haben, sich zwischen Himmel und Hölle zu entscheiden. Es ist eine Art calvinistisches Geburtsrecht. Und auch die Gegend unter meinen Penthouse-Fenstern hat vor zehn Jahren die Wahl getroffen, wenn nicht Elysium, so doch keine Hölle mehr sein zu wollen. Die Glaubenswahl der *gentrification* hat in Harlem (wie in Williamsburg, wie im Meatpacking District, wie in der Bronx) Berge versetzt. Ich aber vertiefe mich, ein glücklicher *paysan de New York*, wieder in meine Morgenlektüre und stehe innerlich ein paar Momente auf der Brüstung eines Palasts der Fifth Avenue, während über dem Central Park (es ist ganz gleichgültig, ob ich jetzt dort bin und es selber sehe oder nicht) die Sonne aufgeht.

Die Verklärung des Gewöhnlichen

Unterdessen ist es endgültig Herbst geworden in der
Hauptstadt der Moderne. Durch ihre unabsehbaren Avenues entladen sich Stürme, an Land geworfen aus den
Weiten des Atlantiks. Der rasende Wind reißt rote, gelbe, kürbisfarbene Blätter von den Bäumen des Central
Parks und wirbelt sie bis hoch über die granitenen Fassaden, Mansarden, Türme und Söller in einen düsteren
Regenhimmel hinauf, dem man die Nähe des Ozeans
noch aus den Fenstern eines Coffeeshops oder meines
Büros ansieht. Tags darauf dann wieder durchsichtig
leuchtende und von Herbstdunst angefüllte Tage, die
(denke ich auf dem Weg zur Arbeit) jetzt am Ozean, auf
den hölzernen *boardwalks* von Coney Island, über den
verlassenen Imbissbuden, Restaurants, Karussells und
Sandstränden dort, von einer fast surrealen Stille sein
müssen, belebt nur durch die Geräusche der Brandung,
durch das Schreien der Seevögel und das Knirschen der
Schritte im Sand (dort wäre ich jetzt gern). Aber auch
in die Straßen und Parks von Manhattan ist an diesen
Tagen ein südländisches Leuchten eingezogen. Zum Beispiel über der meerbreit strudelnden Wasserfläche des
East River am Carl Schurz Park, zwei Blocks weit von
meiner Wohnung entfernt. Die gebogenen Stege am
Wasser, die überhängenden Bäume, Beete, Rabatten,

Bänke, Staffeln, der koloniale Holzpavillon des *Gracie Mansion* scheinen in Südfrankreich zu liegen (in Bordeaux vielleicht), wenn man in diesen Oktobertagen morgens hindurchgeht, um in einem »Starbucks« an der First Avenue noch einen Kaffee und ein Raspberry Scone zu essen, bevor der Bürotag einen unwiderruflich hinnimmt und mir Hören und Sehen vergeht.

Alle Wege durch die Upper East Side jedoch scheinen mir in diesen Tagen auf das Metropolitan Museum an der Fifth Avenue hinzuführen. Mit seiner Beaux-Arts-Fassade (die einen wie ein griechischer Tempel anmutet, zugleich aber auf seltsame Weise an Industriearchitektur erinnert), mit seinen weit in den Park ausgreifenden Glashallen, seinen Dachlandschaften, Sälen, Korridoren, seiner Freitreppe und seiner riesenhaften Eingangshalle steht es als Zauberschloss zwischen Park und Stadt. Jorge Luis Borges hat die Argentinische Nationalbibliothek von Buenos Aires als das vollkommene Bild des Paradieses (und der Hölle) beschrieben. Mir dagegen ist an langen einsamen Herbstwochenenden das Metropolitan Museum als einleuchtendste Metapher eines diesseitig Unbedingten erschienen, in dem nicht nur die Summe all dessen aufbewahrt ist, was Menschen mit der Welt erleben können, sondern auch mein bisheriges Leben sich zusammenzufassen scheint (als sei dies alles einzig für mich gesammelt worden und für alle Zeiten aufbewahrt). Vor einer verblüffend vollständig erhaltenen Bronzestatue des obskuren römischen Kaisers Trebonianus Gallus aus dem dunklen dritten Jahrhundert nach

Christus zum Beispiel scheinen mir Wochenenden meiner Zeit in Bratislava gegenwärtiger als zu der Zeit, als ich sie wirklich erlebt habe. Mit dem Fahrrad fuhr ich damals zu den Ruinen des römischen Carnuntum hinaus, um in einem der Landgasthöfe dort den wunderbaren Wein der Gegend zu trinken, etwas zu essen und ein Buch zu lesen. Oder es will mir vor den in immer feineren Nebel hineingestaffelten Berglandschaften auf chinesischen Rollbildern ein Besuch im Nationalmuseum Taipeh rührend und geisterhaft nah erscheinen, wo ich war, kurz bevor mein Sohn geboren wurde. An einem brütend heißen Nachmittag überkam mich in den langen, gespenstischen Saalfluchten des riesigen Gebäudekomplexes im Dschungel das unerklärliche und eine fast psychotische Überzeugungskraft annehmende Gefühl, in einer hingetuschten Berghütte sei das Kind, das damals in meiner Frau wuchs, schon einmal mit mir gewesen.

Vom ersten Saal der Antikenabteilung im Erdgeschoss, zwischen jungsteinzeitlichen Kykladenidolen und geometrischfigurigen Vasen, führt eine leicht zu übersehende Tür, unscheinbar wie die entscheidenden Portale in Kafkas Romanen und Parabeln, in die Parallelwelt der Thomas J. Watson Library. Die Bibliothek des Metropolitan Museum ist eine der umfangreichsten kunsthistorischen Forschungsbibliotheken der Welt, seit dem 19. Jahrhundert vorgetrieben in eine wohl nirgendwo sonst erreichte Tiefe und Breite umfassenden Sammelns von Kunstbüchern, Katalogen, Drucken und Inkunabeln aller denkbaren Stile, Kunstgattungen und Weltgegenden. Es gibt kein noch so entlegenes Buch, das irgendwie mit Kunst zu tun hat und das nicht innerhalb weniger Minuten aus den unergründlichen Magazinen der Watson Library ans Licht käme und jedem Besitzer eines Bibliotheksausweises an einer Durchreiche im Lesesaal umstandslos ausgehändigt würde. Es herrscht feierliche Stille in dem großen, mit einem umfangreichen Präsenzbestand bis in gerade noch greifbare Höhe an allen vier Wänden eingeschlossenen Bibliotheksraum aus den fünfziger Jahren. Die Bronzebüsten des Stifters und seiner Frau stehen dunkel und ernst auf Sockeln. Eine in die Wand eingelassene Uhr im schweren modernistischen Design jener Jahre lässt ihre Zeiger seit der Zeit meiner Geburt (wie mir beim Aufblicken aus Büchern bewusst wird) von Minute zu Minute in »den Fortschritt« hinein vorrücken, und in all die unrealistischen Träume von Klarheit, Vervollkommnung, Technik und Utopie, die man nach dem fürchterlichen Zweiten Weltkrieg hegte und deren Verwirklichung man für unsere Zeit erwartet hat.

Nach Büroschluss an Freitagen überquere ich die Fifth Avenue und gehe die Treppe zum Metropolitan Museum of Art empor. Ich zeige an der Kasse meine Dauerkarte und stehe unter den halbkreisförmigen Marmorbögen der Eingangshalle. Sie ist so groß und ihre Säulen, Mauern und Kuppeln so offensichtlich auf eine späte Nachwelt (auf die Ewigkeit) berechnet, dass man sich das Gebäude unwillkürlich als Ruine vorstellt. Das Metropolitan Museum wäre auch in der Zerstörung so überwältigend und so unbestimmbar romantisch wie die Caracalla-Thermen (die tatsächlich das stilistische Vorbild der titanischen Eingangshalle sind). Ein mannsgroßer Blumenstrauß steht in der Mitte einer kreisrunden Auskunftstheke. Enthusiastisch freundliche ältere Damen halten sich für unsere Fragen bereit. Garderobe, Schmuck, Gepflegtheit, Haltung und Umgangsformen dieser ehrenamtlich Beschäftigten zeigen uns, dass sie das nicht für Geld tun, sondern als *community service*; und dass sie vermutlich in den Palästen des Parkabschnitts der Fifth Avenue zu Hause sind, in dessen genauer Mitte wir uns befinden. Ich befestige die kleine Blechplakette mit dem großen M (sie wird täglich in einer anderen Farbe ausgegeben) irgendwo an meiner Kleidung und steige die mittlere Freitreppe empor, auf ein mächtiges Gemälde von Tiepolo zu.

Schon jetzt liegen meistens alle berufsbedingten Ängste, Querelen und Beunruhigungen hinter mir. Dann könnte ich ein paar Stunden lang vielleicht von einer geheimnisvollen Landschaft Nicolas Poussins zur nächsten wandern. Sie sind gemalt wie kurz vor dem alles verändernden Eintritt einer Offenbarung (deren Zeuge wir vor dem Bild aber nicht werden). Die Stimme des legendären Direktors Philippe de Montebello begleitet mich, wenn ich die entsprechenden Gemäldenummern auf dem Audioguide eingebe, mit dessen Kopfhörern ich mich noch weiter von der Welt abgeschlossen habe. Eine im alltäglichen Wachbewusstsein wenig beobachtete Instanz meines Inneren denkt derweil darüber nach, wie ich eintreten könnte in jenes zarte, leere Abendrot Poussins, wie ich in jenem Strom untertauchen, mit dem Faun da mich unterhalten könnte, in welcher Sprache und worüber; es ist minutenlang, als ginge ich in einem Traum umher.

Die atheistische Todes- und Paradiesvorstellung des In-ein-Bild-hinein-und-für-immer-Fortgehens hat mich irgendwann in den achtziger Jahren über der Lektüre von Stephan Hermlins »Abendlicht« beeindruckt. Bei jedem Besuch des Metropolitan kommt sie mir irgendwann in den Sinn. Zwar stehe ich oft auch nur ganz zerstreut vor diesen Leinwänden und versenke mich in nichts Meditativeres als in die Frage, was ich mir nachher bei »Gristedes« zum Abendessen einkaufen soll. Aber während mancher Aufenthalte im Metropolitan Museum ergibt sich einen Moment, eine Minute oder manchmal fast eine Viertelstunde lang tatsächlich die Empfindung (die Illusion) jener Erleuchtung, die das Betrachten von Kunstwerken zu der bürgerlichen Religion hat werden lassen, deren Tempel wir hier durchwandern. Dann tröste ich mich mit der Phantasie, dass die Gegenden jenseits des Todes ein Ort sein könnten wie das Metropolitan Museum, wo ich als Geist dann umginge unter den geheimnisvollen Bildern meines Lebens.

Wir treten in hohe Säle voll ozeanischer Kunst ein. In Hallen, wo das Gold von Inkareichen glänzt. In die Schlafzimmer des augusteischen Hochadels, deren elegante Fresken aus Villen am Abhang des Vesuvs hierher

versetzt worden sind. Wir stehen im Boudoir einer vene-
zianischen Comtessa, das aus einem Barockpalast am Ca-
nal Grande stammt. Und nichts Innerweltliches ist der
tatsächlich schon transzendenten Geborgenheit zu ver-
gleichen, die mich an einem stürmischen, dunklen Frei-
tagabend im November überkam, als Regenschauer und
Sturm die Parkbäume zausten vor dem hektargroßen,
atelierartig abgeschrägten Panoramafenster an der Nord-
seite des Museums (zum *uptown*-Pol der Fifth Avenue
hin), und der honigfarbene Stein des Tempels von Den-
dur leuchtete im Licht dezenter Scheinwerfer.

Denn es ist ja wirklich eine Religion des Bürgertums.
Dass die Zusammentragung so gewaltiger Mengen von
Kunst wie im Metropolitan Museum gleichsam unwillkürlich eine jenseitsgerichtete und quasireligiöse Dimen-
sion annimmt, ist mir klargeworden, als Kenneth Soeh-
ner, der Direktor der Watson Library, mich neulich in
den »Trustee's Dining Room« unter dem Glasdach des
Mittelgebäudes zum *lunch* einlud. Er hatte mir zuvor im
Magazin die Folianten gezeigt, mit denen Napoleon nach
seinem Ägyptenfeldzug (der Diktator hatte einen Stab
von Altertumswissenschaftlern, Zeichnern, Graveuren
und Philologen mitgeführt) eine Bestandsaufnahme dieser dem Abendland so lange unzugänglichen Kultur zu
seinem höheren Ruhm veröffentlichen ließ. Ken Soeh-
ners sorgfaltsgewohnte Hand fuhr zart über das creme-
farbene Papier voll feiner schwarzer Linien. Oben im
»Trustee's Dining Room« herrschte derweil eine altwelt-
lich-großkapitalistische Klubatmosphäre. Man sieht den

älteren Herrn an den begehrten Tischen mit Parkblick (und den oft sehr viel jüngeren Damen in ihrer Begleitung) durchaus an, wieviel Geld sie haben und dem Metropolitan Museum zu spenden in der Lage sind.

Von diesen Weltleuten unterscheiden sich die Chefkuratoren des Metropolitan (als deren Kantine der »Trustee's Dining Room« gleichzeitig fungiert) durch die geringere Qualität ihrer Anzüge. Manche von ihnen sitzen schlechterdings im Pullover da oder zumindest ohne Krawatte. Die Aura der Souveränität, die aber auch von ihnen ausgeht, ähnelt, dachte ich, während Ken mir manche von ihnen vorstellte und ein paar witzige Bemerkungen mit ihnen wechselte) derjenigen, die ich in Oxford an hochrangigen Professoren und Dons gesehen habe. Es ist eine Mischung aus Jovialität, Witz, unerschütterlichem Selbstbewusstsein und einer offen zur Schau getragenen *devil-may-care*-Haltung, die meine Bewunderung weckt, mir Vertrauen einflößt (als sei plötzlich ein Kapitän an Deck) und die mich zu meinem flüssigsten Englisch, leidlich intelligenten Bemerkungen und sogar gelegentlichem Witz inspiriert (was alles mich freilich so viel Mühe kostet und derart aufreibt, dass ich jene Gespräche im Grunde nicht länger als für eine *lunch hour* durchhalte; während diese Götterlieblinge offenbar einfach und anstrengungslos so *sind*).

Oder aber: Sie kamen mir doch noch irgendwie anders vor an jenem Tag im Herbst, die *Heads of Department* des Metropolitan Museum. Ich hatte es erst im Aufzug

heraus, als Ken mich, um seine Freundlichkeit und Gast-
freiheit abzurunden, auf die Dachterrasse führte, wo
man einen berühmten Blick über den Park hat und im
Herbst 2008 meterhohe, metallisch glänzende Luftbal-
lon-Hunde, Konfektherzen und Geschenkpackungen von
Jeff Koons bewundern konnte. Die Oxford-Don-Parallele
ging schon in die korrekte Richtung, grübelte ich, aber
irgendwie nicht weit genug. Und wusste plötzlich, dass
vielmehr vielleicht *vatikanische Kurienkardinäle* so zu
einem Besucher sprechen könnten wie die Chefs der
Sammlungen des Metropolitan. Ja, das war es. In genau
der gleichen Weise, dachte ich aus dem Aufzug auf die
Terrasse mit dem überwältigenden Parkblick tretend,
könnten sie selbstbewusst oder freundlich sein. So würden sie ihre Witze machen, die römischen Kurienkardinäle, wieder ernst werden, miteinander und mit ihren
Gästen umgehen, wenn sie eine Kantine hätten (gibt es
im Vatikan eine Kantine?) und in Straßenkleidung Mit-
tagspause machen würden (machen Kurienkardinäle
Mittagspausen?). Egal, ob es solche Umgangsformen und
-möglichkeiten im Vatikan gibt, dachte ich vor mich hin,
die Chefs hier sind die Kurienkardinäle der Weltkultur
und Philippe de Montebello ist ihr Papst.

Ken lächelte gar nicht ungeschmeichelt, als ich ihn in
meine Phantasien über ihn und seine Kollegen einweih-
te. Und auch als ich Gary Tinterow, den Kurator der
modernen Kunst im Metropolitan, Wochen später gesellschaftlich einmal kurz kennenlernte, war der Kurien-
kardinal-Eindruck wieder sehr stark. Er setzt sich zusam-

men aus Zeitmangel, zuvorkommender Freundlichkeit (die es nicht nötig hat, freundlich zu sein; eine Spur Herablassung), aus bei Bedarf umstandslos zupackender inhaltlicher Neugier, offensichtlicher Intelligenz, jener Souveränität und einem unverwüstlich ausstrahlendem Selbstbewusstsein. Vielleicht aber stammt das darüber hinausgehend seltsam Klerikale, das im Habitus von Metropolitan-Kuratoren soviel stärker präsent ist als in dem Eindruck, den man von anderen mächtigen und intelligenten Menschen gewinnen kann, aus einem von sowohl Priestern wie Kuratoren lebenslang geübten Umgang mit bestimmten (nämlich über sich selbst hinausweisenden) kostbaren Dingen. Die in ihrer Materialität fachmännisch ernstgenommen werden müssen und bei aller Kostbarkeit zugleich unendlich viel mehr *bedeuten*, als sie *sind* (die Gesten eines Priesters, der einen goldenen Messkelch handhabt).

Wenn man sich mit den Ideen beschäftigt, die in Stadtbildern sich ausdrücken, begegnet es einem manchmal, dass man einen offenbar alten, nirgends explizit niedergelegten, vielleicht anonymen Gedanken (der aber ganz abgegrenzt und deutlich ist) in der Gestalt eines Straßenverlaufs, eines Grundrisses oder einer anderen Stadtgestalt unmittelbar verstehen zu können glaubt (als entdecke man ihn in einem verschollenen Manuskript, das man als Erster entziffert hat). So wurde mir zum Beispiel beim erneuten Anschauen des Films »Der Marathon-Mann« von John Schlesinger aus dem Jahr 1976 klar, warum das Goethe-Institut, wo ich seit 2007 arbeite, ausgerechnet dem Metropolitan Museum gegenüber liegt (wo es mir bei meinem ersten Gang im feuchtheißen Morgengrauen eines Augusttags wie die fragile Behausung eines sehr kleinen prähistorischen Volksstamms neben dem von Gold und Edelsteinen funkelnden Höhlenlager eines unabsehbar großen Drachen oder Dinosauriers vorkam).

Zu Beginn dieses Films nämlich beschimpfen sich in einer Straße der Upper East Side zwei alte Autofahrer auf Deutsch (man begreift aus ihrem Geschrei dann schnell: es sind ein nach 1945 emigrierter deutscher Jude und ein seit Generationen eingesessener Bewohner des deutschen Wohngebiets um die 86th Street, die damals *German Broadway* hieß). Die beiden werden, immer schneller nebeneinander herfahrend und aufeinander einkeifend, so böse miteinander, geraten vor historisch aufgestauter Wut so außer Rand und Band, dass sie schließlich – irgendwo in der Gegend des Metropolitan Museum, man sieht den Park in dieser Einstellung des Films schon am Ende der Querstraße – gemeinsam in einen Tankwagen rasen, den sie zu spät sehen (worauf sie gemeinsam in die Luft fliegen und der dämonische Zahnarzt Laurence Olivier aus seinem Tropenversteck aufbricht und es einem vollends eiskalt den Rücken herunterläuft).

Die Gründung des »Goethe-House« (das eine Weile lang der frühere SS-Mann und in den sechziger Jahren sehr berühmte Essayist Hans Egon Holthusen geleitet hat) ausgerechnet am Rand von Yorkville ist von einer heute schon ganz vergessenen Wunschvorstellung ausgegan-

gen. Irgendjemand hat sich am Ausgang der fünfziger
Jahre des letzten Jahrhunderts vorgestellt, dass die Volks-
deutschen des German Broadway, die Kunden der bayerischen Bäckereien der Second Avenue, der deutschen
Feinkostläden, die Gäste von Restaurants, die »Heidel-
berg« oder »Schwarzwald« hießen, einerseits und die
deutsch-jüdischen Emigranten der Upper East Side andererseits (die aus verständlichen Gründen oft genug alles
Deutsche liebten außer dem Land selbst) sich bei Günter-
Grass-Lesungen, Walter-Jens-Vorträgen, Fischer-Dies-
kau-Liederabenden begegnen und angesichts der Kultur
eines neuen Deutschland vielleicht wieder einen modus
vivendi finden könnten.

Diesen sehr einleuchtenden Gedanken zur Positionierung eines deutschen Kulturinstituts im Nachkriegs-New
York habe ich bei meinen Recherchen über meinen Ar-
beitsplatz zwar nirgends explizit niedergelegt gefunden.
Trotzdem muss ihn damals irgendjemand gehabt und in
politischen Gremien und Sitzungen durchgesetzt haben
(vielleicht der durchtriebene und irgendwie offenbar ja
doch auch ziemlich gewissenlose Holthusen selbst?
Theodor Heuss, der sich vor seinem Tod noch sehr für
die Gründung des »Goethe-House New York« engagiert
hat?). Das Jahr 1959, als die Planungen zur Gründung
des »Goethe-House« in ihre definitive Phase traten, war
in der westdeutschen Nachkriegsrepublik ja zugleich das
Schlüsseljahr kultureller (vor allem literarischer) Selbst-
findung. Die international dann gleich durchschlagend
erfolgreiche »Blechtrommel« erschien, Heinrich Bölls

»Billard um halbzehn«, Johnsons »Mutmaßungen über Jakob«, und der Suhrkamp-Verlag wurde übernommen von Siegfried Unseld, der seine Autoren, um deren Weltkenntnis und die Welthaltigkeit ihrer Bücher zu entwickeln, zu Arbeitsaufenthalten mit Vorliebe nach New York schickte. 1959, es macht mir manchmal Spaß, das zu denken, war das Gründungsjahr nicht nur meines Arbeitsplatzes, sondern auch der deutschen Nachkriegskultur (die dann offenbar auch gleich so stolz auf sich war, dass sie in New York vertreten sein wollte).

Wir müssen aus dieser Abschweifung jetzt allerdings zurückkehren, bevor sie sich selbständig macht. Gemeint ist mit all dem eigentlich nur, dass in der Gründung und Planung des »Goethe-House New York« – ebenso wie in derjenigen ungleich bedeutenderer Einrichtungen – eine gleichsam anonyme Vernunft am Werk und oft noch Jahrhunderte später erkennbar ist. Diese Vernunft funktioniert, könnte man sich einreden, als eine Art Weltgeist. Über dem Studium des New Yorker Stadtplans habe ich neulich das Gefühl gehabt, Spuren einer vergessenen Diskussion aus dem 19. Jahrhundert im Stadtbild lesen zu können. Die Gegend um den Central Park nämlich (und die sich bis heute in ihr anreichernden kulturellen Echos) sind geplant worden von einem erstaunlich kleinen Kreis von Männern. Es waren Architekten, *civil servants*, der legendäre Landschaftskünstler Frederick Law Olmstedt, prominente Militärs und reiche Mäzene. Es war in den Jahren vor und nach dem Amerikanischen Bürgerkrieg. Und es war schon zur Planungszeit des Central Park absehbar, dass ein Sieg der Nordstaaten (der damals freilich noch alles andere als ausgemacht war) New York zur wichtigsten Stadt der fast schon kontinentgroßen Republik machen würde. Der Central Park wurde geplant als das Bild eines von den Yankees geeinten und eroberten Landes.

Und der Norden hat dann ja auch gewonnen. Der *lost cause* der Südstaaten (Sklaverei, feudaler Geist und adlig-antikisierendes Landleben) hätte für die amerikanische Moderne, die damals entstand, keine tragfähige Grundlage abgegeben. Die Würfel waren Mitte der sechziger Jahre des 19. Jahrhunderts gefallen. New York wurde zur Hauptstadt der modernen Welt. Und als jener kleine Kreis ihrer Erfinder in den Boom-Jahren der Nachkriegszeit vor 1870 daranging, zwei Museen in der entstehenden Metropole zu bauen, eins für die Geschichte der Kunst und eines für Entwicklung und Formen der Natur, diskutierte man in Europa über ein analoges Projekt am Westrand der Wiener Ringstraße. Dort hatte Kaiser Franz Joseph beschlossen, seiner Hofburg benachbart die unübersehbaren, während Jahrhunderten in Prag, Wien und den kleineren Städten des Habsburger Reichs zusammengetragenen kunst- und naturhistorischen Sammlungen in zwei einander gegenüberstehenden Museen zusammenzufassen, um sie triumphal der Welt zu präsentieren.

Die vermutlich von Hegels »Phänomenologie« in Umlauf gebrachte Zentralidee einer Gegenüberstellung der materiellen und kulturellen Weltinhalte, des von Gott und des von den Menschen Geschaffenen, hatte für Wien Gottfried Semper städteplanerisch ausformuliert. In New York werden es Frederick Law Olmstedt zusammen mit seinen Architekten Calvert Vaux and Jacob Wrey Mould gewesen sein, die den Politikern, Mäzenen und Planern der Stadt nahelegten, das Metropolitan Museum und das Museum of Natural History analog zu Sempers Kaiserforum auf den Längsseiten des inzwischen fertiggestellten Central Park sozusagen in Sichtweite einander gegenüberzustellen, ganz so wie das Kunst- und das Naturhistorische Museum sich in Wien über eine (freilich viel kleinere) Parkanlage und die Kolossalstatue Maria Theresias hinweg ins Gesicht sehen können. Die Positionierung der beiden Paläste durch Semper in Wien, das war meine plötzliche Einsicht, präfiguriert als geheime Matrix die Lage der beiden großen Museen am Central Park. Die Geschichte der Kunst sollte mit der Naturgeschichte *in ein Gespräch* kommen – über die Baumwipfel, Wiesen, Wasserflächen, Wege und Laternen eines Parks hinweg, der in sich wiederum eine Synthese aus Kunst und Natur vollzogen hatte.

Denn kaum einem Terrain der großen Stadt hat man im 19. Jahrhundert eine so intensive planerische, kultivierende und künstlerisch bewusste Gestaltungsenergie zugewendet wie dem Central Park. Was aussieht, als habe man in der Mitte der Insel ein Stück neuenglische Natur sich selbst überlassen, ist in Wirklichkeit ein bis in die entlegenste Wegbiegung durchdachtes Gesamtkunstwerk. Philosophisch inspiriert ist es von der realistisch-demokratischen Naturmystik der »New England Transcendentalists« um Emerson und Thoreau. Und kunsthistorisch von den »big pictures« der Hudson River School, einer Gruppe von Malern, die unsere Vorstellung von der amerikanischen Landschaft in der Kunstgeschichte verankert haben – bestimmt nicht zufällig gerade im Jahrzehnt des historischen Sieges von Kapitalismus, Demokratie und freier Lohnarbeit. Im Jahrzehnt der Planung und der Anlage des Central Park. Die Idee der Maler Cole, Church, Kensett und Gifford war New England als ein kontinentweites *paradise regained* europäischer Landschaftsmalerei, als die Verwirklichung der Träume Claude Lorrains, John Constables, »Capability« Browns und William Turners. Eine wahrgewordene Kunstutopie. Und wenn ich im Innern des Metropolitan Museum oft den Wunsch verspürt habe, zum Beispiel in Poussins utopische Landschaften durch Leinwand und Rahmen hinein und durch sie hindurch aus dem Museumssaal davonzugehen, dann musste ich in jenem Herbst nur in den Park um das Museum hinaustreten, um einer solchen Erfahrung tatsächlich sehr nahezukommen. Denn man weiß im Central Park ja oft wirklich nicht, ob man gerade in einen Woody-Allen-Film hineinwandert (wir verschwinden wie Dianne Wiest und Woody Allen auf einem gebogenen Weg am Turtle Pond aus dem Bild, während Herbstblätter im gedämpften Licht zu Boden rieseln) oder ob man durch ein Landschaftsgemälde Frederick Churchs geht. Wirklichkeit und Kunst schienen an diesen herbstlichen Samstagnachmittagen delirierende halbe Stunden lang tatsächlich die Plätze zu tauschen. Eine Art Kunsthalluzination wurde im Spazierengehen fast übermächtig.

Churchs und Coles monumentale Landschaftsbilder sind das amerikanische Pendant zur europäischen Historienmalerei. Jene Großleinwände der Alten Welt voller Haupt- und Staatsaktionen fristen ihr Schattendasein heute als Magazinbestand. Aber das ganze 19. Jahrhundert hindurch wurden sie in Europa so sorgfältig wie heute allenfalls Filme konzipiert, vorbereitet, geplant und in manufakturellen Teams ausgeführt. Damals bildeten sie das Höchste, was ehrgeizige Kunst sich vornehmen und erreichen konnte. Ihre Regisseure – Makart, Siemiradzki, David – waren Heroen der Kunstwelt und der Nation, fast so berühmt wie Feldherren und Politiker. Und berühmt aus vergleichbaren Gründen. Denn sie stellten der Nation ihre entscheidenden Lebensmomente und Peripetien vor Augen, was ja vielleicht nicht weniger wichtig ist, als die Nation tatsächlich in diese Momente, Entscheidungen und Wendungen zu führen. Tagelang stand zum Beispiel das polnische Publikum 1882 vor Jan Matejkos »Preußischer Huldigung« und nahm jeden Quadratzentimeter der gigantischen, wimmelnd belebten und bis ins Kleinste von historischem Sinn erfüllten Leinwand als künstlerische Geschichtslektion in sich auf. Und dass auf Carl Theodor von Pilotys Monumentalallegorie »Monachia« das Wittelsbacher Herrschergeschlecht nicht genügend verherrlicht wurde, war 1879 im monarchistischen Deutschland ein bedeutendes *politisches* Faktum.

In Amerika dagegen bildeten zu dieser Zeit Frederick Churchs »Niagara« von 1857, »The Heart of the Andes« oder »Twilight in the Wilderness« (1860) sensationelle Anlässe für die gute Gesellschaft, sich um diese einzeln ausgestellten, dramatisch beleuchteten, durch Musik und Rezitationen überhöhten, von Führern erläuterten »big pictures« zu versammeln. Vor ihnen versenkten sie sich in idealisierte Darstellungen des Landes, das um sie jetzt entstand. Dem sie gewachsen sein wollten. Aus dem sie ihre Revenuen, ihren Stolz, ihre Legitimation bezogen. Und wie sowohl die historischen als die naturromantischen Monumentalgemälde des 19. Jahrhunderts panoramisch (oder cinematographisch) über sich und ihren Rahmen hinausstrebten, so müssen Olmstedt und Vaux das »big picture« ihres Hauptwerks als die städtebauliche Erweiterung eines ihnen innerlich gegenwärtigen Gemäldes gesehen haben. Auf den damals beliebten Stadtpanoramen – sie sind aus einer imaginären Vogelperspektive gegeben – wirkt der Central Park tatsächlich wie ein überdimensioniertes, in die Stadtwirklichkeit hineinkopiertes Landschaftsgemälde. Sogar in den Abmessungen des Areals von der 59sten bis zur 110ten Straße wiederholt sich die Proportionierung jener breit hingelagerten Weltlandschaften voll historischer Schlachten, geschichtsentscheidender Krönungen, Huldigungen oder Feste.

Dass in Amerika freilich die Landschaft statt der Geschichte das Sujet der bürgerlichen Selbstvergewisserungskunstwerke bildet, scheint auf die demokratisch verinnerlichte Seelenkultur der protestantischen Sekten, des »Great Awakening« und der »New England Transcendentalists« zu verweisen. Amerika hat um 1870 einen individuell erfahrenen Gott in den Manifestationen des Naturreichs gesucht statt ein kollektiv-politisches Numinosum im politischen oder militärischen Leben der Nation. Der protestantische Preuße Caspar David Friedrich ist dieser amerikanischen Sensibilität näher als der bayerische Katholik Carl Theodor von Piloty. Und so unterscheidet sich auch das Museum of Natural History, das auf der Westseite des Parks dem Metropolitan Museum antipodisch gegenüberliegt, in einem entscheidenden Punkt grundlegend vom Wiener Naturhistorischen Museum. In Wien wandert man durch langgestreckte Fluchten von mit Stuck, Blattgold, Mahagonitäfelungen, Marmor, Parkett, Statuen und Vorhängen geschmückten Sälen. Eine streng hierarchische Taxonomie der Naturformen ruht im samtbezogenen Innern hölzerner Schaukästen und Vitrinen unter Glas. Sie ist beschriftet wie das Organigramm einer Heeresgruppe oder einer Bürokratie. Ihre Ordnungen kann man abschreiten wie eine Reihe von Würdenträgern – aufsteigend von unten nach oben, aus dem Mineralienreich über Einzeller bis zu den Kronen der Schöpfung. Zentralgegenstand und Realsymbol des Naturhistorischen Museums in Wien ist der Schaukasten aus Glas und Holz.

Als es 1889 vom Kaiser eröffnet wurde, war jedoch in der Geschichte der Pädagogik – und dann sehr bald auch in der Geschichte der naturhistorischen Museen – eine formgebende Wendung eingetreten. John Dewey in Amerika, Maria Montessori in Italien, Otto Schmeil in Deutschland entwickelten die Vorstellung, dass nicht morphologische *Betrachtung* der Welt, sondern ihre aktive und selbstverantwortliche *Erforschung* der natürliche Weg des Lernens sei und deshalb auch die Organisationsform der Erziehung und der Schule werden müsse. So wie eben auch das Bauprinzip des Naturhistorischen Museums (das ja von Anfang an eine pädagogische Ausrichtung hatte). An der Spitze des pädagogischen und kulturellen Feldes, im altsprachlichen Gymnasium und im Museum für Statuen und Gemälde, sind jene Reformbemühungen um Anschauung, Konkretion, Anfassen, Selbsttun und Erfahrung bis heute abgewehrt worden. Dagegen setzten sie sich in den niederen Schulen, deren zweite Stufe in Deutschland nicht zufällig »Realschule« heißt, so gut wie ganz durch. Damit aber änderten sich auch Aussehen und Einrichtung naturhistorischer Museen innerhalb einer Kuratorengeneration. Frühe Exemplare wie der Palast an der Wiener Ringstraße waren noch groß dimensionierte fürstliche Naturalienkabinette. Seit aber 1888 der Ornithologe Frank M. Chapman, ein vergessener Visionär des Museumsdesigns, Kurator am »Museum of Natural History« in New York wurde, setzte sich ein anderes Modell der natürlichen Welt durch. Seither stand nicht mehr der Schaukasten im Zentrum der Naturkundemuseen der Welt, sondern das Diorama.

Das Diorama ist ein vergessener Seitenzweig in der Geschichte der Kunstgattungen. Es spielt als Element der

Innenarchitektur von naturhistorischen Museen heute nur noch eine randständige und fast abseitige Rolle als ein pädagogisches Mittel, Konkretion und Anschauung ins Zentrum naturgeschichtlichen Lernens zu stellen. Im 19. Jahrhundert aber waren die Dioramen eine eigenständige (wenn auch schon damals ob ihrer Popularität ein bisschen verachtete und sozusagen halbseidene) Form der Kunst und der Unterhaltung. Sie bildeten eine populäre Konkretion der Historienmalerei und sind heute erkennbar als Vorläufer des Films. Bezeichnenderweise hat Louis Daguerre nicht nur die Fotografie erfunden, sondern auch – was fast niemand weiß – das Diorama. Während meines ersten Besuchs in New York vor fast dreißig Jahren (der mir auf meinen gegenwärtigen Spaziergängen mehr als einmal im Kopf herumging) hat mich nichts (und vor allem nichts Kunstgeschichtliches) so beeindruckt und gerührt wie die von dem Künstler und Architekten James Perry Wilson gefertigten Dioramen der amerikanischen Säugetiere im ersten Stock des American Museum of Natural History. Was im 19. Jahrhundert in Paris erfunden und in den vierziger Jahren des 20sten in New York in eine kaum noch zu glaubende Perfektion hineingetrieben worden ist, wurde mir an einem kalten, dunklen und vollkommen unvergesslichen Winternachmittag, während ich an der Hand meiner Freundin durch das New Yorker Museum of Natural History wanderte, zu der Kunstform, die plötzlich mein eigenes Leben zu verstehen und mir selbst erklären zu können schien.

Dass Perry ursprünglich Architekt gewesen ist, merkt man beispielsweise daran, wie vollkommen er die perspektivischen Blickverhältnisse in der Konstruktion des riesigen zentralen Lebensbilds der Bisongruppe vor einer weiten Prärielandschaft verstand und beherrschte. Herden, Felsen, Gras, Sonnenfluten und Wolkenschatten setzen sich von den riesenhaften Tieren im Vordergrund, ohne dass der Übergang zur Wandmalerei genau zu sehen wäre, bis an den Horizont fort, und man versteht vor diesem Diorama plötzlich, wieso die »Ewigen Jagdgründe« eine indianische Beschreibung des Paradieses sind. In der »wissenschaftlichen« Behandlung noch der feinsten Details orientiert sich Perrys Landschaftsmalerei an den neonaturalistischen Genauigkeitsstandards von Meistern wie Andrew Wyeth. Die von Perry bevorzugten Wetterlagen, Tages- oder Nachtzeiten, Beleuchtungen und Atmosphären jedoch verraten den Einfluss der neuenglischen Naturfrömmigkeit. Perry liebte die Dämmerung. In seinem spektakulären Wolfspanorama zum Beispiel herrscht schlechterdings tiefe, nur durch den bleichen Widerschein des Schnees ein wenig erhellte Nacht. In einem benachbarten Schaukasten versenkt sich Perry in den Moment kurz bevor aus schweren Wolken über der Tundra der Schnee fallen wird (die Karibus schauen uns an, als spürten sie den Blizzard schon). Und er verstand und interpretierte in einem anderen Panorama die tiefe Traurigkeit eines Winterabends über der Baumgrenze in den Rocky Mountains. Während wir uns vor der plötzlich wie verschwundenen Glasscheibe fragen, wie der sich anschleichende Luchs und der nichtsahnende Hase (mit dem es im nächsten Augenblick aus sein wird) unter diesem Himmel, in dieser weltweiten Düsternis ihr Dasein ertragen können. Es ist eine Szene von schopenhauerhafter Resignation und Ausweglosigkeit.

Vielleicht, dachte ich 2007, als ich nach siebenundzwanzig Jahren zum ersten Mal wieder vor den Dioramen des Museum of Natural History stand, hat mich im Winter 1980 eben der Gegensatz so erschüttert zwischen den ganz in ihrer Gegenwart befangenen Tieren und der Tiefe kunsthistorischer und seelischer Perspektiven, die sich in Perrys Landschaftsmalerei hinter ihnen auftun. Im Herbst 1979, vor der zweiten Amerikareise meines Lebens, hatte ich wochenlang das Gefühl gehabt, den Verstand zu verlieren. Obwohl die akute Krise vorbei war und ich wieder leidlich heimisch in der Welt, musste ich mich mit manchen Situationen, Filmen und sogar Bildern noch vorsehen. Auf dem Höhepunkt meiner Verwirrung hatte damals sogar die Reproduktion eines Gemäldes von Caspar David Friedrich, auf dem ein sehr braunes Segelschiff unter einem düsteren Himmel auf dem mir plötzlich unausdenkbar entsetzlich vorkommenden Meer dahinfährt, einen ernsthaften Panikanfall auslösen können. Aber es ist nicht nur die Spannung von Präsenz und Kunstgeschichte, die Perrys Meisterwerke so lebendig (und viele von ihnen so unheimlich) macht. Seine Dioramen, wurde mir jetzt beim Gehen im Dunkeln klar, setzen zwei verschiedene Vermögen der Wahrnehmung in Gang, das unmittelbare Wiedererkennen, das wir den ausgestopften Tieren zuwenden, und die abstrakte, imaginierende, phantasmagorische Einbildungskraft, die sich in den Landschaften hinter ihnen verliert. In dem schnellen, von keiner anderen Kunstform als eben den Dioramen ermöglichten Wechsel zwischen Naturanschauung und Kunsterleben kommt ein Spiel der Seelenkräfte in Gang, das in den langen, dunklen Museumsgängen, die in immer wieder neue solcher Gegenüberstellungen hineinführen, mich 1980 traumhaft anmutete und diese Traumerfahrung auch heute wieder in mir hervorbringt.

Habe ich auch das Folgende vielleicht nur geträumt? In der dunklen »Ackeley Hall of African Mammals« (so jedenfalls will es meine Erinnerung an meinen ersten Besuch im Museum of Natural History) konnte man damals vor den Dioramen an kleinen Tischchen ein Bier trinken. In meinem Erinnerungsbild an den frühen Winterabend, den ich im Januar 1980 hier verbracht habe, tue ich jedenfalls genau das vor dem Löwenpanorama in der Mitte des rechten Saalflügels. Die kleine Elefantenherde steht im Dunkel hinter mir. Das Gesicht meiner Freundin im Schein eines kleinen Windlichts. Andere Paare reden gedämpft an anderen Tischchen. Die »Ackeley Hall« ist zu einem vollkommen utopischen Ort der Vereinigung von Kunst und Natur geworden. Die Löwen, ein paar Schritte von uns entfernt, sind auf ihrer Pirsch im gelben Gras für immer erstarrt, unter den dornigen Bäumen, der endlosen, in der Ferne von Tierherden und Wolkenschatten verdunkelten Serengeti (»Du lebst und du tust mir nichts«). Und ich las auf einer der von innen erleuchteten Erklärungstafeln des Löwenpanoramas (2007 habe ich die Formulierung sofort wiedergefunden), die Löwenrudel schafften es nur bei jedem dritten Versuch, eins ihrer Beutetiere wirklich zu schlagen.

Der nüchterne naturwissenschaftliche Satz war 1980 nur für mich geschrieben gewesen. Mir scheint in diesem Moment endgültig klargeworden zu sein, dass ich eine Chance im Leben hatte. Es gab den Wahnsinn. Vielleicht hatte er sich mir vor ein paar Wochen wirklich gezeigt. Aber er würde mich wahrscheinlich nicht kriegen. Es stand ja 2:3 sogar zwischen Löwenrudeln und wehrlosen Gazellen. Mein Leben lag wieder vor mir. Es würde ganz anders verlaufen, als ich es mir damals vorstellte. Wenigstens aber hat kein Segelschiff mich auf das Meer des Wahnsinns hinaus von mir weggeführt. Ich wusste und glaubte das vor dem Löwenpanorama an jenem Abend dann plötzlich. Es würde mir nichts passieren. »Es kann dir nix gschehn! Du ghörst zu dem alln und dös alls ghört zu dir!«, heißt es in Anzengrubers »Die Kreuzl-Schreiber«, einem Theaterstück, bei dessen Aufführung in einem Wiener Theater Ludwig Wittgenstein 1910 eine mystische Unverletzlichkeitsepiphanie erfuhr. »Es kann dir nix gschehn!« Es hatte sich eine Transsubstantiation ereignet. Der Satz auf der Erklärungstafel vor dem Löwenpanorama im New Yorker Museum of Natural History, dieser Moment im Januar 1980 waren, was sie waren. Und bedeuten für mich bis heute zugleich etwas ganz anderes. Sie haben damals und für immer meine Welt verwandelt. Ohne dass die Urheber und Organisatoren des New Yorker Löwenpanoramas diese Wirkung auf mich auch nur hätten irgendwie ahnen können.

Der New Yorker Kunstphilosoph Arthur C. Danto ist 1980 berühmt geworden mit dem Buch »Die Verklärung des Gewöhnlichen«, in dem er die künstlerische Strategie des ukrainisch-unierten Katholiken Andy Warhol mit dem Wunder der Verklärung Jesu auf dem Berg Tabor in Verbindung bringt (und vielleicht erklärt). Die Ostkirchen, in deren Metaphorik Warhol aufgewachsen ist, feiern das Verklärungsfest seit dem 5. Jahrhundert. Was Verklärung theologisch eigentlich ist, habe ich übrigens nicht einmal dem Jesus-Buch eines so klar und systematisch argumentierenden Theologen, wie es der regierende Papst ist, entnehmen können. Man scheint nicht wirklich zu verstehen, was die Evangelisten mit dieser (aus dem übrigen Heilsgeschehen wie herausgestanzt wirkenden) Erzählung eigentlich im Sinn hatten. Verklärung ist ein Paradox, fast ein Wunder. Sie ändert die Welt (einen Gegenstand; einen Menschen) nicht. Die Welt bleibt, was sie immer war. Und zugleich ist ein bestimmter Weltinhalt jetzt etwas ganz anderes. Ein Interface zwischen der Wirklichkeit und jenem anderen. »Sein Antlitz strahlte wie die Sonne, und seine Kleider wurden weiß wie das Licht«, heißt es bei Matthäus. Aber nicht nur die orthodoxen Ikonen stehen in bildtheoretisch verzwickter Weise auf der Schwelle zwischen Bedeuten und Sein. Jedes Kunstwerk, das jemandem etwas bedeutet, ist in diese schwer greifbare Seinsverfassung eingetreten, ist aufgebrochen aus der wirklichen Welt, auf dem Weg in deren metaphysischen Hintergrund.

Es ist wieder Samstagnachmittag, und ich gehe im Central Park spazieren. Die Bäume färben sich schon. »Summer went so quickly«, sagt Lee in Woody Allens »Hannah und ihre Schwestern«, wenn sie am Hudson geht, ihren Mantel um sich schlägt und über ihr Leben, ihre Untreue, ihre Zukunft nachdenkt. Unberechtigter Stolz auf meine zeitweilige Heimatstadt fließt durch meine innere Chemie. Vielleicht könnte man es so sagen: Die extreme Suggestionskraft der Stadtlandschaft um den Central Park ist im 19. Jahrhundert von ihren Erfindern bewusst angelegt (ihrer Schöpfung beigelegt) worden, in einer Zeit, als man noch an die Fähigkeit der Kunst glaubte, die Wirklichkeit zu verwandeln (zumindest die subjektive Wirklichkeit; aber welche andere gibt es denn?). Aber ich will damit nicht schon wieder anfangen.

Lieber könnte ich eine Begleiterin am späteren Nachmittag, wenn es über dem Waldgeviert des Central Park schon herbstlich dunkelt und ein kalter Wind vom Atlantik her zu wehen beginnt, auf einen Cocktail in die »Bemelmans Bar« des nahegelegenen Carlyle-Hotels einladen, wo einen Straßenblock weiter östlich Ludwig Bemelmans großes Kunstwerk »The Central Park« seit den fünfziger Jahren die Wände bedeckt und darauf wartet, dass Männer Frauen hierher begleiten. Eingehüllt in das

Dunkel der Bar und rings umgeben von Ludwig Bemelmans kindlicher und zugleich vollkommen moderner Bildversion des nahegelegenen Parks, mögen sie die Schönen anschauen, etwas über ihre Gedanken erfahren und ihnen vielleicht nahekommen. Ludwig Bemelmans, einer der berühmtesten Kinderbuchautoren und -illustratoren des letzten Jahrhunderts, hat schon seine österreichische Kindheit in Hotels und Bars verbracht und ist später als Restaurantbesitzer und -designer in Paris und New York so etwas geworden wie der Woody Allen (oder der Saul Steinberg) der internationalen Luxusgastronomie. Ein Künstler, der – immer am Rand beruflichen, künstlerischen und seelischen Scheiterns balancierend – eine Vision des guten Lebens aus seinen widrigen und zweifelhaften Lebensumständen destillierte. Seine Kunst bleibt ganz nah an kindlichen Ängsten, Lüsten, Absurditäten und Figuren, während es ihr gelingt (und mit einem kindlich unmittelbaren Zugriff gelingt), völlig unsentimental, strikt gebrauchsorientiert und *absolument moderne* zu sein.

»The Central Park« gehört zur Gattung der »Verkehrte Welt«-Darstellungen. Heute überlebt diese ursprünglich literarische Denkform als humoristisches Genre von Kinderkunst. In dem aber zugleich die Gegenwart mit der Welt der antiken Saturnalien in unterschwelliger Erfahrungsverbindung steht. Wie im Rom der Kaiserzeit eine Dezemberwoche lang Sklaven und Herren die Plätze spielerisch tauschten, haben in Bemelmans Wandausmalung die Tiere die Herrschaft und Verantwortung über

den Central Park übernommen. Im Zoo, hinter Gitter-
stäben, sind Exemplare der Menschengesellschaft ausgestellt. Von beispielsweise Giraffenfamilien bestaunte Ge-
sellschaftsdamen, Banker, Künstler und Dandys. Auf den
Rasenflächen und unter den Parkbäumen picknicken
derweil elegant gekleidete Hasen, lauschen auf Draht-
stühlen balancierende Elefanten den Märschen und Wal-
zern einer Kurkapelle. Kaninchenherren führen Katzen-
damen spazieren. In einer ganz besonders wundervollen,
an holländische Genremalerei angelehnten Winterszene
laufen graziöse Fabelwesen Schlittschuh auf einem dunklen Teich unter einer Brücke, über die der Schnee in
großen weißen Flocken dahintreibt.

In dieser Bar habe ich im Herbst des Jahres 2008 abende-
lang in ein Augenpaar geschaut, das mich damals so an-
gelegentlich wie folgenlos beschäftigte. Dann, aufse-
hend, verlor sich mein Blick in Bemelmans »The Central
Park«, und ich war wieder überwältigt von dem Gefühl,
in Kunst hinein aus der Wirklichkeit fortgehen zu können. Es scheint um den New Yorker Central Park allgegenwärtig. Es ist das Grundgesetz dieser Stadtlandschaft.
Und während ich jetzt an einem schon winterlich düsteren Novembermorgen in meinem Lesesessel sitze und
in den herbstgefärbten Baum vor dem Fenster hinaus-
sehe, will es mir kein Zufall scheinen, dass mich an jenen Abenden im Carlyle gerade Bilder des Central Parks
umgeben haben. Einer Natur nämlich, die gleichzeitig
so ganz Kunst ist, wie schöne Frauen Kunst und Natur
zugleich sind. Und dass diese Bilder so detailbesessen,

stilisiert und exzentrisch sind, als habe ein Kind sie gemalt. Denn etwas an schöne Frauen erinnert etwas in Männern daran, wie sie als kleine Jungen waren. Wodurch wir wieder lebendig werden, und andere Geschichten in uns beginnen.

Große Kunst

Bevor es mich beruflich für längere Zeit hierher verschlug, bin ich zweimal in New York gewesen. Einmal in meinem lebensgeschichtlichen Pleistozän, mit zweieinhalb für ein Jahr mit meiner Mutter (woran ich nur noch mythisch-verschwommene Erinnerungen oder vielleicht nur Deckerinnerungen habe; die mich aber vielleicht doch bewogen haben, als fast Sechzigjähriger hier noch mein Glück zu versuchen). Und dann in meiner eigenen privaten Frühen Neuzeit oder Renaissance, als sehr unsicherer, noch ziemlich junger und dummer, aber nominell schon ausstudierter und zumindest eigenem Anspruch und Ehrgeiz zufolge intellektuell irgendwie satisfaktionsfähiger Mensch. Damals, mit 27, zwischen Weihnachten und Silvester 1979, hielt ich mich schon seit Jahren für einen »Marxisten-Leninisten«. Und war demzufolge, was immer sonst ich mir unter meinem Glaubensbekenntnis im Einzelnen vorgestellt haben mag, Anhänger einer verschwiegen-größenwahnsinnigen Idee von der »Aufhebung« des reinen Geistes. In gewissen, spukhaft abgelegenen Kammern meines juvenilen Oberstübchens hegte ich (wie alle meine Vorgänger und Genossen) die unbewusste Ansicht und selten ausgesprochene Erwartung, philosophische Gebäude und künstlerische Gebilde des deutschen Idealismus würden in einer zukünftigen, von mir ersehnten und zu befördernden Gesellschaftsordnung irgendwie »wahr werden« und allgemeine Geltung annehmen.

Im Übrigen waren die Russen gerade in Afghanistan einmarschiert. Und mein Onkel, der mich in seinem leisen, weichen und überhaupt sehr luxuriösen Mittelklassewagen vom Flughafen JFK abholte, knurrte darüber auf dem Weg nach Garden City ein paar Bemerkungen in meine Richtung, die so klangen, als stecke ich persönlich hinter dieser Schweinerei und habe das nur angezettelt, um ihm die Feiertage zu vergällen (mein Marxismus-Leninismus, merkte ich, funktionierte auch im großfamiliären, gar transatlantischen Rahmen als eine prompt wirksame Skandalmasche und intellektuelle Distinktionsstrategie; so etwas gibt man in dem Alter nicht so ohne weiteres auf). In Garden City, wo mein Onkel, meine Tante und drei der fünf Töchter damals ein neoviktorianisches Einfamilienhaus bewohnten, standen Tudor-Fassaden fachwerkschwarzweiß und backsteinbraun hinter offenen Rasengrundstücken. Baumwipfel regten sich im warmen Vorweihnachtswind vom Atlantik her. Die bürgerliche Vorstadt auf Long Island, dreißig *commuter-train*-Kilometer von Midtown Manhattan entfernt, ist eine Gründung des Kaufhausmoguls Alexander Turney Stewart. Im späten 19. Jahrhundert baute er von den sechzig auf großzügigen Parkgrundstücken angelegten Villen und dem besten Hotel auf Long Island gleich noch eine eigene Eisenbahnlinie nach New York. Sein loireschlossgestyltes New Yorker Midtown-Anwesen stand bis 1902 an der

Ecke von Fifth Avenue und 32ster Straße. In einer neugotischen Kathedrale in der Ortsmitte von Garden City
(wenn man im Hinblick auf Garden City von einer Ortsmitte reden will) liegt er begraben. Mein Gästezimmer
war im Dachgeschoss und hatte vorschriftsmäßige Quilt-
decken, ein geschmiedetes Eisenbett, Flickerlteppiche auf
Holzbohlen, ein buntes Filmplakat und Stiche aus dem
18. Jahrhundert an der Wand. »Das *House & Garden*-Pro-
gramm«, lästerte ich insgeheim marxistisch-leninistisch
vor mich hin, um vor mir selbst zu verbergen, wie gut
mir der bürgerliche Hausstand meiner amerikanischen
Verwandten halt doch gefiel und wie intensiv mich schon
beim ersten Schritt in dieses Dachzimmer Phantasien
vom »Immer-hier-wohnen« angefallen hatten.

Das Wiedersehen mit meiner Freundin, die von ihrem
zeitweiligen Auslandsstudienort San José an der Westküs-
te herübergekommen war. Wundervolle, Gin-and-tonic-
selige (und damals auch noch stark zigarettengeschwän-
gerte) vorweihnachtliche Nachmittagsbegegnungen mit
den Nachbarn. Die berühmte amerikanische Freundlichkeit. Sturmhimmel über einem sehr gelben Sandstrand,
auf den große Wellen hereinbrachen. Ausflüge mit meiner Tante in die weitere Umgebung. Lobsteressen in Con-
necticut. Dann wieder das winterliche Spätnachmittags-
licht über dem Ozean. Eine mannsgroß gebuschte
Zimmerpflanze im Strandhaus von Freunden, die sich
beim näheren Hinsehen als Marihuanastaude entpuppte.
»American Stars and Bars« von Neil Young. Am Neujahrstag fuhr ich allein mit der Bahn nach Manhattan, stand

wenig später am dunklen, tief regenwolkenverhangenen ersten Tag des neuen Jahrzehnts am Reservoir des Central Park und sah zu den antediluvianisch sich türmenden Palästen an der Westavenue des Parks hinüber. Am hohen Maschendrahtzaun entlang ging ich um die Wasserfläche, über die der Wind strich und kam schließlich vor das Guggenheim-Museum, das ich zwischen den Bäumen schon die ganze Zeit aus der Ferne immer wieder gesehen hatte und das mein Ziel an diesem Winternachmittag war. Seltsam ist es, dass Park, Avenue, Spazierweg und Ufer in meiner Erinnerung vollkommen menschenleer sind. Frank Lloyd Wrights letztes (erst 1959, ein paar Monate nach seinem Tod fertiggewordenes) Meisterwerk war eine Erscheinung aus fremden Dimensionen, zugleich intim und monumental, ein weißer Wal zwischen Millionärsfassaden und alten Bäumen, ein Raumschiff, das in der einbrechenden Dämmerung von innen leuchtete.

Der Zufall wollte es, dass gerade bei meinem ersten Besuch im Guggenheim-Museum die berühmte amerikanische Joseph-Beuys-Retrospektive von 1980 zu bestaunen war, ein Ereignis, das den heute schon fast ins Vergessen hinübergleitenden Künstlertitanen in den achtziger Jahren weltberühmt gemacht hat. Ich hatte seine Zeichnungen, vor zehn Jahren schon, im Kunstmuseum Basel gesehen und hatte von ihrem zarten und unvergesslichen Zauber lange gezehrt, in der Gewissheit, sehr bedeutende Kunst gesehen zu haben. Nun wandelte ich auf dem vorgeschriebenen Spiralweg an Skulpturen und Installationen vorüber, bei deren Betrachtung mir vor allem ihre feststehenden, sozusagen arretierten Bedeutungsarchitekturen auffielen – Fett = Nahrung, Filz = Wärme, Kupfer = Verbindung, Taschenlampe = Licht, Honig = Gesellschaftlichkeit –, eine semantische Starre, die ich in meinem Tagebuch (gar nicht schlecht, will mir heute scheinen) als »allegorisch« bezeichnete, ohne zu wissen, dass der marxistische Kunstprofessor Benjamin Buchloh dem Meister wenig später in »Artforum« und »October« ganz ähnliche Vorwürfe gemacht hat (die darauf hinausgelaufen sind, Beuys habe die institutionenkritische Komponente von Duchamps Ready-made-Begriff nicht so recht begriffen).

Und es scheint mir auch keine Projektion des älteren Mannes in die Eindrücke eines jungen zu sein, wenn ich mich deutlich daran erinnern zu können glaube, dass mir sowohl die fahrig-»allegorischen« Weltmodelle und -entwürfe des deutschen Kunst-Gurus wie das Gebäude Frank Lloyd Wrights selbst dicht von unausgesprochenen und sozusagen frei flottierenden Machtansprüchen erfüllt schienen. Ich weiß noch genau, dass mir an Wrights Museum, so eindrucksvoll sein Anblick und so genial seine Formidee mir vorkam, eine gewisse Eindimensionalität auffiel und mich deutlich störte: dass man im Guggenheim nämlich immer nur vorwärts oder zurück gehen kann und immer nur im Kreis herum. Was mir wahrscheinlich damals nicht bewusst war, aber umso deutlicher heute aufgeht, ist eine daran anschließende Beobachtung: dass nämlich die Vorschriften, die das Gebäude Frank Lloyd Wrights dem Besucher macht, sich in der Eindimensionalität spiegeln, in der Joseph Beuys' Kunst Bedeutung organisiert. Man kann in dessen klassischen Installationen ja wirklich nur wenig anderes sehen und aus ihnen herauslesen, als was der Künstler an Siebziger-Jahre-Ideen zuvor in sie hineingelegt und in ihnen versteckt hat. Das zur Kunstanmutung gehörende Bedeutungsflimmern kommt nicht durch eine Offenheit dieser Kunstwerke zustande (sie würde ihre Modernität ausmachen, die Beuys' großen Installationen, wie man argumentieren könnte, in Wirklichkeit fehlt), sondern durch die Undurchdachtheit der Botschaften und Begriffe, die jene Gestänge, Einschmierungen, Gestelle und Auftropfungen in einem sehr einfältigen Sender-Empfänger-Verhältnis auf die Betrachter überleiten sollen. Es kommt ja (man beginnt es heute zu bemerken) nicht zu einer Epiphanie vor den Beuys'schen Zusammenstellungen und -ballungen, sondern bloß zu einer Konfusion.

Irgendwie verkleinert das alles Beuys und sein Werk aber nicht im Geringsten. Sowenig wie man der unbestreitbaren Größe Frank Lloyd Wright irgendetwas nimmt, wenn man sich von seinen wunderschönen Gebäuden bevormundet und sich zum Beispiel im Guggenheim-Museum entschieden unbehaglich fühlt (wie es mir jetzt, fast dreißig Jahre nach meinem ersten Besuch, wieder und immer noch geht). Wright hat als fast schon alter Mann eine Adeptin und Ex-Geliebte des armenischen New-Age Gurus Georges Ivanovitch Gurdjieff geheiratet. Sie würde ihm in der Folge einen sehr Osho- oder L.-Ron-Hubbardartigen Jungmenschenzoo zusammenorganisieren, der in Wrights Anwesen »Taliesin« auf nichts so glühend brannte als darauf, in der Hoffnung auf gelegentlich gewährte Anwesenheit des Meisters und seiner Aura Massenunterkünfte zu belegen und gutes Geld dafür zu bezahlen, dass der große Mann sich dazu herbeiließ, ihre Arbeitskraft Tag und Nacht auszubeuten. Jedoch nicht einmal derlei Schäbigkeit ihrer Schöpfer kann große Kunst verkleinern. »Übermacht, ihr könnt es spüren«, heißt es in einer Spruchweisheit von Goethe (dessen Ruhm und Werk seit zwei Jahrhunderten bekanntlich auch nichts und niemand mehr kleinkriegt), »ist nicht aus der Welt zu schaffen.«

Das geht einem mit großer Kunst eben auch so. Man kann nichts gegen sie machen. Im Grunde kann man kaum etwas sagen gegen sie. Man macht sich fast lächerlich mit Kritik an großer Kunst; sie ist ja irgendwie längst ein Faktum der Welt geworden, an dem man nicht mehr herumkritteln kann. Angesichts großer Kunst kann man sich bloß noch auf dem Absatz umdrehen und woanders hingehen. So wie ich das dann an jenem ersten Spätnachmittag der achtziger Jahre auch gemacht haben werde. Durch den dunkelnden Central Park auf die Westseite und dann mit der U-Bahn zur Penn Station, von wo aus es mit dem Vorortzug wieder nach Garden City ging. Dort habe ich es mir vermutlich mit meiner Freundin (was hatte die an diesem Nachmittag eigentlich vorgehabt?) in unserem *House & Garden*-Gästezimmer gemütlich gemacht, bis es Zeit war, zu Drinks und einem

Abendessen mit meinen Verwandten ins Wohnzimmer hinunterzugehen. In manchen Frank-Lloyd-Wright-Häusern hätten wir nicht einmal die Tür eine Weile hinter uns zumachen können, so genau hat ihr Schöpfer vorgeschrieben und ästhetisch durchkalkuliert, wie ein Raum in den anderen fließend überzugehen hat, damit man auch ja keinen Schritt vom Pfad großer Kunst abkommt.

Dann begannen die achtziger Jahre. Mein Marxismus-Leninismus verlor sich. Es war schön, aber zum Teil auch sehr einsam in meinen achtziger Jahren. Ich war ein paar Jahre in London, schrieb dort ein Buch über Hölderlin und las alles von Hermann Lenz, einem sehr großen kleinen Schriftsteller, über dessen Büchern mir zum ersten Mal aufging, dass kleine Kunst, im Gegensatz zum Marxismus-Leninismus und zur großen, die Welt nicht verändern will. Sondern nur anders interpretieren. Die Gruppe 47, deren hochberühmte Mitglieder sich über Hermann Lenz (wie über Paul Celan) seinerzeit lustig gemacht haben, wollten nichts Geringeres als die Bundesrepublik demokratisieren (und machten sich damit selber am lächerlichsten). Lenz' Kunst aber hat Stuttgart und die fünfziger Jahre um keinen Deut verändern wollen (oder sich das auch nur im Entferntesten zugetraut). Die Stadt und seine Zeit sehen nur, seit er sie beschrieben hat, anders aus als vorher – und eigentlich auch nur ein bisschen anders und durchaus nicht für jeden. Nur für ein paar Lenz-Leser halt. Für mich. Und wenn ich jetzt, Jahrzehnte später, Vater eines fast schon erwachsenen Sohnes und Autor einer Reihe von entschieden kleinen Büchern, auf dem Weg zur Arbeit morgens am Guggenheim-Museum vorbeikomme, dann denke ich manchmal, dass große Kunst sich von der kleinen dadurch unterscheidet, dass sie die Souveränität (die in jede wirkliche Kunst unbesiegbar eingebaut ist) gleichsam katholisch interpretiert. Große Kunst glaubt, ihre Souveränität als weltliche Macht organisieren zu können.

Kleine Kunst dagegen hängt einer lutherischen Zwei-Reiche-Lehre an. Denn kleine Künstler sind außer Künstlern und Weltenherrschern noch etwas anderes. Ärzte. Ehemänner. Buchhalter. Väter. Juristen. Programmchef des Goethe-Instituts New York. Und nur als Künstler sind sie, wie Luther über den »Christenmenschen« schrieb, ein freier Herr über alle Dinge und niemandem untertan. In ihrer weltlichen Rolle dagegen sind sie ein dienstbarer Knecht aller Dinge und jedermann untertan. An der 88sten Straße, auf dem an das Guggenheim-Museum angrenzenden Grundstück, ist ein neobarockes Bürgerpalais von der großen Architektur Frank Lloyd Wrights an der Brandmauer abgeschnitten und zu einer Art Hinterhof degradiert worden, so rücksichtslos wie es woanders allenfalls den Nachbarn totalitärer Bauherren in Bukarest oder Ostberlin ergangen ist. Die Vorderseite und Fassade des altmodischen *townhouse* aber ist noch ganz intakt. Durch Zweige von Straßenbäumen sehe ich zu einer fast über die ganze Vorderfront gewölbten schmiedeeisernen Balkonbrüstung hinauf. Efeu rankt sich an Mauern aus Ziegeln und grau steinernen Barockornamenten empor. Ein großes, kompliziert umrandetes und vermutlich vollkommen bedeutungsleeres Wappen. Das renaissancepalastartige Säulengeländer eines Dachgartens. Ein schon ganz herbstbunter kleiner Baum ragt dort oben in den hellblauen Himmel. Von der 88sten Straße aus sieht das Nachbarhaus des Guggenheim noch ganz so aus wie das schöne und vornehme Pariser Palais, das ein reicher Mann am Ende des 19. Jahrhunderts hier in einer ruhigen Seitenstraße des Parks für sich und seine Familie nachgebaut hat. Von der Ecke zur Fifth Avenue dagegen, in seiner aufgezwungenen Rolle als Rückseite des Museums, wirkt das bürgerlich solide Haus wie etwas, das dringend abgerissen werden müsste (was Frank Lloyd Wright vermutlich ohne mit der Wimper zu zucken angeordnet hätte, nach einem Erfolg der Kulturrevolution, die ihm vorschwebte). Welches der beiden Häuser die bedeutendere Architektur darstellt, ist keine Frage.

Ein neuer Untergang
des Amerikanischen Imperiums

Seit es Imperien gibt, freuen wir uns an ihrem Untergang. Mein Lieblingsimperium im Untergang ist das Römische. Irgendwann in den achtziger Jahren hat Enzensbergers »Andere Bibliothek« einen Band aus Gibbons »Der Untergang des Römischen Reiches« zusammengestellt, den ich, vollkommen hingerissen, ein Wochenende lang auf meinen diversen Fahrradtouren dabei hatte. Ein paar Jahre später dann schenkte mir mein Vater, der sich eine bessere Ausgabe angeschafft hatte, die vollständige »Everymans«-Edition des »Decline and Fall«. Und für ein halbes Jahr, bis zum Einsetzen irgendeiner anderen Obsession, bildete der amazonasbreite, mit der Autorität eines Naturereignisses dahinrollende Prosastrom des großen *Whig*-Historikers die Beschäftigung meiner morgendlichen Frühstückslektüresitzungen. Ich habe mich nie von der Vorstellung freimachen können, dass nicht nur Churchills Prosa (von der man es weiß) durch Gibbon beeinflusst ist, sondern auch die Bücher W. G. Sebalds, der Gibbon aus irgendeinem Grunde nie erwähnt – wobei doch dieser Einfluss eigentlich viel deutlicher ist als derjenige Sir Thomas Brownes, den Sebald als Muster seines Schreibens enthusiastisch beschrieben hat. Wozu passen würde, dass Sebald ja eh alles Vorhandene oder auch nur Denkbare als in unaufhörlichem Niedergang begriffen sieht.

Viel später dann, als ich schon in Amerika war, hat mir wiederum mein Vater Peter Heathers Buch über die letzten Jahrzehnte des weströmischen Reichs empfohlen. Als eindrücklichste Erinnerung an meine Lektüre dieses so lustigen wie bewundernswert gedankenvollen und trennscharfen Buches ist mir ein schneesturmgebeuteltes Februarwochenende in Chicago unvergesslich. Zwischen dem »Art Institute of Chicago« und »Buddy Guys Blueshouse«, in verschiedenen Coffeeshops, auf durchgefrorenen Architekturspaziergängen, beim Hotelfrühstück, auf wintersonnengleißenden Wanderungen am meergroßen Lake Michigan schleppte ich Heathers »The Fall of the Roman Empire« damals ein paar Tage lang unentwegt mit mir herum und kam sogar jeden Abend im Bett bis spätnachts nicht von dem Buch los. Es ist schwer zu sagen, warum gerade die große Erzählung von Aufstieg und Fall, Machtüberdehnung, Dekadenz, von Kindkaisern, Eunuchen, Bischöfen, Barbarenherrschern, von Grenzgegenden und einsamen, heroisch kompetenten Rettergestalten (dem großen Flavius Aëtius zum Beispiel, von dessen Plänen und Innenleben man so gut wie nichts weiß) eine so anhaltende Faszination bewahrt über die Jahrhunderte. Auf verzwickte Weise wird es mit der alten epikureischen Metapher des »Schiffbruchs mit Zuschauer« zu tun haben. Wir sehen es nun mal gern, wenn ein imperiales Staatsschiff in barbarischen Wellen untergeht. Eine höhere Form der Schadenfreude und Sensationslüsternheit ist am Werk. Dabei hatte ich im Herbst 2008 ganz individuelle und zeitgenössische Nostalgiegründe, von meiner Upper East Side öfter mal nach Midtown hinunterzufahren, ins Epizentrum des derzeit aktuellen amerikanischen Untergangs.

Als ich ein Jahr zuvor Carmen kennengelernt und ein paar Monate intensiver Werbung später dann eine Weile lang irgendwie für mich gewonnen hatte, war so etwas wie skeptische Erleichterung die Reaktion in meinem Freundeskreis gewesen. Es schien in einen Umkreis der Denkbarkeit gerückt, dass ich endlich einmal längerfristig unter die Haube käme. Dass, anders gesagt, die Meinen zukünftig nicht mehr jedes halbe Jahr eine neue Erzählung von erotischem Aufbruch sich würden anhören müssen. Und Monate später den (von ihnen insgeheimresigniert vorausgesehenen) Niedergang wieder einer meiner »Beziehungen« zu konstatieren hätten (mein ganz persönlicher Schiffbruch mit Zuschauern). Vorsichtige Hoffnung flößte meinen Beobachtern vor allem der Umstand ein, dass Carmen zwar jünger als ich, aber nicht so lächerlich offensichtlich in dem Alter der Tochter war, die ich, wenn es in meinem Leben mit anderen Dingen zugegangen wäre, inzwischen haben könnte. Stattdessen war Carmen Anfang (im Vertrauen gesagt: sogar fast schon Mitte) vierzig. Und von einem Typus gepflegter, lediger oder geschiedener, jedenfalls kinderloser Bewohnerinnen Manhattans, die sich glaubwürdigerweise nicht mehr die Nächte im East Village um die Ohren schlagen können. Die man sich aber auch noch nicht an der Seite eines golfspielenden Tycoons vorstellt. Vor allem deshalb nicht, weil es auch in Manhattan nicht entfernt so viele Tycoons gibt, wie für die Verwirklichung dieser Vorstellung notwendig wäre. Das Leben dieser Frauen-, Ziel- und Konsumentengruppe Manhattans ist ausgespannt zwischen erotischer, beruflicher und intellektueller Überqualifikation und endgültigem Verfallsdatum ihrer Attraktivität. Sie sieht sich filmisch in der Fernsehserie »Sex and the City« dargestellt und wird modisch, kosmetisch, literarisch und ideologisch betreut durch das Medienimperium einer in Europa zwar irgendwie bekannten, in ihrer Bedeutung aber unzureichend gewürdigten Unternehmerin, Identifikationsfigur und Lebenstrainerin namens Oprah Winfrey. »Oprah«, die ihren Aufstieg allerlei Quiz- und Kosmetiktipp-Sendungen im amerikanischen Fernsehen der achtziger Jahre verdankt, ist in den letzten Jahren – angeregt vielleicht vom geschäftlichen Erfolg der evangelikalen Erweckungskirchen – namenlos reich geworden unter anderem auf einem Geschäftsfeld, das man (grob und gleichsam ins Unreine) mit dem Kunstwort »psychologisch-spirituelle *self-improvement*-Kult-Industrie« umschreiben könnte.

Ich muss das ein bisschen genauer erklären. Man könnte zum Beispiel die mit diesem komplexen Ausdruck gemeinte Erweiterung der seit den fünfziger Jahren etablierten *self-improvement*-Geschäftsidee in ein neuheidnisches Kirchenimperium wie unter dem Vergrößerungsglas studieren und erläutern an der Firmenkarriere eines gewissen Wayne W. Dyer, dessen Werk in jeder New Yorker Buchhandlung meterlange Regalbretter füllt. Im Grunde aber muss man (wie so oft im Leben) nur in William James' »The Varieties of Religious Experience« nachlesen.

Der große Psychologe des 19. Jahrhunderts bescheinigt dort dem »New Thought Movement« – einem schon zu seiner Zeit sektenförmig organisierten Psycho-Selbstverbesserungs-Kult –, man müsse diese Bewegung als eine wirkliche religiöse Macht schon deshalb ernstnehmen, weil die Nachfrage nach den entsprechenden Gedankenkuren bereits allerlei Quacksalber und Scharlatane dazu veranlasst habe, ihre Waren auf den Buchmarkt zu werfen – »ein Phänomen, das man meiner Erfahrung nach nur beobachtet, wenn eine Religion ihre unsicheren Anfänge schon hinter sich gelassen hat«. »Eine der geistigen Quellen der Gedankenkur«, schreibt William James, »sind die Evangelien; eine andere Ralph Waldo Emerson und der ›New England Transcendentalism‹. Andere sind Berkeleys Idealismus oder der Spiritualismus Swedenborg'scher Prägung mit seiner Verkündigung von ›Gesetz‹, ›Fortschritt‹ und ›Entwicklung‹; weitere Bestandteile sind der optimistische Evolutionismus der Populärwissenschaft; und schließlich hat der Hinduismus ein wichtiges Element beigetragen.«

Das komplizierte, in sich widersprüchliche und nicht ungefährliche Gedankenrhizom, das William James in seinem Hauptwerk ziemlich genau und noch heute gültig beschrieben hat, schwimmt seit über hundertfünfzig Jahren unter der Oberfläche der universitären oder sonstwie professionellen philosophischen Aufmerksamkeit durch die Zeit und die Geschichte des intellektuellen Elends, ein weitgehend unerforschter Kontinent moderner Volksfrömmigkeit und philosophischer *airport art*. Theologisch jedenfalls liegt der »Church of Oprah«, wie die von Winfrey repräsentierte Bewusstseinsindustrie in kritischen amerikanischen Wortmeldungen inzwischen ganz richtig bezeichnet wird, auf den ersten Blick nichts Anspruchsvolleres oder Gefährlicheres zugrunde als die kirchenförmige (»spirituelle«) Ausarbeitung einer Reihe an sich ganz realistischer Lebensweisheiten. Die gleichen Maximen und Ratschläge bildeten in den Fünfzigern das Substrat der damals millionenfach verkauften Lebensratgeber Dale Carnegies: »How to stop worrying and start living« oder »How to win friends and influence people«. Carnegie – dessen Bestseller auf Deutsch »Sorge dich nicht – lebe!« heißt und heute noch massenhaft verkauft wird – trat schon während der frühen sechziger Jahre in meinen Bewusstseinskreis.

In das Leben, genauer gesagt, eines nach Orientierung suchenden Zwölfjährigen. Ich fand den senfgelb eingebundenen und schon etwas speckig gelesenen Band auf einer Art Remittendenbord in der Bibliothek meiner Mutter. Ein paar Nachmittage im Sommer 1964 lang waren dann Carnegies optimistischer, pragmatischer Stil mein Trost und seine Predigtmärlein eine Art Inspiration für mich. Vage in Erinnerung geblieben sind mir Bezeugungen, Märtyrerakten und *credentials* über psychologische Spontanheilungen, lebenseinstellungsbedingte geschäftliche *turn-arounds*, unwahrscheinliche Karrieren, glückliche Rollstuhlfahrer und gemütskrank gestartete, inzwischen aber überragend erfolgsverwöhnte Schriftsteller. Wobei ich heute gar nicht mehr zu sagen wüsste, ob Dale Carnegies Erzählkunst mir seinerzeit geholfen und mich aus meinen vorpubertären Konfusionen herausgeführt hat. Es scheint überhaupt das Kennzeichen dieser Bücher, dass sie nur so lange recht haben, wie man sie nicht zuklappt – vielleicht ein Grund dafür, dass sie sich vermehren wie Regenwürmer und ihre immer gleichen Ratschläge seit Jahrzehnten in stets wechselnder Verpackung auf den Markt kommen.

Wahrscheinlich sogar schon seit Jahrhunderten. Denn letzten Endes scheint mir das in diesen Büchern propagierte Bündel von Ratschlägen, Binsenweisheiten, Denkfehlern und Ermutigungen aus antiken (nämlich stoischen und epikureischen) Wurzeln zu stammen. Mit der Maxime zum Beispiel, man solle immer (und könne recht betrachtet auch nur) im jeweiligen Augenblick leben, hatte schon Epikur seine eigentümlich flache und übrigens auch psychologisch vollkommen wirkungslose Begütigung der Todesangst begründet. Solange man nicht tot ist, so Epikur bereits im dritten vorchristlichen Jahrhundert, sei der Tod noch nicht da und wenn er eingetreten sei, wisse man nichts von ihm. Na super. *I feel much better now.* Die Idee der *acceptance* wiederum, von der unsere heutigen Gurus gar nicht genug hermachen können, findet sich besonders prominent bei Mark Aurel als die grundsätzlich-fraglose Einverstandenheit des Weisen mit den Wendungen und Entscheidungen der Weltseele. Und auch der Ratschlag Epiktets, sich keine Gedanken über die Realität zu machen (über die niemand Verfügung habe), sondern nur darüber, wie man sie innerlich verarbeitet (was man angeblich ganz in der eigenen Hand hat), liest man bei den zeitgenössischen Inflationsheiligen auf Schritt und Tritt. Es ist die matte Oberflächlichkeit dieser Art von *consolatio philosophiae*, die den – auf den ersten Blick ja eher unwahrscheinlichen – Siegeszug des Christentums unter den mit allen Wassern gewaschenen spätantiken Intellektuellen begünstigt haben dürfte. Was einen auf die Idee bringen könnte, dass die ganz ähnlichen Tröstungen und Weistümer, die von Oprah Winfrey, Esther Hicks, Rhonda Byrne, Norman Vincent Peale, Deepak Chopra, Dale Carnegie oder Eckhard Tolle in ihren Büchern, Hörbüchern, Fernsehsendungen und Massenversammlungen millionenfach gespendet werden, am widerstandslosesten in untergehenden Imperien grassieren.

Aber ich greife vor. Es war von Carmen die Rede. Carmen trat im letzten Frühling aus der Toilette eines sehr teuren Restaurants unweit des Rockefeller Centers in mein Leben. Ich langweilte mich da gerade an einem Büfett des Museum of Modern Art zu Ehren einer Gruppe deutscher Kuratoren, die sich in New York auf irgendeiner Faktenfindungsmission befanden. Sie hatte ihr Make-up aufgefrischt, fing im Hinaustreten meinen bewundernden Blick auf und hielt sich dann – mit der Auffälligkeit und divenhaften Flamboyanz, in die ich mich bald genug vergucken würde – eine Weile in meiner Nähe auf, offensichtlich, um mir Gelegenheit zu geben, sie anzusprechen. Vielleicht, dachte ich später dann oft, war Carmen die allen ihren Lebensäußerungen aufgeprägte Theatralik schon mit dem Taufnamen beigelegt worden. Ihrer Herkunft aus einem bürgerlich-akademischen Professorenhaushalt in Austin / Texas entsprach er jedenfalls weder ethnisch noch sonst irgendwie. Später würde sich mir der Gedanke aufdrängen, dass in Carmens längst nicht mehr abzustellender Schauspielerei (auf der Bühne ihres Lebens und den Probebühnen des East Village) verleugnete Träume ihrer Mutter von glutäugigen, mit wild wachsenden Schnurrbärten ausgestatteten Verführern in zweiter Generation lebendig sein mochten. Wie auch immer. Etwas nicht Integriertes, gesellschaftlich Inkongruentes war es jedenfalls, das im Leben der Tochter dahin tendierte, noch die gesellschaftlich anspruchsloseste Situation mit glühend intensiven Blicken, plötzlich aufleuchtendem Lächeln, flatternden Gesten, weit hörbaren Ausrufen, allerlei Augenaufschlägen, Berührungen, Umarmungen zu belasten und oft genug geradezu zu sprengen. Es war eine auch für amerikanische Verhältnisse brachiale Technik gesellschaftlicher Aufmerksamkeitsproduktion, und sie wäre ihrem Zweck sehr abträglich gewesen, wenn Carmen nicht mindestens so aufsehenerregend schön wie nervtötend gewesen wäre.

So aber konnte ich jedenfalls vom ersten bis zum letzten Augenblick unserer Bekanntschaft (und dann eine Weile lang »Beziehung«) praktisch nicht genug davon bekommen, sie unentwegt anzustarren, egal wie seltsam sie sich oft benahm. Ihre wundervolle Haut. Ihre für eine Frau ihres Alters sensationelle, durch eiserne Essdisziplin und stundenlange Dauerläufe aufrechterhaltene Figur. Eine gewisse Art, beim theatralisch tiefen Einatmen die seelenvoll braunen, professionell geschminkten Augen zu schließen, den Busen zu heben und die schönen Flügel ihrer ein ganz klein wenig aufgeworfenen (irgendwie, dachte ich immer, ein bisschen Reese-Witherspoon-artigen) Nase zu blähen. Ihre kunstvollen Frisuren bei jeder sich irgendwie bietenden Gelegenheit. Die dauernden Klobesuche zur Kontrolle und Verstärkung des Make-ups. Das dabei eigentümlich Robuste, fast Bauernmädchenhafte der *Southern Belle*, das unter ihrer Bemalung später am Abend in manchen Beleuchtungen rührend zum Vorschein kam (als sei es ihr eigentliches Wesen). Carmen mochte in Wirklichkeit sogar sechsundvierzig sein – sie war absolut bezaubernd. Und gab mir bei meiner nun feurig einsetzenden Werbung um sie immer gerade so viel Hoffnung, wie notwendig war, mich zur Fortsetzung dieser Bemühungen zu motivieren und meinen unterschwellig früh schon sich einstellenden Verdacht zu beschwichtigen, dass die Bekundungen ihres Gefühls für mich etwa so ernst zu nehmen waren wie die Umarmungen und Entzückensschreie, mit denen sie stark entfernte Bekannte oder schlechterdings vollkommen Fremde überschüttete.

Nachhaltiger zu denken hätte es mir freilich geben müssen, dass Carmen offenbar ihr ganzes Leben lang (denn sie erzählte mir nun zweimal wöchentlich in den ruinös teuren und aufregend guten Restaurants des Meatpacking Districts bis weit in die zweite Flasche Sancerre

120

hinein aus ihrem Leben) alle ihre persönlichen Beziehungen und beruflichen Verhältnisse auf eine merkwürdig unmotivierte Art abgebrochen hatte. Ihren Ehemann, einen Wirtschaftsanwalt, hatte sie mit Anfang
dreißig verlassen, aus einem Anlass heraus, der mir
schon damals (in einer Phase maximalen Begehrens und
minimaler Reflexion) unsagbar nichtig erschien. Ihren
Job als Repräsentantin einer bedeutenden, übrigens auch
künstlerisch hochrespektablen, Filmproduktionsgesell-
schaft hatte sie fünf Jahre später ebenso impulsiv und
schwach begründet gekündigt. Zahlreiche Bewunde-
rungsverhältnisse und Affären seither sowie die offenbar
durchaus ernstzunehmende siebenjährige Verbindung
mit dem Direktor einer bekannten freien Theaterkom-
panie hatten sämtlich ein jedes Mal blitzartiges, unwi-
derrufliches Ende gefunden. Carmen begründete das
Versiegen ihrer Zuneigung zu diesen Männern entweder
gar nicht oder mit so unbedeutenden Quisquilien, dass
man es, wie gesagt, mit Kopfschütteln vernahm. So
würde es mit uns nicht enden (wenn es denn nun endlich einmal anfangen würde), nahm ich mir fest vor. Ich
würde ihr jeden Wunsch von den Augen ablesen (und
eben auch ablesen müssen). Das war die Lektion dieser
so teuren wie bezaubernden und mich geradezu süchtig
machenden, kulinarisch und alkoholisch ergiebigen, erotisch jedoch mich immer weiter hinhaltenden Abende.
Denn all diese Männer, Firmen und Umstände, so konnte man es zusammenfassen, hatten irgendwann ver-
säumt, sich auf einen ihrer Lebenswünsche begeistert
genug einzustellen. Ihr letzter Freund zum Beispiel hatte

ihr Bedürfnis unter Menschen zu sein nicht schnell und umfassend verstanden und ihr vorletzter nicht das nach ungestörter Zweisamkeit.

Meinen eigenen Wunsch eben danach erfüllte mir Carmen dann aber doch irgendwann im Spätsommer 2008. Abwechselnd in meiner und in ihrer Wohnung erlebten wir drei oder vier Septemberwochen lang einen Frühling im Herbst zwischen Uptown und Midtown, jeweils ein paar Straßenecken von der Fifth Avenue entfernt. Oft nahm ich schon nach der Arbeit den Bus an einer Haltestelle wenig unterhalb des Metropolitan Museum und stieg auf der Höhe des Museum of Modern Art wieder aus. Die doppelte Luxusauftürmung des Peninsula Hotels im Westen und des Hotel St. Regis im Osten bildeten ein imaginäres Portal für unsere Abende und Nächte in Midtown. Oft sah ich vor dem glücklich aufgelösten Einschlafen die riesenhaft vergrößerten Renaissanceornamente der beiden *Beaux-Arts*-Hausgebirge der Fifth Avenue als sich langsam fortbewegende und dabei verändernde Riesenschnecken. Die titanenhaften Karyatiden, die krapfenartig wuchernden Girlanden, die leeren Wappenschilde und Fruchtkränze. Im selben Block ein paar Schritte weiter südlich kam ich an einer Turboversion der Villa Farnese vorbei: Dem New York University Club, in dessen für die Öffentlichkeit vollkommen geschlossene Welt man als Spaziergänger nur sehnsüchtig und irgendwie eingeschüchtert hineinsehen kann (vergoldete Kassettendecken, Kronleuchter, Deckengemälde; aber dann sehnt man sich unwillkürlich doch wieder nach der Klarheit eines Wolkenkratzers oder der MoMA-Fassade ein paar Schritte die Straße hinunter).

Ich ging dann an jenen Abenden tatsächlich einen halben Block weit rechterhand und sank bald auf die Kissen, Fauteuils, Betten und Teppiche in Carmens für New Yorker Verhältnisse sehr weitläufiger Dreizimmerwohnung, die sie für unsere Rendezvous mit Kerzen, Tüchern, Büsten, Bildern, Sesseln und Blumen in eine Kulisse theatralischer Verführung zu verwandeln pflegte. In diesen drei Zimmern hatte sie ihre Scheidungsabfindung angelegt. Durch die Entwicklung des New Yorker Immobilienmarkts war sie in den Jahren seither trotz ihrer prekären beruflichen Situation zu einer zumindest theoretisch und virtuell ziemlich reichen Frau geworden. Auf einer kleinen Terrasse wuchsen eine Birke und eine japanische Kiefer. Letzte Rosen warteten auf die Schneepolster des Winters, den wir schon nicht mehr gemeinsam erleben würden. Hinaustretend und beeindruckt aufatmend sah man von dort in den Hof des MoMA hinunter und weiter nach links am Turm des Rockefeller Center hinauf. In der Entfernung ragte das seine Stufen knospenhaft aus sich selber hervorschiebende Silberdach des Chrysler-Wolkenkratzers empor und noch weiter stadtabwärts das Empire State Building.

Carmens Schönheit verlieh unserer Zeit miteinander etwas Blendendes, das in meinem Leben seither fehlt. Ihre sich immer wieder, an geringfügigsten Details, entzündende Begeisterung über unsere Liebe und ihre (phanta-

123

sierend vorweggenommene) künftige Rolle im Leben und öffentlichen Auftreten eines beruflich etablierten Mannes in gerade noch verbindungsfähigem Alter – nach so vielen arbeitslosen Rockmusikern, schlecht bezahlten Yogalehrern und verheirateten Bankdirektoren – war eine Art elektrischer Strömung, die während unserer Wochen jeden Alltagsmoment illuminierte. Sie sprach vom Heiraten, von der Zukunft, von einem gemeinsamen Besuch bei ihren Eltern in Austin. »She's totally into you«, sagte ihre beste Freundin. Lebensgeschichtliche Relevanz, sogar einen gewissen philosophischen Tiefgang hatten unsere Gespräche schon in der Hinhaltephase insofern gewonnen, als ihre scheinbar unerschütterlich positive Sicht auf Welt und Alltag mein lang schon gehegtes, irgendwie »amerikanisches« Vorhaben bestärkte, eine gewisse innere Schwere abzulegen, einen Vorabpessimismus, der sich in meinen Jahren in Mitteleuropa (wo man das Licht am Ende des Tunnels grundsätzlich erst einmal für einen entgegenkommenden Zug hält) in mir angesammelt zu haben schien. Ich würde in dieser Hinsicht, dachte ich, wirklich etwas von ihr lernen können.

Beunruhigende kleine Erlebnisse hätte ich als Warnsignale des dann bald genug Kommenden deuten können, wenn man derlei kommen sähe. Der wirkliche Zorn zum Beispiel, mit dem sie es quittierte, wenn ich die Bangigkeiten, Zweifel, Ängste, Irritationen sehen ließ, die das Berufsleben und Angestelltendasein niemandem erspart. Die Mulmigkeit am Sonntagabend vor einem hochgestellten Besuch am nächsten Morgen. Das plötzliche

Grauen vor einer Geschäftsreise. Die bleierne Müdigkeit nach einem Bürotag. Die schwer zu vergessende Irritation über eine Vorgesetztenbemerkung. »You're dragging this negative energy into my life«, konnte sie mir (plötzlich so empört, dass ich es mit nichts Vorgefallenem in Verbindung bringen konnte) geradezu *entgegenschleudern*, wenn ich sie beispielsweise um Rat in einer problematischen Büroangelegenheit fragte – halb, um mich für meine Inanspruchgenommenheit zu entschuldigen, halb so, wie man einen Zweifel oder eine Bedenklichkeit ausspricht, um mit Genugtuung wahrzunehmen, wie sie sich im Licht einer kommunikativen Situation gleichsam zersetzen. Oder: »Where is your energy?«, lautete ihre tieftraurige und auf einmal ernsthaft vorwurfsvolle Frage, wenn mir nach einem langen Tag im Büro nichts Inspirierteres einfiel, als es mir mit einem Bier und einem Sandwich vor dem Fernseher gemütlich zu machen, während sie sich auf eine Probe im »Village« vorbereitete und für einen Abend mit ihren Freunden und Kollegen verschwand (geheime Erleichterung, eine Weile meine Ruhe zu haben und keinen Enthusiasmus zeigen zu müssen, mischte sich in die ebenso unbestreitbare Vorfreude auf ein spätes, vielleicht schon verschlafenes Wiedersehen im Bett).

Ein vorsokratisch zugleich in naturwissenschaftlichen und »spirituellen« Bedeutungsnuancen schillerndes Konzept von positiv oder negativ gepolter *energy* entpuppte sich nun schrittweise als das Zentrum eines quasi-theologischen Systems von Glaubensartikeln, Zwangsvorstellungen, Wissenschaftsfiktionen, in denen die Schöne lebte und webte. Ich lernte eine intellektuelle Subkultur neuheidnisch-religiöser Innerlichkeit und zugleich naturwissenschaftlicher Geltungsansprüche kennen, von der ich bisher keine Ahnung gehabt hatte. Philosophiegeschichtlich war Carmens Verwendungsmodus von »energy« deutlich älter als der physikalisch-biologische Energiebegriff (der erst im 19. Jahrhundert entstanden ist). Ihr Gebrauch von Wort und Konzept schien tatsächlich auf *stoische* Vorstellungen eines alle Gegenstände und Lebewesen durchwaltenden Weltlogos zurückzugreifen. »Energy« war eben nicht nur das, was mir nach einem Bürotag skandalöserweise abging, sondern auch in moralischen, ästhetischen, wissenschaftlichen und theologischen Fragen die letzte Instanz. »Energy« war der Gottvater in Carmens Glaubensgebäude (so wie die abstrakte Weltseele in der Stoa mit der konkreten Göttergestalt Jupiter den Platz tauschen kann).

Folge, Ausweis und Bekräftigung individueller »energy«-Durchgottung war die Fähigkeit »im Moment zu leben«, der kategorische Imperativ in Carmens innerem Universum. Trinitarisch flankiert wurde »energy« weiterhin durch zwei ergänzende Konzepte. Erstens eine Vorstellung, die ich bei mir dann bald als die »Panzertheorie des Ego« zu bezeichnen lernte und zweitens ein magisch-sympathetischer Glaube an die Allmacht der Gedanken. Die »Panzertheorie des Ego« scheint sich als missverstandenes Echo der Reich'schen Psychoanalyse in die zeitgenössischen »New Thought«-Glaubensinhalte verirrt zu haben. »Ego« nämlich (man kann sich die von Freud wissenschaftlich beschriebene Seeleninstanz im Kontext der Midtown-Religiosität als eine Art dämonischer Wesenheit vorstellen) isoliert uns Weltverfallene von »energy«, dem ozeanischen Wogen und Walten der Weltseele (die wiederum die eine oder andere Ähnlichkeit mit Freuds »Es« aufweist). »Ego« hindert einen in ganz ähnlicher Weise am »Leben im Jetzt« und an der allseitigen Entfaltung von »energy«, wie der Wilhelm Reich'sche »Charakterpanzer« den Verklemmten angeblich den Orgasmus unmöglich macht und sie vom Pulsen und Wogen von »Orgon« fernhält. Meine Berufstätigkeit zum Beispiel war pures Ego und wohin sie mich nach einem mit ihr verbrachten Tag führte, sah man ja: vor den Fernseher. Erbärmlich. Wobei meine Verstrickung in Ego sich, der Logik der hier rekonstruierten und in eine notdürftige Ordnung gebrachten Glaubensinhalte entsprechend, vor allem darin offenbarte, dass ich eben nicht »in der Gegenwart lebte«. Denn ich war in »Denken« befangen. Das wiederum ging von Ego aus und bestärkte es mit jedem Gedanken, den ich fasste. Ich isolierte mich vom energetischen Weltwalten mit meinem Fernseher, meinem Bier, meinem Sandwich, meinen Büchern, meinen Museumsbesuchen, meiner Sorge um meinen Sohn, mit meinem Beruf, meiner Schriftstellerei, meiner Müdigkeit nach der Arbeit.

Begriffstechnisch nicht ganz sauber verlötet mit ihrer Geringschätzung des Denkens als zentraler Ego-Folge war andererseits Carmens starker Glaube an Gedankenmagie. Vermutlich handelte es sich hierbei nun wieder um abgesunkenes Ideengut aus der Konkursmasse von Normal Vincent Peales »Power of Positive Thinking«. Unvergesslich ist mir zum Beispiel ein Buch aus Carmens Besitz, das eine Reihe von Experimenten (angeblich *japanischer* Wissenschaftler) schilderte. Die fernöstlichen Forscher hatten die Beschaffenheit von Eiskristallen daraufhin untersucht, welchen Atmosphären, Gedanken, Kunstwerken, Worten, Fernsehserien ein (dann gleich eingefrorener) Tropfen Wasser vor seiner kristallinen Bildwerdung ausgesetzt gewesen war. Erstaunliches ergab sich. Wasser beispielsweise, dem man ein Kultbild der japanischen Götter- und Kaisermutter Amaterasu gezeigt oder etwas Schönes vorgesungen hatte, bildete wunderbar symmetrische Eiskristalle aus. Zu Vergleichszwecken eingefrorene Wassertropfen dagegen, in deren Gegenwart japanische Testpersonen viel geflucht, theoretisiert oder miteinander gestritten hatten, brachten es nur zu asymmetrischen, merkwürdig verkrüppelten, dämonisch geschredderten oder ungut zermatschten Eisblumen, von deren Schwarzweißabbildungen Carmen ihren schönen Blick traurig aus dem Buch zu heben und mir mit seelenvollem Vorwurf vor Augen zu führen imstande war, »dass der menschliche Körper zu 95 Prozent aus Wasser besteht«.

Mit meinem Negativismus, meinem Mangel an »energy«, meinen unablässig regen Gedanken an Vergangenheit und Zukunft, kurz mit meiner, wie sie sagte, »cold intellectuality« riskierte ich jedenfalls (es wurde mir allzu bald mit einer gewissen Panik klar), Carmens Zuneigung zu verlieren – genau wie es so vielen Männern vor mir schon ergangen war. Ich offenbarte meine kalte Intellektualität eines Abends, als ich mit Carmen meine kaum zu unterdrückende Lachlust zu teilen versuchte angesichts der Vorstellung, wie japanische *mad scientists*, über Wassertropfen in Petrischalen gebeugt, im Dienst der Wissenschaft immer wieder »fuck« sagen oder Verwünschungen auf Japanisch ausstoßen. War es denn möglich, dass sie das alles im Ernst glaubte und verfocht? Würde es uns vielleicht gelingen (dachte etwas in mir), diesen hanebüchenen Unsinn irgendwie gemeinsam wegzulachen? Es war der Mut der Verzweiflung. »It is a very hard spiritual challenge for me to live with such an unenlighted person as you are«, versetzte Carmen mit der kalten Würde, die ihr in solchen Momenten zu Gebote stand. Leider war sie dabei schöner denn je. Und mir drohten ihrer festen Überzeugung zufolge aufgrund meiner Intellektualität und Egoverfallenheit auch allerlei katastrophale Fehlentwicklungen in meinem zu 95 Prozent aus Wasser bestehenden Körper (Krebs? Impotenz? Alzheimer? War es schon so weit?). »This is no joke, you know.«

Aus war es dann jedenfalls Knall auf Fall. »The energy has changed. Life itself has spoken«, deklarierte Carmen bald darauf in ihrer Abschieds-E-Mail, die mich auf einer Geschäftsreise erreichte. Als ich nach Hause kam, waren alle ihre Sachen weg. Nun ja. Dem Gekränkten, Zurückgesetzten, schreibt Adorno irgendwo, gehe etwas auf, so grell wie heftige Schmerzen den eigenen Leib beleuchten (oder so ähnlich). Die Ablösungsphase von schon wieder einer (wie ich einsehen musste) perspektivlosen Verbindung fiel ineins mit meinen Forschungsreisen in eben den Luxus-, Wolkenkratzer-, Einkaufs- und Museumsbereich der Fifth Avenue, den ich ein paar Monate zuvor noch auf Freiersfüßen durchstreift hatte. Ich war allerdings – Liebeskummer als Meditationstechnik! – zur Vertiefung und lebensgeschichtlichen Beglaubigung meiner Einsichten fest entschlossen. Zunächst aber reichte es nur dazu, dass ich mein reichlich sprudelndes Selbstmitleid durch allerlei kulturkritische Hassausbrüche gegen die Gurus der zeitgenössischen »New Thought«-Sekten betäubte.

Besonders angetan hatte es meinem Hassen damals ein in entsprechenden Kreisen (unter anderem von Oprah Winfrey) förmlich angebeteter »New-Thought«-Menschheitslehrer, der sich Eckhart Tolle nennt. Tolle stammt ursprünglich aus Deutschland und heißt mit Vornamen eigentlich Ulrich. Was, dachte ich hasserfüllt, viel besser zu ihm passt. Die theatralische Selbstermächtigung, die mir darin zu liegen schien, dass er sich nach dem spätmittelalterlichen Dominikanerphilosophen Meister Eckhart von Hochheim nannte, hatte in diesen Wochen viel Anmaßendes, Hassenswertes und fast Gotteslästerliches für mich. Oprahs Meister ist ein stupsnäsiger, irgendwie ein bisschen marzipanschweinchenhafter, für seine angeblich sechzig Lebensjahre aber geradezu unfassbar jung aussehender (dabei seltsam geschlechtsloser) Mensch münsterländischer Sprachfärbung. Fast noch mehr als durch sein

salbungsvolles Gerede und sein gemessen-pfäffisches Ges-
tenspiel brachte er mich auf gegen sich mit seinen (wie
ich mir damals immer wieder vorsagte): *unaussprechlichen
Pullundern*. An *youTube*-Mitschnitten seiner Predigten im
Oprah-TV konnte ich mich nicht sattsehen und durch-
bohrte Eckhart Tolle samt seinen Pullundern mit meinen
Blicken (mein Hassen und Höhnen war in jenen Herbst-
wochen entschieden ein bisschen außer Kontrolle geraten). Tolles Hauptwerk heißt, noch ganz im Jargon der
Self-Help-Bewegung, »The Power of Now«, sein zweites
Buch, schon völlig millennarisch-messianisch durchdrun-
gen: »A New Earth.«

So grell, wie heftige Schmerzen den eigenen Leib beleuchten, war mein damaliges Guruhassen somit allerdings. Auch hatte ja die grimmige Feststellung einiges
für sich, dass zum Beispiel Tolles unaufhörliche Verherr-
lichung des jeweiligen Augenblicks theoretisch zweifellos
das eine oder andere mit der spirituell verbrämten Lau-
nenhaftigkeit und Bindungsscheu meiner ehemaligen
Geliebten zu tun hatte. Oder aber, dachte ich auf meinen
samstagnachmittäglichen Streifzügen in Midtown wütend, mit der Mentalität von Menschen, die sich auf
Pump ein Haus anschaffen, ohne einen Gedanken darauf
zu verschwenden, wie sie die damit entstandenen haar-
sträubenden Schulden in der Zukunft jemals werden ab-
bezahlen können. Tolle und Seinesgleichen hatten – so
jedenfalls sah ich es beim einsam Spazierengehen und
innerlich Wüten – mir nicht nur Carmen verleidet und
abspenstig gemacht. Sondern sie waren auch drauf und

dran, das Land überhaupt und seine intellektuelle Kultur zugrundezurichten. Zum Ruin von dessen Wirtschaft sie mir schon durchaus das eine oder andere beigetragen zu haben schienen.

Es war das alles noch vor dem großen *crash* im September 2008. Das intellektuell Unbefriedigende und menschlich auf den zweiten Blick Ärgerliche der Art kulturkritischer Konjekturen, Beobachtungen und Parallelisierungen, wie ich sie auf meinen Midtown-Spaziergängen in jenem Frühherbst innerlich unternahm, bezeichnet man oft als »feuilletonistisch«. Jeder, der sich ein paar Tage in einem fremden Land aufhält, glaubt dann gleich derlei grundsätzliche Dinge zu wissen. Dass zum Beispiel die Amerikaner so laut sprechen, weil ihr Land so groß ist. Dass man in amerikanischen Restaurants nicht rauchen dürfe, weil die Gesellschaft von protestantischen Sekten geprägt sei und ähnlichen Unsinn (wie man ihn oft auch tatsächlich zum Beispiel in Sonntagsbeilagen von Zeitungen lesen kann). »Feuilletonistisch« ist ein anderes Wort für die intellektuelle Ohnmacht der Kulturkritik. Mein Hass auf Eckhart Tolle und seine geistigen Spießgesellen hatte mich ein bisschen dumm gemacht. Und trotzdem wurde mir über meinen liebeskummerinduzierten meditativen Stadtspaziergängen in Midtown dann doch noch eine wirkliche Einsicht zuteil, die sich von den kulturkritischen Schwurbeleien meiner akuten Hassphase dadurch unterschied, dass sie konkrete Beobachtungen ermöglichte. Es passierte in einem (zur Abwechslung einmal nicht vollkommen überfüllten) »Starbucks« in der Nähe der

Collegiate Marble Church, Fifth Avenue, Ecke 29ste Straße. Am Fuß eines langen, kaum mehr spürbaren Abhangs, der sich von der New York Public Library zum Madison Square Park hinzieht und auf dessen halber Höhe das Empire State Building steht.

Ich hatte mir die Kirche angeschaut, deren Pastor ein halbes Jahrhundert lang Norman Vincent Peale gewesen ist, der Autor des weltberühmten »New-Thought«-Bestsellers »The Power of Positive Thinking«. Dieses gedankenmagische Schlüsselbuch hat Generationen von amerikanischen Verlierern und Gewinnern im kapitalistischen *rat race* das Leben erklärt und vorausbestimmt. Peales Theologie durchwebt alles »New Thought«- und »New Age«-Denken bis heute wie einst der sprichwörtliche rote Faden die Takelage der Britischen Kriegsflotte. Peales New Yorker Kirche im Auslauf jener Senke zu den *downtown*-Squares (Madison und Union) steht sozusagen im Schatten des Empire State Building, des archetypischen und seit dem Fall des World Trade Centers wieder höchsten New Yorker Wolkenkratzers. Peales Gotteshaus ist eine seltsam unlogische Verbindung von gotischem Aufwärtsstreben und rundlichen romanischen Details. Die weiße Marmorfassade sah künstlich aus im Scheinwerferlicht an jenem späten Winternachmittag, fast wie aus Plastik. Vincent Norman Peale wurde in den fünfziger Jahren mit seinen »New Thought«-Büchern einer der finanziell erfolgreichsten Schriftsteller aller Zeiten und hat sich dann (wie Billy Graham und andere TV-Sektenführer) in den frühen Sechzigern nachhaltig unmöglich gemacht durch eine Kampagne gegen die Wahl des Katholiken John F. Kennedy zum Präsidenten. Unter all den mir damals so verhassten Predigern der Zwangsbeglückung ist er vielleicht der widerwärtigste gewesen, dachte ich in meiner »Starbucks«-Klause. Und von der Analyse seines wissenschaftlichen und religiösen Hochstaplertums durch den Psychiater R. C. Murphy, die ich noch am Morgen im Internet gefunden und in mein Notizbuch geschrieben hatte, hätte ich jedes Wort unterschreiben wollen, wenn es jemanden interessiert hätte.

»Mit sacharinsüßem Terrorismus«, schrieb R. C. Murphy 1955, »verbietet Peale seinen Jüngern etwas Böses zu hören, zu sagen und zu sehen. Wirkliches menschliches Leid gibt es für ihn gar nicht. Es gibt die mörderische Wut nicht und nicht die selbstmörderische Verzweiflung, keine Grausamkeit, Geilheit, Gier, keine Armut und keinen Analphabetismus. All das ist für Peale nur das Ergebnis im Prinzip ganz unproblematischer innerer Fehlentwicklungen, die sich in Luft auflösen würden, sofern man seine Gedanken nur in erfreulichere Fahrwasser lenken würde. Peales Denkweise ist so abstoßend, dass man sich ihre wirkliche Bedeutung ein wenig klarer machen sollte. Sie besteht nicht in einer wirklichen Verleugnung des Bösen. Sie ist eher ein Grauen vor ihm. Peale macht sich blind für die Bestialität des Menschen und das Leid, das sie mit sich bringt. Und zwar weil er nicht ertragen kann, all das ins Auge zu fassen. Gerade dadurch aber verabsolutiert Peales Philosophie das Böse. (...) Zwischen ethnischen Gruppen zum Beispiel führt ein solcher Glaube zu unüberwindlichen Vorurteilen. In der Erziehung dazu, dass Eltern gewisse Bereiche und Anteile der sich entwickelnden kindlichen Persönlichkeit auszulöschen versuchen, statt sie zu bestärken oder sich mit ihnen auseinanderzusetzen. In den internationalen Beziehungen führt diese Ideologie zum Krieg. Wenn eine religiöse Autorität unsere Fähigkeit zu hassen ermutigt, entweder indem sie wie Vincent Norman Peale alles Unangenehme verleugnet oder mit der eher klassischen Methode, einen bequemen Satan aufzustellen, an dem man sich abreagieren kann, dann erstickt diese Autorität unser Ringen um inneres Wachstum. ›The Power of Positive Thinking‹ ist ein zutiefst nutzloses Buch. Es übertönt die störbare und leise innere Stimme, die den eigentlichen Anstoß zu innerem Wachstum gibt.«

Ich hatte, als ich das in meiner damaligen Seelenverfassung las, plötzlich das erheiternde und beruhigende Gefühl, nach einem langen Zwangsaufenthalt im Taka-Tuka-Land wieder auf dem sicheren Boden der Wirklichkeit zu stehen. Der »Starbucks Grande Latte« war schon in seinem letzten Drittel, und die stählern blaugraue Fassade des Empire State Building leuchtete hoch oben einen Moment lachsfarben im letzten Abendlicht. Und auf einer vagen Suche nach dem Zusammenhang meiner herumliegenden Gedankenfäden nahm ich an jenem schon stark sich verdunkelnden Nachmittag »Delirious New York« von Rem Koolhaas aus meiner Umhängetasche, den schon erwähnten urbanistischen Klassiker von 1978 über die Wolkenkratzerarchitektur von Midtown Manhattan (inzwischen ist das Buch so berühmt geworden, dass es wahrscheinlich niemand mehr liest, sondern nur noch der Titel unaufhörlich zitiert wird). Es tat weh, mich wieder einmal daran erinnern zu müssen, dass ich Carmen bei unserer letzten Auseinandersetzung über »energy«, Ego und so weiter gesagt hatte, das Leben sei meiner Ansicht nach nun mal weder eine Kuschelecke noch ein Bambifilm oder Streichelzoo (wie man es im Verlauf solcher Auseinandersetzungen dann eben leider sagt). Worauf sie, plötzlich überraschend wehrlos, angefangen hatte zu weinen.

Es war ein kostbarer, einmaliger Moment unideologischer Ehrlichkeit gewesen, an den wir, dachte ich auf meinem »Starbucks«-Barhocker zum wievielten Mal, vielleicht hätten anknüpfen können. Den wir aber stattdessen, verstockt und arrogant wie wir waren, vorübergehen ließen. Manche Einsichten kommen so heimlich wie der Dieb in der Nacht. Ich hatte mich kaum zehn Minuten resigniert in »Delirious New York« vertieft, als ich, mit wachsender Erregung und plötzlich wirklich so schmerzhaft grell vom Licht einer Einsicht gestreift, zu der Stelle kam, an der Koolhaas postuliert, die einzelnen Stockwerke in Wolkenkratzern seien in ihrer Nutzung, ihrem Sinngehalt, ihrer inhaltlichen Ausgestaltung nach so hermetisch voneinander getrennt, dass es einer architektonischen Lobotomie gleichkomme (»The Great Lobotomy« schreibt Koolhaas und bezeichnet das betreffende Designprinzip an einer anderen Stelle ähnlich prägnant als »The Vertical Schism«). Dass, so der große Theoretiker und mittelmäßige Architekt weiterhin, die Funktion dieser unzähligen in ihrem Bedeutungsgehalt gegeneinander abgedichteten Stockwerke (Koolhaas spricht davon, »semantic seeping« von Stockwerk zu Stockwerk sei im Wolkenkratzer programmatisch ausgeschaltet) sich in der Fassade des Gesamtgebäudes überhaupt nicht mehr wiederfinde – ein Verschwinden, ein Abkoppeln der Form von ihrer Funktion, das die gesamte bisherige Architekturgeschichte hindurch für ganz undenkbar gehalten worden wäre.

Ein Kapitel in Dale Carnegies »Sorge dich nicht – lebe!« fiel mir plötzlich ein, das mich schon als Zwölfjährigen viel beschäftigt hatte mit einer eindrucksvoll konkretistischen Engführung von Schiffsbautechnik und epikureischem Seelenmanagement. Carnegies Kapitel »How to Live in Day-Tight Compartments« wendet ein Prinzip der Anonymen Alkoholiker (die übrigens nirgendwo anders als eben im intellektuellen Milieu des »New Thought« entstanden sind) auf das Problem an, das George Bernard Shaw in eins seiner tröstlichsten Bonmots gekleidet hat: »I'm an old man«, schreibt Shaw irgendwo, »and I've seen lots of trouble – but most of it never happened.« Indem man im Gegensatz zu dieser unangemessen vergangenheits- und zukunftsorientierten Lebenseinstellung das bekannte AA-Mantra »Just this one day« alles eigene Denken über Leben, Sinn, Zukunft und Vergangenheit regieren lasse, so wiederum Carnegie, baue man in den Rumpf seines Lebensschiffs gleichsam zeitdichte Schotten ein, die den Fluss der Zeit und der Gedanken auf die Gegenwärtigkeit des jeweiligen Tages beschränkten. Wodurch »worry« ferngehalten und Geistesabwesenheit vermieden würde (was auf Dauer, das wiederum ist der alte epikureische Denkfehler, natürlich nur um den Preis einer Art Lobotomisierung möglich ist). Es war das ja, dachte ich auf dem »Starbucks«-Hocker so glücklich, wie einen nur plötzlich aufleuchtende Ideen machen, die Carmen-Lobotomie. Und ein paar geniale Koolhaas-Abschnitte weiter las ich, vom eigenen Seelenschmerz innerlich wieder grell beleuchtet, dass nirgendwo sonst auf der Welt als nur im Manhattan der späten zwanziger Jahre (zur Entstehungszeit des Chrysler Building, des Empire State, des One Wall Street, des Metropolitan Tower und so weiter) Architektur sich tatsächlich verwandelt habe in so etwas wie das Design von Gebäudekostümierungen, »die die wahre Natur der sich in ihnen vervielfältigenden Stockwerke nicht offenbaren« (sie nämlich nicht in ihrer Fassade *darstellen*, setzte ich, von meinem plötzlichen Verstehen begeistert, hinzu), »sondern weich und umstandslos ins Unterbewusstsein schlüpfen, wo sie ihre Rolle spielen als Symbol«.

Mir war, als habe ich in diesem Moment verstehenden Wiedererkennens nicht nur das Bauprinzip von Midtown Manhattan begriffen und nicht nur Carmens mich so schmerzende und wütend machende Kompartmentalisierung der Zeiten, Männer, Lebensabschnitte und Gegenwarten, sondern sogar die flamboyante Fassade ihres Verhaltens (die mir einen synästhetischen »Starbucks«-Moment lang plötzlich, wie damals vor dem Einschlafen in ihrem Bett in der 54. Straße, noch einmal erschien in Gestalt der ins Riesenhafte vergrößerten Beaux-Arts-Ornamente des »St. Regis« und des »Peninsula« unweit ihres Schlafzimmers). Und ich verstand, wie rührend wahrscheinlich beides ist – die schauspielerhaft enthusiasmierte Sozialtechnik so vieler Amerikanerinnen und die Ornamentalisierungsvergröberung auf der Fifth Avenue in Midtown. Rührend als der letzte Versuch, ein Inneres sichtbar werden zu lassen, ehe es sich in seiner nicht mehr kontrollierbaren Vervielfältigung (der Stockwerke, der Lebensmöglichkeiten, der Männer und der autonomen Gegenwarten) auflöst. Vielleicht war der »New York University Club« an der Ecke zur 54. Straße, wo ich mich an unseren Abenden nach rechts gewendet hatte und westwärts zum MoMA und zu Carmens Wohnung gegangen war, das noch eindrucksvollere Denkbild dieses Rührenden zwischen verzweifeltem Ausdruckswillen und unabwendbarem Verschwinden in der Vervielfältigung. Ein Haus nämlich, das mit den Granitblöcken, Balkonen, Kartuschen, Wappenschildern, Inschriften, Bogenfenstern und Renaissanceformen seiner sozusagen panisch-palladinischen drei Stockwerke in Wirklichkeit schon fünf Etagen kaschiert.

Die Vervielfältigung der Funktionen und ihre Abdichtung gegen die äußere Form hat im »New York University Club« schon begonnen. Im Empire State Building und seinen 6000 miteinander semantisch nicht mehr zu verbindenden Büros auf 102 Stockwerken ist sie nur wenig später zu sich selbst gekommen. Die Art-Deco-Formen seiner Fassade sind wirklich nur noch eine – für die Wirkung des Gebäudes im Grunde vollkommen überflüssige – ornamentale Zutat. So wie sich (dachte ich und sah auf Vincent Norman Peales Kirche des positiven Denkens hinaus) die »energy«-Gegenwarten in den Midtown-Religionen autonom gemacht und uneinholbar vermehrt haben. Und wie das leuchtende und manchmal so grelle Äußere und Verhalten, dachte ich, meiner armen ehemaligen Geliebten, längst kein Inneres mehr ausdrückt, das ein paar Unannehmlichkeiten, Meinungsverschiedenheiten oder Banalitäten des Paaralltags überstehen, wegstecken und überwinden könnte. Ich dachte an eine Stelle in Sigmund Freuds »Drei Abhandlungen zur Sexualtheorie«, wo der große Mann die eindrücklichen und zum Wiederkehren neigenden Träume von verlassenen, bedeutsamen oder irgendwie dämonischen Gebäuden als Deckerinnerungen an mütterliche Frauenkörper deutet. *Sex and the City*, dachte ich. Und einen Moment lang konnte ich Midtown New York wirklich als *La città delle donne* sehen (ein Anblick, dachte ich, den ich Carmen widmen könnte, wenn es sie noch interessieren würde oder jemals interessiert hätte).

Aber zurück zu unserem ursprünglichen Thema, dem aktuell anhängigen Untergang des amerikanischen Imperiums. In den vorweihnachtlichen Tagen des Jahres 2008 verkörperte sich dieser in der Gestalt des Investmentbankers Bernard Madoff. Madoff ist ein weiß- und ein bisschen zu langhaariger, abgesehen davon aber geradezu verdächtig undämonisch aussehender Mann in der Feistheit des beginnenden Alters. Irgendwie fand ich es damals ein bisschen unfair von mir, dass er mich jedesmal, wenn er im Fernsehen zu sehen war oder auf den Titelseiten der hiesigen Boulevardzeitungen auftauchte, physiognomisch derart frappant erinnerte an den indischamerikanischen »New-Age«-Guru Deepak Chopra. Ich bin, so gesehen, fast froh, dass man Madoff inzwischen nicht mehr so oft im Fernsehen und in der Zeitung sieht. Dezember 2008 aber war er noch viel, eigentlich ununterbrochen, öffentlich zu betrachten. Denn die langjährige Zentralfigur der guten New Yorker Gesellschaft war verhaftet worden, weil seine hochrespektierte (und von hunderten Millionären, Banken, Stiftungen, Fondsmanagern mit der Anlage ihres Vermögens betraute) Investmentfirma in Wahrheit nichts anderes aufgelegt hat als ein betrügerisches Pyramidenspiel. Solche angeblichen Geldanlagesysteme bezahlen einer kleinen Elite von früh eingestiegenen Anlegern hohe Summen – Renditen, heißt es dann, einer triumphalen Geschäftsidee. In Wirklichkeit aber werden meistens überhaupt keine Geschäfte gemacht. Sondern der Gründer und ein paar wenige Mitprofiteure (die selbst freilich möglicherweise gar nicht eingeweiht sind, sondern ihr Glück kaum fassen können und überall begeistert Reklame für das Pyramidenspiel machen) werden reich durch das zuströmende Geld weiter angeworbener Betrogener, die dringend in ein Geschäft einzusteigen wünschen, das tatsächlich aber aus nichts anderem als ihrer eigenen Schädigung besteht.

Die eigentümliche Zeitstruktur dieser Finanzverschwörungen erfordert nicht nur beträchtliche kriminelle Energie. Ihre Initiatoren müssen auch auf eine sehr spezifische Weise verrückt sein. Sie brauchen für ihr Treiben ein faustisch gestörtes Verhältnis zum Verlauf der Zeit. Eine Unfähigkeit nämlich, sich klarzumachen, dass Zeit nun einmal vergeht und dass Enttarnung, Zuchthaus, Schimpf, Schande unvermeidbar auf den Gründer des Schwindels zukommen. Denn zur Enttarnung dieser Form von Betrug genügt das Vergehen von Zeit. An einem sonnigen Samstagnachmittag bin ich am East River entlang nach Süden zum »Lipstick Building« an der 3rd Avenue gewandert. Der Donner des Franklin Delano Roosevelt Drive zu meiner Rechten. Lastkähne, glitzernde Wellen, die geschlossene, fast autofreie Welt des Roosevelt Island jenseits der Wasserfläche. Jogger, das Ozeanlicht, der beständig wehende kalte Wind aus Süden, vom offenen Meer. An der Queensboro Bridge bog ich nach Osten und stand ein paar Minuten später vor dem Schauplatz von Madoffs Durchstechereien. Sein Büro war schon zu den Zeiten legendär, als Madoff noch ein allgemein bewunderter Geschäftsmann war, Vorsitzender zum Beispiel der elektronischen NASDAQ-Börse. Denn er beschäftigte, wie man damals raunte, auf einer ganzen Etage des »Lipstick« nur 26 Angestellte (und wahrscheinlich waren die noch zuviel, wenn man bedenkt, dass dort außer Geldeinnehmen und Sich-Nichts-Anmerken-Lassen ja gar nichts zu tun war).

Das »Lipstick Building« besteht aus aufeinandergetürmten zylinderförmigen, mit rotem Granit verkleideten Baukörpern voll glitzernder Fensterfronten. So dass es von weitem tatsächlich aussieht wie ein auf seine Grundfläche gestellter Lippenstift, dem eine Riesenhand die Verschlusskappe abgenommen und die ringfingerdicke Fett- und Pigmentsäule ein Stück weit herausgedreht hat. Das riesenhafte Haus voll banaler (sinistrer, solider, teurer, unverständlicher) Büros monumentalisiert ein elegantes Accessoire, das Frauen benutzen, um Signale auszusenden (Langeweile, Verführung, Selbstbezogenheit) und mit dem sie die Aufmerksamkeit sehnsüchtiger Männer und kritischer Frauen auf eine besonders aufregende Stelle ihres Körpers lenken. Wirklich, dachte ich: *Sex and the City.* Madoffs »Lipstick Building« ist ein an Evidenz kaum zu übertreffendes Beispiel für den von Rem Koolhaas zum ersten Mal gesehenen *Kostümcharakter* der New Yorker Wolkenkratzer, »die die wahre Natur der sich in ihnen vervielfältigenden Stockwerke nicht offenbaren, sondern weich und umstandslos ins Unterbewusstsein schlüpfen, wo sie ihre Rolle spielen als Symbol«. Ein wütend dreinschauender Chinese ging an mir vorbei, als ich sinnend auf dem gegenüberliegenden Gehsteig stand und mir vorzustellen versuchte, hinter welchem der ungeputzten, mit Familienfotos und verhärmten Kakteen vollgestellten Bürofenstern fünfzig Milliarden Dollar versenkt worden sein mögen. »Yeah, that's Madoff's Building«, sagte der Chinese grimmig im Vorübergehen. Es herrschte eine Art Lynchstimmung in Manhattan in diesen Tagen.

Den gestürzten Biedermann und Brandstifter selbst kann man inzwischen – ebenfalls in *youTube*-Ausschnitten – bestaunen, wie er, wenige Tage vor seiner Enttarnung, in einer Fernseh-Talkshow mit vollkommener Nachvollziehbarkeit darlegt, wie lückenlos angeblich die Kontrollmechanismen des Finanzmarkts funktionieren, mit denen Leute wie er (man weiß zum Zeitpunkt der Talkshow-Sendung noch nicht, zu welcher Art von Leuten er gehört) unmöglich gemacht werden sollen. Noch heute, im Rückblick und trotz allem, was man inzwischen weiß, ist es schwer, diesem eloquenten, witzigen, unbefangenen, offensichtlich hochintelligenten Mann nicht sein spontanes Vertrauen zu schenken. Hey, man könne in diesem System gar nicht betrügen, auch wenn er selbst es gelegentlich ganz gern einmal tun würde (jungenhaftes Schlingelgrinsen; allgemeine Heiterkeit). »I'm very close to the regulators. In fact, my niece just married one«, sagt der überzeugende fette Mann und setzt sich in seinem Fernsehsessel ein bisschen aufrechter hin, wie es ein selbstgefälliger und seiner Wirkung sicherer Debattenredner oft tut, wenn er eine lustige Bemerkung gemacht hat und seinem amüsierten Publikum Gelegenheit geben will, ihn zur Abwechslung jetzt mal von der Seite anzuschauen. »My condolences«, sagt eine Frau aus dem Off. Alle lachen jetzt herzlich, wie befreit. Im Nachhinein glaubt man erkennen zu können, dass Bernard Madoff in diesem Moment längst vollkommen wahnsinnig ist. Es wahrscheinlich schon seit Jahren war. *Mad as a Hatter.*

Denn es scheint nicht menschenmöglich, dass jemand dieses Ausmaß an Unbefangenheit nur spielt und vorspiegelt. Bernard Madoff muss unmittelbar vor seiner zwangsläufigen und absehbaren Lebenskatastrophe noch fest davon überzeugt gewesen sein, dass die Zeit ihm zuliebe stillstehen würde. Vielleicht ist seine physische Ähnlichkeit mit Deepak Chopra eben doch irgendwie verdient. Den Vorstellungen der »New Thought«-Gurus zufolge nämlich befindet sich Bernard Madoff im Seinsmodus der subjektiv aufgehobenen Zeit (der ihm seine Machenschaften psychisch überhaupt erst ermöglicht hat) nirgendwo anders als in der Erleuchtung. Diese Gattung von Finanzbetrügern lebt nun wirklich im *Hier und Jetzt*. Sie können gar nicht anders. Sie sind vielleicht die Einzigen, die das nicht nur können, sondern geradezu müssen. »Life is now«, schreibt Eckhart Tolle in seinem Bestseller »The Power of Now«. Oder: »Nothing ever happened in the past; it happened in the Now. Nothing will ever happen in the future; it will happen in the Now.« Oder ein paar Seiten weiter: »Unease, anxiety, tension, stress, worry – all forms of fear – are caused by too much future, and not enough presence. Guilt, regret, resentment, grievances, sadness, bitterness, and all forms of nonforgiveness are caused by too much past, and not enough presence.« Oder: »Are you ready to be awakened?«, fragt er uns, wenn wir seine Webseite öffnen und beantwortet seine Frage dann gleich selbst (wir könnten sonst ja einen Moment zu eigenem Nachdenken kommen): »When you are present in this moment, you break the continuity of your story, of past and future. Then true intelligence arises, and also love.«

145

Tja. Mit der Liebe weiß man es nicht so recht. Aber was das Leben in unbedingter Gegenwart angeht, den Bruch mit der Kontinuität der eigenen Geschichte, die Freiheit von Schuldgefühl, Bedauern, Verlegenheit, inneren Spannungen, Traurigkeit oder Bitterkeit, dann ist das vollkommene Muster des von Eckhart Tolle geforderten und von seinen Meditationsübungen angeblich geförderten Erleuchtungszustands wohl tatsächlich der Milliardenbetrüger Bernard Madoff in dieser auf *youTube* dokumentierten Talkshow. Das Ganze ist einem dann plötzlich so widerwärtig wie Brot, das jemand mit Parfüm getränkt hat, wie Robert Musil irgendwo schreibt. Man will danach mit allem damit Zusammenhängenden nie wieder etwas zu tun haben. Vermutlich werden wir ja auch für den Rest unserer Lebenszeit wirklich nichts mehr zu tun haben mit der Verschwörung gegen Zukunft und Vergangenheit, die in Wirklichkeit ja nicht nur das Leben und Verbrechen Bernard Madoffs gewesen ist. Sondern in die wir alle verstrickt waren. Es ist ja vorbei damit. Viel von der Mordlust, die von sonst ganz harmlosen, liberalen und zivilisierten New Yorker Zeitgenossen auf den verschiedenen *christmas parties* jener Wochen gegen Bernard Madoff an den Tag gelegt wurde, ist vermutlich nichts gewesen als Wut auf die eigene Blödheit. Wer hat die meisten von uns denn dazu gezwungen, gegen alle kleinbürgerliche Intuition ruinös große und für unsere Altersversorgung dringend benötigte Summen (die manchmal schon ein halbes Jahr danach nur noch die Hälfte wert waren) irgendwelchen Investmentfonds für ihre undurchschauten Geschäfte zur Verfügung zu stellen? Und ich erinnere mich an das ungute Gefühl, das mich schon im Frühjahr 2001 beschlich, als ich die Ersparnisse dreier Jahre mit einem Federstrich vernichtete, indes ich glauben wollte, mich dadurch aufs Pfiffigste zu bereichern. In der uns jetzt bevorstehenden Zukunft wird ein ernüchternder, aber auch befreiender Wirklichkeitssinn herrschen, und ich bin nicht traurig darüber. Ein Spuk ist entzaubert. Wir haben wieder festen Boden unter den Füßen.

Und es ist mir neuerdings, ein halbes Jahr nachdem das Pantheon von Midtown Manhattan (*energy, ego, acceptance, joy, the present* und wie jene Wesenheiten sonst noch heißen mögen) in mein Leben eingebrochen ist mit der Gewalt des Eros, nicht mehr (oder nur noch ganz kurz) möglich, in Midtown umherzugehen und meine Beobachtungen zu machen. Ich riskiere dort jetzt Panikanfälle. Seit Anbruch des neuesten Untergangs des amerikanischen Imperiums, vollends seit der Enttarnung Bernard Madoffs (dessen Fall vermutlich nur der erste ist von manchen anderen), kann ich die rücksichtslose Gegenwärtigkeit nicht mehr ertragen, die auf diesem Abschnitt der Fifth Avenue mit Hilfe der Architektur, der Schaufenstergestaltung, der Frauenverschönerungskünste hergestellt wird. Das immergleiche Jetzt ekelt mich, das hier am Übergehen in eine Zukunft, am Erinnern an seine Vergangenheit gehindert wird. Ich müsse jetzt sofort hier raus, machte ich in der Vorweihnachtszeit einer Freundin eklatartig (und, wie sie mir später sagte, totenbleich) klar. Sie hatte mich eines Abends ins Restaurant von »Saks Fifth Avenue« mitnehmen wollen, um mir den berühmten Blick in die Plaza des Rockefeller Center und auf den legendären Weihnachtsbaum mit den Tausenden von bunten Lichtern zu zeigen. Das müsse ich doch mal sehen, wenn ich schon etwas über die Fifth Avenue schreibe.

Es sei eine irrlichternde, geradezu ein bisschen manische Angst in meinem Blick gewesen, sagte sie, als wir schließlich – nach einer Flucht mit dem nächsten Taxi, das wir bekommen hatten – in ihrer Wohnung im 54. Stock saßen, aufatmend zum Weinglas griffen und aus sicherer Entfernung auf den gigantisch glitzernden Stadttraum unter uns schauten. Es scheint mir seit meiner Carmen-Erweckung – und dann vor allem nach meiner Koolhaas-Lektüre im »Starbucks« vor Norman Vincent Peales Collegiate Marble Church – neuerdings in fast körperlicher Weise unmöglich, das Fluten und Wegebben von *energy* in den blicklos über die Trottoirs von Midtown drängenden und tobenden Passantenmassen noch länger als ein paar Momente zu ertragen. Die unzählbar flutenden Seelen, Träume und Begierden. Die bedrohlich nahegerückten Steinwände der den Gehweg überschattenden Hausberge. Die Auflösung meines *ego*, die mir in Midtown inzwischen offenbar droht. Denn nichts als den Wahnsinn postuliert der ultimative Glaubenshorizont in Eckhart Tolles Theologie in Wirklichkeit. Ich will das nicht mehr riskieren.

Und ich muss es ja auch gar nicht riskieren. Denn wenn man auch zugeben muss, dass die amerikanische »New Thought«-Massenstimmung inklusive ihrer Sekten-, Guru- und Scharlatanerieauswüchse doch wohl eine Menge mit dem ökonomischen Schlamassel zu tun hat, in dem das Land gerade versinkt, so ist doch wahrscheinlich genauso wahr, dass die den Amerikanern und ihrem politischen System eigene charmante Unwiderstehlichkeit in diesen neuepikureischen Kulten eine ihrer Wurzeln hat. Es ist gut möglich, dass gerade der schwach begründete Optimismus, der den Karren jetzt in den Dreck gefahren hat, genau das ist, worauf sich die Auferstehung des amerikanischen Imperiums in der Zukunft gründen wird. Ob Imperien wirklich dauerhaft untergehen, ist sowieso eine offene Frage. Gerade der amerikanische Kapitalismus ist so oft wiederauferstanden, wie er beerdigt worden ist. Und sogar vom Römischen Reich könnte man mit einigem Recht behaupten, es sei nie wirklich untergegangen. Nicht nur Byzanz und das dezidiert römische Selbstverständnis der verschiedenen Germanenreiche sprechen dagegen, sondern auch die Kunstgeschichte oder eine Einrichtung wie die Katholische Kirche, die organisationshistorisch nichts anderes darstellt als ein von politischer Macht auf religiöse Erlösung umkodiertes römisches Kaiserreich. Und nachdem sich das Wahljahr 2008 schon einige Wochen in den November hineinbewegt hatte, hörte und las man überhaupt immer weniger über den Untergang des Kapitalismus oder des amerikanischen Imperiums – politische Phantasiegebilde, die zuvor allgegenwärtig gewesen waren.

Denn inzwischen, auf diesen Gedanken konnte man damals über der Lektüre auch seriöser amerikanischer Zeitungen kommen, war uns ein Heiland erschienen. Ein Vorgang, der zum Untergang von Imperien offenbar ebenso gehört wie die hellenistische und neuhellenistische Philosophie. *Sicelides musae, paulo maiora canamus*, schreibt Vergil. »Sizilianische Musen des Landlebens und der bukolischen Dichtung, wir wollen jetzt mal ein wichtigeres und größeres Thema besingen« (ein politisches nämlich). Drei Jahrzehnte vor Christi Geburt hatte Augustus eine lange Reihe mörderischer Bürgerkriege im Römischen Reich glücklich beendet. Tiefe politische Erleichterung überkommt in den Tagen nach der Wahl Barack Obamas auch die New Yorker. Als ich am Morgen nach dem Wahltag im November 2008 um ein Uhr nachts mit dem Taxi nach Harlem fuhr, waren die Straßen voller glücklicher, winkender, singender Menschen, die zu Fuß zur 125. Straße hinaufwanderten, wo das Fest auf den spätherbstlichen Straßen bis in die frühen Morgenstunden weiterging.

Es war uns vor den überall in der Stadt aufgestellten Riesenbildschirmen zum Weinen zumute gewesen, als der republikanische Kandidat John McCain mit einer vernünftigen, versöhnlichen und ritterlichen Rede (in der plötzlich er selber wieder zum Vorschein kam hinter all den Werbestrategien) seine Niederlage eingestanden hatte. Und es war uns zum Tanzen, Lachen und Singen, als wir Fernsehzeugen des langerwarteten Moments wurden, als die glücklichen Massen im Millennium-Park von Chicago den neugewählten Präsidenten begrüßten (das dann wirklich tränenüberströmte Gesicht Jesse Jacksons in der Menge). Das Gefühl, uns allen sei etwas Wunderbares und schwer zu Beschreibendes zugestoßen, hat den nächsten Morgen und (freilich schwächer werdend) die nächsten Tage über noch angehalten. Und zugleich flog uns aus verborgenen Untergründen der politisch-theologischen Überlieferung das Gefühl an, etwas grundlegend Neues beginne jetzt und mit uns. Uns ist vielleicht kein Kindlein geboren wie in Vergils 4. Ekloge oder der christlichen Weihnachtsgeschichte. Aber die öffentliche Phantasie, die ich in diesen Tagen bei *grande latte* und *raspberry scone* über verschiedenen Zeitungen und in wechselnden *coffeeshops* auf meinem Weg zur Arbeit studierte, befasste sich doch auffällig intensiv mit den (übrigens wirklich bezaubernden) kleinen Mädchen des *president elect*, die jetzt bald ins Weiße Haus einziehen würden. Man fragte sich etwa, was für einen Hund sie dorthin mitnehmen würden und in welcher Schule ihre Eltern sie anmelden sollten. Und so weiter.

Derweil ließen sich in jenen Wintertagen, je detaillierter die Absichten, Programme und Personalentscheidungen der neuen Administration bekannt wurden, die augusteischen Obama-Parallelen allen Ernstes weiter verfolgen (übrigens hat auch Abraham Lincoln, Obamas erklärtes historisches Vorbild, in seinem Heroismus des Ausgleichs nach einem fürchterlichen Bürgerkrieg Augustus geglichen). Die dem ersten römischen Monarchen besonders zugeschriebene stoische Tugend der *moderatio*, des vernünftigen Ausgleichs zwischen Seelenstrebungen, politischen Parteien, Zielen und Ideologien, war geradezu schon in der Sprechweise, der Rhetorik, der Gestik des siegreichen Kandidaten während des Wahlkampfs zu spüren gewesen und kam in seiner Personalpolitik und den immer deutlicheren Umrissen seines Regierungsprogramms jetzt unübersehbar zum Vorschein. Moderate *clementia caesaris* äußerte sich in dem von unerschütterlichem Selbstwertgefühl zeugenden Vorhaben, erfahrene (und weniger kompromittierte) Kräfte seiner Vorgängeradministration in derselben Funktion weiterzubeschäftigen wie vorher. Und der (soweit ich sehen kann) geschichtlich unerhörte Geniestreich, seiner Konkurrentin um die Präsidentschaftskandidatur das wichtigste Ministeramt anzutragen, erinnerte einen nun wirklich an die Politik des nach Actium endgültig siegreichen Octavian gegenüber der Senatsoligarchie (mit Sarah Palin auf der Leerstelle der Cleopatra; *»nunc est bibendum, nunc pede libera/pulsanda tellus«* und so weiter; nun ja).

Gemeint ist natürlich nicht, dass Barack Obama die republikanische Verfassung nur als Fassade für ein diktatorisches Regime benutzen will, wie Augustus das in Wahrheit getan hat. Aber es ist doch eine deutlich erkennbare Parallele zu dem von Octavian in die Welt gesetzten Traum von einer vernünftigen Macht, dass die Wiederauferstehung des amerikanischen Imperiums jetzt offenbar von Tugenden des Ausgleichs getragen sein sollte und von einer Gesinnung, die den gegnerischen Ideologien (ebenso wie denen der eigenen Anhänger) nicht zu ihrem angeblichen Recht verhelfen will, wohl aber zu ihrem wohlverstandenen Ausdruck. Und so hat auch das (von mir ja für die Zwecke dieses Denkstücks aus verschiedenen real existierenden Personen und wirklichen Erlebnissen zusammenmontierte) Carmen-Abenteuer dazu beigetragen, meiner messianischen Phantasie über Barack Obama diesen merkwürdig reformistischen Zug zu geben. Sein Wahlspruch »Yes, we can« verleugnet seine Herkunft aus dem religiös enthusiasmierten Milieu des »New Thought« ja durchaus nicht. Zugleich aber macht es Obamas Ruhm aus, dass er politisch eben nicht macht, was er könnte. Wie in der Wirtschaft, wie im persönlichen Umgang mit Geld (dachte ich zu Beginn des Jahres 2009) soll auch in der Politik und im Umgang mit Ideologien ein neues Zeitalter anbrechen, eines der Mäßigung. Und eine vage Erinnerung an den Schluss der 4. Ekloge über das Lächeln des geheimnisvollen virgilischen Erlöserkinds kommt mir, seit ich diesen Ursprungstext politischer Prophetie nach langer Zeit wieder gelesen habe, unwillkürlich in den Sinn, wenn mich die sehr spezifische – eigentlich hinreißende – Mischung aus Dignität, Gutgelauntheit und oft fast Lachlust auf dem Gesicht unseres neuen Präsidenten im Fernsehen charmiert, ermutigt und aufheitert. Man würde dem mächtigsten Politiker der Welt gern zusehen beim Reden und Argumentieren in den nächsten vier Jahren, und ich freute mich schon darauf.

Der 20. Januar 2009 ist dann der erste meiner Geburtstage gewesen, an dem ich eine amerikanische Präsidenteninauguration bewusst und aus der Nähe miterlebt habe. Um die Mittagszeit dieses strahlend kalten Wintertags war ich, zusammen mit der ganzen Welt sozusagen, um den Fernseher versammelt und ließ (wie das die Angestelltenwelt am Geburtstag nun mal von einem erwartet) anlässlich meines, mir selbst allerdings eigentlich ganz gleichgültigen und eher peinlichen, Jubelfests die Sektkorken knallen. Als Barack Obama auf dem Bildschirm erschien mit seinen zugleich inspirierten und beherrschten Sätzen und Gesten, ergab sich ein plötzlich irgendwie glaubwürdiger Moment persönlichen und zugleich uns alle betreffenden Geschichtsbewusstseins. Das ist wirklich das *Augusteische* an Obama, dachte ich und fühlte mich genauso nah am Wasser gebaut wie meine hingegeben klatschenden, baptistisch mitgehenden, offen ein bisschen weinenden oder vor Rührung zumindest hörbar schniefenden amerikanischen Kollegen. Einen Augenblick lang dachte das Geburtstagskind am 20. Januar des Jahres 2009 in den Kategorien einer endlich einmal nicht nur idiosynkratischen politischen Theologie. Obama ist ein Mann, sagte ich mir, unter dessen Präsidentschaft (»Weltherrschaft« ergänzt dann gleich etwas in einem) und mit dessen Regierungsmannschaft sogar ich mich den »New Thought«-Motiven versuchsweise und zeitweilig einmal anvertrauen könnte. Ein Herrscher, der diese Stimmungen abschattet durch einen glaubwürdigen Appell an die stoischen Tugenden der *moderatio*. Der verspricht, jetzt wirkliche (nicht nur phantasierte) Arbeit zu organisieren nach all den Illusionen, nach so viel Großsprecherei, Betrug und künstlichem Getue. »Indem wir uns die Größe unserer Nation wieder vor Augen führen, wird uns bewusst, dass diese Größe keine Selbstverständlichkeit ist«, sagte der schöne schwarze Mann. »Wir müssen sie uns verdienen. Unsere Reise ist nie eine der Abkürzungen gewesen. Es ist auch kein Weg für ängstliche Menschen gewesen – oder für solche, die nicht hart arbeiten wollen oder nur nach Ruhm und Reichtum streben.« All diese Vorsätze, Begeisterungen, Hoffnungen und Versprechen liegen inzwischen, es ist kaum ein Jahr her, tatsächlich schon in einer Art augusteischer Antike. Sie kommen mir, nachdem der Alltag für uns und Obama wieder begonnen hat, so utopisch, sehnsüchtig und vergangen vor wie ein Jugendtraum. Und so habe ich, während die Zeit überm Schreiben dieses Stücks verging, auch von meinem Guru-Hassen (wie es halt so geht) in zunehmend nachsichtiger und zuletzt fast milder Weise Abschied nehmen können. Es haben sich ja auch schon wieder Menschen gefunden, die sich meines verwundeten Selbstwertgefühls angenommen haben. *If you won't rock me, somebody will.* Bei näherem Hinsehen, scheint es mir jetzt sogar, habe ich von Carmen und ihren Gurus doch wirklich auch das eine oder andere gelernt. Auch bleibt vielleicht wahr (oder wird jetzt wieder wahr), was William James noch im späten 19. Jahrhundert über den »New Thought«-Glauben seiner eigenen Zeit geschrieben hat. Dass er nämlich »sich aufs Ganze betrachtet durch die praktische Erfahrung seiner Gläubigen durchaus erhärtet und bewährt« habe. »Diese Erfahrungen«, schreibt James, »bilden heute einen Schatz, der durch seine schiere Größe imponiert.« Zusammen mit dem amerikanischen Konservatismus, denke ich inzwischen manchmal, wird jetzt ja vielleicht wirklich ein Schuh aus dem amerikanischen Enthusiasmus. Etwas wie diese Vereinigung des Unvereinbaren scheint sich unter unseren Augen tatsächlich anzubahnen. So gesehen könnte ich Carmen eigentlich ruhig mal wieder anrufen. Oder – wenn ich ein bisschen genauer darüber nachdenke – vielleicht besser doch nicht.

Einige berühmte Ansichten
der Fifth Avenue

Es gibt ein wissenschaftlich-objektives Genre der Reise-
schriftstellerei, das wir nach seinem Stammvater, dem
klassischen griechischen Bildungstouristen, die »Pausanias-Tradition« nennen könnten. Sie leitet literaturge-
schichtlich zum modernen Reiseführer, zum anthropolo-
gischen oder naturgeschichtlichen Forschungsbericht
über und verzeichnet geographische, kunsthistorische,
soziale, mythologische, historische Umstände vielbesuch-
ter oder abgelegener Gegenden mit ethnographischer,
geographischer und soziologischer Präzision. Alexander
von Humboldt, Georg und Johann Reinhold Forster sind
klassische deutsche Vertreter der Pausanias-Tradition in
der Goethe-Zeit. Die Sibirienforscher Vitus Bering oder
Gerhard Friedrich Müller wären aus der Epoche Peter des
Großen zu nennen, die polnischen Ethnologen und Rei-
senden, in deren Tradition sich Ryszard Kapuściński gesehen hat, aus der Moderne. Der Pausanias-Tradition entge-
gengesetzt sind die surrealistischen, modernistischen,
subjektivistischen und phantastischen Reisebücher, eine
Gattung »unzuverlässiger« Beschreibungen (oder Abbil-
dungen) allgemein bekannter Bauwerke, Sehenswürdigkeiten und Landschaften. Denen in jener zweiten Tradition von Büchern und Bildern durch einen bestimmten
Ausschnitt, durch eine ungewöhnliche Perspektive, durch

Atmosphären, Attribute und »bewegtes Beiwerk« ein ungewöhnliches, poetisches, verblüffendes und sogar mystisches Aussehen beigelegt wird – in Werken, aus denen man oft weniger über das Besichtigte erfährt als über das Innenleben des Besichtigenden. Bauwerke, Straßen und Städte verwandeln sich so in Meditationsgegenstände, »Denkbilder« oder *koans* der schwer greifbaren und in Wirklichkeit vielleicht gar nicht existierenden Erfahrung, die Walter Benjamin als »profane Erleuchtung« bezeichnet hat. Ein »Begriff« Benjamins, mit dem in der Folge von Kulturschriftstellern und Germanisten viel Missbrauch getrieben und Unfug angerichtet worden ist. Denn ob es sich bei der so bezeichneten Erfahrung wirklich um etwas außerhalb des normalen inneren Erlebnisspektrums handelt, ist ja zweifelhaft. Jedenfalls aber hat sich längst vor Benjamin oder den Surrealisten die genuin moderne (nämlich notwendig post-religiöse) Behauptung, diese oder jene innere Überwältigung komme einem Entrückungs- und Verzückungszustand gleich oder nahe, zumindest ästhetisch als sehr fruchtbar erwiesen.

Man könnte zum Beispiel mit einem gewissen Recht behaupten, dass das Genre des idiosynkratisch gesinnten *personal essay* an keinem anderen inneren Ort entstanden ist als im Gattungs- und Gestaltungsmilieu jener zweiten, eher subjektiv-mystischen Tradition der Reiseliteratur. Und wie überraschend viele andere Traditionen, Gattungen und Stilgesinnungen spezifisch modernen Kunstwollens ist diese Tradition sehr merkwürdigerweise aufgetreten ausgerechnet im denkbar vormodernen

Japan der Tokugawa-Zeit. Das früheste Beispiel des subjektiven *personal travel essay* zum Beispiel ist die poetische Reiseerzählung des Gottsched- und Leibniz-Zeitgenossen Matsuo Bashō über eine Fußreise durch den Norden der japanischen Hauptinsel Honshu. Das Buch inauguriert die in Hokusais und Hiroshiges Holzschnitten kurz vor der Öffnung des Landes im 19. Jahrhundert gipfelnde Ästhetik des Reisens und fast schon des Tourismus, mit der die jahrhundertelang in sich verschlossene traditionelle japanische Kultur paradoxer- oder vielleicht folgerichtigerweise immer beschäftigt war und die um die Mitte des vorletzten Jahrhunderts auszuklingen scheint. Das unstillbare Fernweh, das sich in Hiroshiges Perspektiven, Details und Farbzusammenstellungen konzentriert hat, teilt sich noch uns Heutigen, die wir jederzeit Flugzeuge in alle denkbaren Weltgegenden besteigen können, mit und richtet sich jetzt, scheint es, auf etwas Jenseitiges. Die hochmerkwürdige und ursprünglich aus einem mystisch-literarischen Gesellschaftsspiel hervorgegangene Gattung der Haikus ist ein verblüffend genaues vormodernes Analogon jener »profanen Erleuchtung«, die sich die Surrealisten angelegen sein ließen und die in ihrer Nachfolge Walter Benjamin auf den erwähnten Begriff gebracht hat. Eingestreut in die Prosa von Bashōs Reisejournal markieren und beschreiben diese stoßseufzerartig kurzen Gedichte den Einbruch naturmystischer Erlebnisse ins Innere des Wanderers.

Vollends die japanischen Holzschnitte, die die Impressionisten gesammelt haben und von denen sie sich zu ihrer eigenen Kunstrevolution inspirieren ließen, sind zum größten Teil Reisestücke. Besser gesagt vielleicht: Bilder, mit deren Hilfe sich *armchair travels* bewerkstelligen lassen. Es sind Reisevignetten, aber auch Traumstücke. Denn nur im Traum kann man die schwebenden und seltsam unlogischen Perspektiven einnehmen, in denen jene Berge, Häfen, Wegabschnitte und Stadtlandschaften erscheinen. Ein Fischerdorf zum Beispiel aus der Sicht *fliegender Wildgänse*, die in hundert Meter Höhe über seine armseligen Holzdächer hinwegziehen; der Sonnenaufgang im Hintergrund. Als wären wir, die wir den Druck an einem einsamen Sommerabend auf unserer Terrasse betrachten, bei einem Vogelzug des 19. Jahrhunderts *als Vogel* dabei. Derlei muss einen noch viel revolutionäreren Anblick geboten haben, als es weder Miniaturkameras gegeben hat, die man im Gefieder eines Vogels befestigen, noch Flugzeuge, mit denen man über Fischerdörfern fliegen konnte. Diese Ansichten sind zu ihrer Entstehungszeit von einer geradezu halsbrecherischen künstlerischen Kühnheit gewesen. Die seltsamen, schnappschussartig verrutschten Bildausschnitte. Die beiläufigen Vordergründe. Bauern, Tiere. Ein interessant missverstandener Gebrauch der abendländischen Perspektive. Das Pingpong der wechselnden Blickachsen. Dass dies alles in der ästhetisch hochkonventionellen Adels- und Ständegesellschaft des traditionellen Japan möglich war und gesellschaftlich akzeptiert wurde, lässt sich wohl nur soziologisch erklären. Nämlich dadurch, dass die Ukioye entstanden sind in einem gesellschaftlich-moralisch exterritorialen, nicht satisfaktionsfähigen und irgendwie nicht in Betracht kommenden Milieu, den Lebensverhältnissen des Schauspieler- und Prostituiertenviertels des alten Edo. Wo diese Holzschnitte als Souvenirs, als Äquivalent moderner Pin-ups, Fanpostkarten oder Theaterreklamezettel hergestellt und verkauft wurden, zum Teil auch schlechterdings als Pornographie. Unvergesslich ist mir in diesem Zusammenhang ein *dinner* an einem verregneten Maiabend des unentwegt verregneten New Yorker Frühlings 2009 hoch über den dunklen Wipfelmassen des Central Park. Eine freundliche, gepflegte, offensichtlich hochintelligente und beruflich einschüchternd erfolgreiche Amerikanerin mittleren Alters erklärte mir alles Ernstes, die Darstellung junger Tänzerinnen auf Edgar Degas' Gemälden mute sie in moralischer Hinsicht *uncomfortable* an. Wieso denn das? Na ja, der Mann sei doch damals schon weit über fünfzig gewesen. Man wundert sich, jedenfalls geht es mir so, an solchen Abenden dann irgendwann über gar nichts mehr. Und irgendwie hatte sie ja auch recht. Nach den Maßstäben bürgerlicher Moral des 19. Jahrhunderts (und zunehmend eben auch wieder der amerikanischen unserer Zeit) ist viel von der Malerei der Impressionisten ziemlich anstößig.

Die nun folgenden Bilder einiger berühmter *landmarks* der Fifth Avenue jedenfalls sind entstanden in Wochen, während derer ich aus den beschriebenen, schwer zu verifizierenden Ahnungen und Erlebnissen heraus (wieder einmal) dringend an Hiroshiges Zyklen berühmter Ansichten und Sehenswürdigkeiten der Tokugawa-Zeit interessiert war. Nein, nicht interessiert: von ihnen *besessen*.

Unterschwellig und unwillkürlich haben sich, wie ich in einem späten Stadium ihrer Entstehung merkte, meine Essays über Gebäude und Stadtlandschaften des 20. Jahrhunderts orientiert an Holzschnitten des 17ten. Und so soll am Eingang in diese Vignetten festgehalten werden, dass die schwebenden, unmöglichen Perspektiven, die unvermittelt vom Hinter- in den Vordergrund springenden Durchblicke, die harten Schnitte, die nur symbolisch, summarisch oder abstrakt angedeuteten Mittelgründe, dass die verwackelten Anschlüsse und Fluchtpunkte, die einem an solchen Reisestücken gefallen oder einen an ihnen irritieren können, zu verstehen sind als literarische Gegenstücke und Äquivalente einer abseitigen, fast anstößigen Tradition der bildenden Kunst. Wenn man wollte, könnte man diese linkshändige künstlerische Traditionslinie von modernen Endpunkten bei Pollock, de Kooning und Basquiat zurückverfolgen über skandalöse Nacktbilder Courbets, flirrende Beleuchtungen Renoirs, kubistische Unwahrscheinlichkeiten Matisses, über Schäume, Wellen und Wolken William Turners, über bewegtes Beiwerk auf Gemälden Delacroix' bis zu den ästhetischen Tollkühnheiten der »fließenden Welt« im Tokugawa-Japan. Zu zweifelhaften Lokalitäten letztlich. In die Kaschemmen und Boudoirs, wo Degas oder Toulouse-Lautrec Inspiration gesucht haben, Picasso und Baudelaire. Oder wie (eine andere Vorläufergeschichte) die Landschaftsmalerei, das wichtigste Genre bürgerlicher Innerlichkeit, sich entwickelt hat aus abseitigen Hintergrundmotiven im Fensterausschnitt bestimmter Heiligenbilder und Altäre des späten Mittelalters. Das Grundgesetz der modernen Kulturentwicklung (des Essays; der Stadt New York im 20. Jahrhundert) zeigt sich schon lange vor dem eigentlichen und feierlichen Auftritt der Moderne. Hintergründe und marginale Gegenden werden zur Hauptsache, und dadurch entwickelt sich etwas weiter. Das Verdrängte (und immer wieder etwas neu Verdrängtes) betritt die Bühne des Bewusstseins. Das Abseitige, das Fragwürdige, das Illegitime ist traditionelles Thema der Ukioyes. Und das unverlierbare Unruhemoment des Essays, der Moderne, der Straßen New Yorks. Deshalb folgt es auf den zweiten Blick einer inneren kunstgeschichtlichen Logik, dass die Moderne Japan liebt und dass auch die »Mischung aus lyrischer Selbstdarstellung, Erzählprosa und Argumentationsdrama« (wie Michael Rutschkys klassische Definition des *personal essay* lautet) bestimmte Motive und Intentionen teilt mit jenem »Wunsch, Japaner zu werden«, der etwa nach Meinung von Kirk Varnedoe oder Klaus-Michael Hinz ein Ursprungsmoment der Moderne ist. Vielleicht ist es gar kein Zufall, dass ich meine erste Sammlung solcher Stücke in Tokyo geschrieben und zusammengestellt habe.

Das Rockefeller Center zum Beispiel, es ragt im prominentesten Midtown-Manhattan-Abschnitt der Fifth Avenue gen Himmel, habe ich gesehen, lange bevor ich es gesehen habe. Der Traum vom Rockefeller Center ist vor der Reise zu ihm dagewesen. An einem Ostersonntag im Frühjahr 1975, im Hof des Deutschen Museums München, lag Schnee auf den filigranen Zweigen der Robinien dort. Ich war dreiundzwanzig, seit neuestem

Mitglied einer marxistisch-leninistischen Studentengruppe, fast schon Ehemann einer denkbar schlecht zu mir passenden jungen Frau und so ratlos, wie junge Leute vielleicht zuletzt in den siebziger Jahren gewesen sind. Ich trat aus dem Portalturm des Museums in die Schneeluft. Zwischen Wolken war das Himmelsblau schon wieder zu sehen. Dann passierte es. Es war ein mit niemandem teilbarer und geteilter Gefühls-, Gedanken- und Erinnerungsblitz, den ich erst 2009 in New York, und auch jetzt nur annäherungsweise und umständlich, in Worte fassen kann. Als japanischer Gelehrtengentleman des 17. Jahrhunderts hätte ich ihn in einem Haiku ausgedrückt. Die einerseits neubarock, andererseits aber auch protomodern abgerundeten Formen des Hauptgebäudes. Die neusachlich vereinfachten Wappen und Uhren des jüngeren Trakts linkerhand. Die Bäume, Besuchergruppen, Laternen und Fensterflächen des Gebäudeensembles. Ich sah in alldem damals plötzlich (wie mir bestimmt nicht erst heute scheinen will) Atmosphären und Gebäude wieder, die ich vor heute mehr als fünfzig Jahren, als Kind während eines Amerika-Aufenthalts mit meiner Mutter, in New York gesehen habe, im Hof (wie mir 1975 dann gleich unwiderleglich einfiel und irgendwie *war*) des Museum of Modern Art. Die Atmosphäre des modernistischen Kunsttempels an der Fifth Avenue entstand um den Dreiundzwanzigjährigen wieder in der Intensität und Evidenz, die man den beschriebenen profanen Erleuchtungen nachsagt. Und zugleich wandelte mich in jenem Moment am Ostersonntag 1975 dann gleich die Ahnung, Überzeugung und sogar Gewissheit an, dass ich in New York irgendwann in meinem Leben tatsächlich noch einmal sein und wohnen würde. In einer Lebenslage, von der ich 1975 schon wusste, dass sie dann zeitalter- und kontinentweit entfernt sein würde von den mir viel zu engen persönlichen und intellektuellen Verhältnissen, in die ich mich damals, meiner selbst so unsicher wie nur je ein 23-jähriger Bürgersohn der siebziger Jahre, hineingezwängt hatte. Etwas Utopisches war in der Atmosphäre, deren *vibes* ich in meinem Haiku-Moment vor 34 Jahren, aus dem Deutschen Museum tretend, auffing, eine Anmutung von wissenschaftsgeleitetem und kunstavantgardebegleitetem Menschheitsfortschritt (oder so ähnlich). Was alles mich dann aber, auch das war in jener unvergesslichen Sekunde vor einem Dritteljahrhundert enthalten, nicht mehr politisch irgendwie betreffen, sondern eine nur noch ästhetische Relevanz beinhalten würde. Die utopische Resonanz des

MoMA im Hof des Münchner Deutschen Museums vom Ostersonntag 1975 würde in jener damals noch unbestimmten Zukunft die Hintergrundmusik ganz anderer, viel ernstzunehmenderer und endlich einmal vollständig realitätsgesättigter Lebensverhältnisse sein, das wusste ich. Ich habe den Vergangenheits- und zugleich Zukunftsklang, den ich damals vernahm, später in den Romanen Peter Handkes wiedergefunden oder in *Lulu on the bridge* von Paul Auster. Und immer wieder ist er mir wirklich geworden in den Glockentönen, Riffs und Melodiegirlanden von *Sunday morning*, einem Lied der Velvet Underground, das mir immer als die traurigste und gültigste Darstellung der unwiderruflich vergehenden Lebenszeit erschienen ist.

Der im Gegensatz zu diesen Phantasien, Überlegungen und Träumen freilich auch wirklich existierende Hof des Museum of Modern Art liegt an der 54th Street unweit der Kreuzung zur Fifth Avenue, auf dem ehemaligen Familienanwesen John D. Rockefellers. Von diesem legendären Kapitalisten hat das »Forbes Magazin« in einer berühmten und immer wieder zitierten Aufstellung ausgerechnet, er sei der reichste Mensch gewesen, der je auf der Welt war (die zehn Personen umfassende Forbes-Liste geht zurück bis zu Crassus, dem Triumviratskollegen von Julius Caesar). Die Schwiegertochter des Besitzers der Standard Oil Company, Abby Aldrich Rockefeller, ließ das Elternhaus ihres Mannes John D. Rockefeller Jr. niederreißen, an derselben Stelle einen Bau in der Tradition des »International Style« aufführen und

installierte ihren kunstsinnigen Sohn Nelson (er würde
es später noch zum Gouverneur von New York State
bringen, zum Erbauer des modernistischen Albany und
zum amerikanischen Vizepräsidenten unter Gerald
Ford) als Direktor eines Museums, das nicht nur die
Kunstgeschichte für immer verändert hat, sondern ursprünglich eine Art Familienunternehmen der Rockefellers gewesen ist. Während Abbys Mann, der die moderne Kunst hasste, sich für die Gründung des MoMA zu
unser aller Vorteil gerächt hat, indem er dem »Metropolitan Museum« seine Sammlung mittelalterlicher Kunst
schenkte. In »The Cloisters«, dem historistischen Nach-
bau eines romanischen Klosterkomplexes weit im Norden Manhattans ist sie heute zu besichtigen, auf den
Klippen des Harlemer Hochufers, wo sich aus den Fenstern und von den Terrassen ein weiter Blick über den
Hudson nach Norden öffnet.

Die utopischen Atmosphären, die ich als Zweijähriger
bei einem Besuch des MoMA *in situ* aufgenommen habe
und zwanzig Jahre später intuitiv im Hof des Deutschen
Museums wiedererkannte, gruppieren sich um eine wenig erforschte und, soweit ich sehen kann, überhaupt
eher klandestine Architekturtradition und Baugesinnung,
die sich in Einzelbauten insgeheim städtebaulichen Ehrgeiz zutraut und mit der Planung eines Gebäudes ansatz-
weise zugleich einen (vorerst noch virtuellen) Stadtraum
imaginiert, ihn gleichsam ins Ungebaute hinein entwirft.
Gebäude*komplexe*, nicht einzelne Häuser nimmt sich diese Gesinnung folglich vor allem vor, und eigentlich auch

gleich die Weise, wie überhaupt gelebt werden soll. Sie leitet sich vom Bauwillen der mittelalterlichen Burgen (der Marienburg des Deutschen Ordens zum Beispiel) und später der absolutistischen Höfe (Versailles, Ludwigsburg, Fertőd am Plattensee) her. Und ein utopisches oder zumindest der umgebenden Wirklichkeit polemisch-exemplarisch entgegengesetztes Element, scheint es, ist diesen Gebäudeensembles von vornherein beigelegt (so dass meine Träumereien von 1975 im Hof des Deutschen Museums vielleicht gar nicht so an den Haaren herbeigezogen sind, wie es einem zunächst scheinen will). Gabriel von Seidl jedenfalls, der Architekt des (später von anderen Baumeistern dann noch weiter ins *Städtchenartige* erweiterten) Münchner Museumskomplexes auf der Isarinsel, hat schon in seinem Hauptwerk, dem Bayerischen Nationalmuseum an der Prinzregentenstraße, die klassisch-höfische Pavillonbauweise im Sinn eines städtebaulichen Ansatzes interpretiert und für verschiedene Kunststile eigene kleine Villen errichtet, die man durchschreitet wie die Interieurs, Höfe, Straßen, Loggien und Plätze einer in sich abgeschlossenen und die Kunstgeschichte selber bedeutenden Stadt.

Die Matrix und das Zentralbeispiel wiederum des Rockefeller'schen *edifice complex* (so ist die über Generationen sich vererbende Neigung der Rockefellers zu monumental-utopischen Komplexen aus Kunst, Architektur und Gesellschaftskritik von Journalisten und Zeithistorikern dann bald getauft worden) steht zwei Straßen südlich des Museum of Modern Art der neugotischen St.

Patrick's Cathedral gegenüber an der Fifth Avenue und erstreckt sich als »Rockefeller Center« zwei *street*-Blocks nord-südlich und einen Avenue-Block nach Westen bis zur Sixth Avenue. Beim Näherkommen auf der 53. Straße von Osten her ergibt sich für den Spaziergänger ein Moment, in dem der Zentralturm des Komplexes und ein niedrigeres Vorgebäude exakt hinter den gotischen Türmen der St. Patrick's Cathedral emporragen. Als sei diese Perspektive geplant worden mit einem architekturgeschichtlichen Kommentar oder Hintergedanken im Kopf. Der Schock über das Touristen- und Einkäufergewimmel auf der Fifth Avenue. Und beim Hochblicken das Erstaunen (wieder ist es fast ein Erschrecken) über die dem edlen grauen *limestone* eingemeißelten Reliefs aztekischer Götzen. Buddhistische Bodhisattwas, christliche Andachtsbilder. Die Baumkronen der Dachgärten. Die in den Himmel hineinstürzende Flucht vertikaler Granitbänder und Fensterfronten. Heroisch neusachliche Inschriften, Allegorien, Rutenbündel an den frontalen Palais' Frankreichs und des faschistischen Italien, elaborierte Wappen an dem Großbritanniens. Hier waren im Geist Woodrow Wilsons ästhetische Repräsentanzen aller wichtigen Weltmächte errichtet (Deutschland fehlt allerdings), eine Art Völkerbund der Architektur. Die schwarze Statue des Atlas in der Lücke zwischen zwei Pavillons, dem Portal von Saint Patricks' gegenüber, dessen gotische Formen sich in Schaufensterscheiben spiegeln. Die Allegorie des Titanismus gibt der gesamten Anlage das Bildprogramm vor und ist eine Hommage an den Gründer der Rockefeller-Dynastie. John D. Rockefeller Senior mag ein frommer Baptist gewesen sein. Seinem Bild in der Öffentlichkeit aber haftet bis heute etwas Vorolympisches an (»Titan« heißt auch die definitive Biographie von Ron Chernow). Seine nicht abzustreitenden dämonischen Züge sind in der nach ihm benannten kapitalistischen Idealstadt mit erotisch-abstrahierten Art-Deco-Formen in etwas Handhabbares umgearbeitet. Monumentale Überwältigung, durch Dekor gerade noch gebändigt, treibt die ästhetische Gewalt des Ensembles an und gibt der einschüchternden und erhebenden Höhe über uns einen Sinn.

Prometheus fliegt über einem Brunnen in der abgesenkten Hofanlage, von der aus es in die Katakomben der unterirdischen Einkaufspassage hineingeht. Rem Koolhaas hat gesehen und beschrieben, dass sie unter dem Erdboden die Beaux-Arts-Stadtlayouts verwirklichen, die der Egalitarismus des Straßengitters den Architekten von New York oberirdisch verwehrt; wie auch die Titanen nur noch in der Unterwelt herrschen. Die Straßenzüge zu Seiten der aufgefächerten Granitscheibe des Hauptgebäudes nehmen den visuellen *sound* des Ensembles in verschiedenen Variationen auf. Golden und bilderbuchbunt sind die Reliefs der Bildfriese hinterlegt. Der Frieden, die Industrie, die Planung, die Wissenschaft, die Kunst, die Energie sind ihr Thema. Chronos, der einen Zirkel hält, gibt den Zeitgenossen über dem Portal des Hauptgebäudes ihre Maxime: *Science and Knowledge shall be the Stability of thy Times.* Das saint-simonistische Pathos der Anlage ist von Diego Rivera, der Lenin in einer pro-

170

minenten Ecke seines Wandgemäldes im Innern platziert hatte, jedenfalls nur ausgeplaudert und in eine nicht mehr missverstehbare Kenntlichkeit hinein übertrieben worden (weswegen sein für viel Geld in Auftrag gegebenes Bildwerk dann eben auch gleich beseitigt werden musste). Denn so etwas wie kapitalistischer Leninismus ist das Gesetz dieser Straßenzüge an der Fifth Avenue. Elektrifizierung und die Macht der Rockefellers bringen die vollendete Gesellschaft hervor. Und es gehört zum Bild des hier herrschenden gesellschaftspolitischen Größenwahns, dass das Rockefeller Center auf dem Höhepunkt der Großen Weltwirtschaftskrise und Depression von 1929 errichtet worden ist.

Eine titanisch-architektonische Version des amerikanischen Pragmatismus ist überhaupt das immaterielle Erbteil dieser staunenswert produktiven und einflussreichen Familie gewesen, die nicht nur den Abstrakten Expressionismus sozusagen eigenhändig als die demokratische Weltkunst meiner Kindheitsjahre installiert hat, sondern buchstäblich in alle utopischen Bauvorhaben New Yorks seit den dreißiger Jahren involviert gewesen ist. Die Gründung beispielsweise des United Nations-Komplexes, jener kleinen Stadt internationalistischer Friedensideale und -illusionen am East River, ist das erste städtebauliche Projekt der Rockefellers nach dem Krieg gewesen. Sie hatten den Vereinten Nationen ursprünglich sogar ihren Landsitz Kykuit als Domizil angeboten. Nelson Rockefeller, aus der dritten Generation der Kapitalismustitanen, war nach dem Krieg nicht nur Direktor des MoMA, sondern betreute auch (wie man heute weiß, ebenfalls in enger Abstimmung mit der CIA) allerlei Projekte und Programme auswärtiger Kulturpolitik, vor allem in Europa und Südamerika. 1949 vermittelte er den Zusammenkauf des Geländes, auf dem die United Nations angesiedelt werden sollten. Sein Vater schenkte es der Stadt. Und Wallace Harrison von Corbett, Harrison & MacMurray, Hausarchitekt der Rockefeller-Familie, der schon an der Errichtung des Rockefeller Center beteiligt und ein wenig bekannter (fast anonymer) Schöpfer des Modernismus von Midtown Manhattan war, entwarf als Planungschef ein sozusagen international-demokratisches Designprinzip, dem wir vor allem das Hochhaus des Sekretariatsgebäudes von Le Corbusier und Oscar Niemeyer verdanken. Dessen weite Fensterflächen spiegeln der desillusionierten und zynischen Gegenwart die utopische Hoffnung auf internationale Verständigung, die uns als Kindern irgendwann in den fünfziger Jahren bei der Lektüre von Erich Kästners »Die Konferenz der Tiere« so unwiderleglich eingeleuchtet hat. Spätere Rockefeller / Harrison-Projekte der Nachkriegszeit sind das Lincoln-Center, mit dem sie den utopischen Impuls des Rockefeller Centers als die Metropolitan Opera, das Lincoln Film Center und die Juilliard School in die Architekturgeschichte der sechziger Jahre eingeschrieben und eine Art Idealstadt der darstellenden Künste gegründet haben. Oder »One Chase Manhattan Plaza« von Skidmore, Owings & Merrill, das definitive Bankgebäude der Zeit nach dem Zweiten Weltkrieg, das weit in den umgebenden Stadtraum ausgreift und über das Nelsons jüngster Bruder David Rockefeller herrschte. In den sechziger Jahren war es ein bedeutendes Privatmuseum des Abstrakten Expressionismus.

Es geht nicht nur auf die utopischen Gesinnungen und Ahnungen dieser Familie zurück, sondern liegt auch in konkreten Gesetzen des Immobilienmarkts begründet, dass die großen Rockefeller-Projekte in vernachlässigten, zum Teil geradezu heruntergekommenen Gegenden entstanden. Das gilt vor allem für das zweite der Rockefeller-Weltfriedensstädtchen. Das »World Trade Center« lag dem UN-Ensemble gegenüber am Hudson-Ufer, ein Stück nach Süden versetzt. Auch die Planung und Gründung dieses Gebäudekomplexes haben in der utopischen Aufbruchsatmosphäre nach dem gewonnenen Krieg gegen Hitler-Deutschland Nelson und David Rockefeller betrieben. Es ist in einer damals sehr vernachlässigten Reihe von Blocks in Lower Manhattan, dem politischen Weltverständigungszentrum auf der östlichen Inselseite etwa so symmetrisch gegenüber positioniert, wie sich Metropolitan Museum und Museum of Natural History (wie wir gesehen haben) zu Seiten des Central Park ungefähr gegenüberstehen als ein schwaches Echo der genießerisch-schwungvoll ausgedehnten Beaux-Arts-Symphonien in Paris, Wien, Berlin oder Washington. So deutlich oder undeutlich erkennbar, wie das symmetrisch-absolutistische Beaux-Arts-Kunstwollen im strikt demokratischen New Yorker Straßengitter nun einmal zu verwirklichen war. Der politische Weltfrieden am East River und der friedlich-profitable Welthandel am

Hudson – diese zweigeteilte Allegorie eines von den Rockefellers geordneten planetarischen Verkehrs muss den Brüdern über Jahrzehnte vorgeschwebt haben. Ein durchdachtes und logisch in sich strukturiertes Programm von Gebäudeensembles, ein planerischer Gedanke, den die Rockefellers über die Generationen und Jahrzehnte sich zurechtgelegt und dann mehr oder weniger systematisch immer weiter ausgearbeitet haben. Er stand ihnen vor Augen, während sie die fünfziger Jahre hindurch beharrlich Lobbyarbeit für den Gebäudekomplex betrieben, der in den siebziger Jahren dann tatsächlich von Minoru Yamasaki errichtet und am 11. September 2001 von Al Qaida zerstört worden ist. UN-Gelände und World Trade Center setzen die beiden Intentionen des an der Fifth Avenue gelegenen Rockefeller Centers – Weltfrieden und Wirtschaftsaufschwung – räumlich auseinander und differenzieren sie an den entgegengesetzten Ufern der Insel aus. Währenddessen repräsentieren, erfinden, betreiben, zeigen und lehren das MoMA und das Lincoln Center – in der Stadtmitte, aber ein bisschen nördlich von ihrem Ursprungsgebäude an der Fifth Avenue gelegen – die modernistische Weltkultur.

Über die wiederum die Tatsache einiges aussagt, dass die Rockefeller-Achse, die sich so in einem weitgespannten psychogeographischen Bogen – demokratische Weltpolitik, demokratische Weltkunst, freier Welthandel – ostwestlich über die ganze Breite der Insel erstreckt, ein dezidiert ödipales Unternehmen, *brain child* und Familienphantasma Abby Rockefellers, Nelsons und Davids gewe-

sen ist. John D. Junior hatte keinen Anteil an ihm, und
die modernistische Grundrichtung des Projekts muss ihm
auch gegen den Strich gegangen sein. Mama und ihre
brillanten Söhne brachen in die Moderne auf, vielleicht
nicht direkt gegen den Patriarchen, aber doch entschieden
an ihm vorbei. Es ist schwer, die utopischen Bauunterneh-
mungen der Rockefellers (oder diese Familie überhaupt)
zu bedenken, ohne dass einem mythologische Denkmus-
ter und Pathosformeln unwillkürlich in den Sinn kommen. Die Entmachtung des Kronos durch seine Götter-
söhne in der griechischen Mythologie zum Beispiel oder
Wotans Abdankungsresignation in Wagners Opernzyklus
»Der Ring des Nibelungen«. Dabei hat, wie jetzt zu erwandern und zu untersuchen sein wird, auch John D. Rockefeller Junior (der Sohn des Gründertitanen und Ehemann der flamboyanten, visionären und verführerischen
Abby) sein utopisches Stadtviertel gegründet. Fern von
der Fifth Avenue, überhaupt seltsam exterritorial im
äußersten Norden von Manhattan gelegen und atmosphä-
risch kaum mehr mit der Insel des Modernismus in Verbindung stehend, hat »Junior« einen konservativen Ge-
genentwurf zum Rockefeller Center der Fifth Avenue und
seinen politischen, ökonomischen und kulturellen Deri-
vaten oder Folgeprojekten verwirklicht. Er ist nicht von
einer modernistischen Zukunftsvision inspiriert, sondern
von ganz anderen »News from Nowhere«.

Man fährt am besten mit dem Fahrrad hinauf zu »The
Cloisters«. Von der Upper East Side kommend, könnte
man die Kreisstraße des Central Park an der dramatisch-

romantischen Wegbiegung verlassen, wo sie sich hinauf-
windet zum Great Hill, dem höchsten Punkt des Parks
und zu den Befestigungsanlagen von 1812. Ein paar
Blocks nordwärts durchfahren wir Olmstedts zweites
New Yorker Meisterwerk, den »Morningside Park«. Im
Herbst 2009 zeigt er sich als eine Landschaft wie aus
einem vergessenen Roman Joseph Freiherr von Eichen-
dorffs, voller Treppen, Höhenpromenaden, antiken
Tempeln, Denkmälern. Voller Herbstlaub, das von alten
Bäumen rot und gelb herabweht. Mit romantischen Söllern über der weiten Ebene von Harlem. Die riesenhafte
neugotische Bauruine von St. John the Divine erhebt
sich an der 112th Street. Von dort radeln wir zum Broadway hinüber. Wir könnten frühstücken in »Tom's Diner«
aus Suzanne Vegas Lied, wo zugleich in fast jeder Folge
der TV-Serie »Seinfeld« eingekehrt wird. Oder wir machen einen Abstecher zu den feierlichen und verrückten
Fassaden, Balustraden, Dachterrassen und Mansarden an
der Ecke der 110th Street zum Riverside Drive, wo J. D.
Salinger in »Seymour. An Introduction« die Familie Glass
einquartiert. Hannah Arendt und Uwe Johnson haben
ein wenig südlich gewohnt. Hier, am Steilufer des Hudson, haben wir überhaupt nicht mehr das Gefühl, in der
Hauptstadt des letzten Jahrhunderts umherzuwandern.
Wir erholen uns von der Fifth Avenue. Die Surrealisten
und die Situationisten – und noch Peter Handke in
»Mein Jahr in der Niemandsbucht« – haben das Gesetz
ihrer Zeit und ihrer Lebensstädte oft anhand abgelegener, untypischer, exterritorialer und uneinleuchtender
Nebenlandschaften entziffert, in *terrain vagues*, wo Zeit

und Stadt zu träumen beginnen. Wir betrachten das Rockefeller Center an der brausenden New Yorker Hauptstraße (»La rue assourdissante autour de moi hurlait«) zum Beschluss dieser Ukioye-Ansicht der Fifth Avenue – wie Hokusai den Fujiyama – einmal aus der verdrehten Essayistenperspektive eines Gegenentwurfs. Nämlich von Washington Heights aus, wo der große Financier mit seinen eigenen romantischen Träumen beschäftigt war und in der Vergangenheit nach Modellen für die Zukunft suchte.

Das Ufer des Hudson ist zu Beginn unseres Jahrhunderts durch eine Reihe avantgardistischer Gartenbauprojekte auf der ganzen Länge des Flusses in eine ausgedehnte, differenzierte und bei den New Yorkern sehr beliebte Parklandschaft verwandelt worden. Von Diller und Scofidios »High Line« im Meatpacking District reicht ein System von Fußgänger- und Fahrradwegen hinunter zum Battery Park und nach Norden hinauf bis ins entfernteste Harlem, zur George Washington Bridge und zu dem kleinen roten Leuchtturm am Fuß ihres Ostpfeilers. Hier im hohen Norden Manhattans gehen die Anlagen des 21. Jahrhunderts über in letzte Ausläufer des nördlichsten und spätesten Landschaftsparks Olmstedts in Manhattan, des Riverside Park. Das Steilufer ist durch Treppen, Absätze, Ausblicke und Staffeln mit dem Ufer verbunden. Der Strom erscheint hier schon urweltlich, fast schon als ungezähmte Natur. Lebensmittelmärkte und -großhandlungen verbreiten eine *Les Halles*-Atmosphäre unter dem gigantischen *Flyover*. Ein wenig nördlich, bevor man in seinen donnernden Schatten einfährt, trifft sich in einer überraschend mondänen Zeile von Restaurants die *jeunesse dorée* Harlems. Zum Beispiel im »Covo«, einem das Elegante mit dem Garagenmäßigen kombinierenden (und dabei überraschend preiswerten) italienischen Restaurant, wo ich in der schönen Jahreszeit wochenends einkehre auf dem Weg zu »The Cloisters«, für eine Pizza und ein Glas Wein mit dem Buch, das gerade anliegt. Wo ich an Sommerwochenendnachmittagen mich fühle wie aus der Welt gefallen oder wenigstens schon längst nicht mehr im New York der Fifth Avenue.

Mit dem diese Gegend freilich in unterschwelliger, in Ablehnung auf sie bezogener Verbindung steht. Bergaufwärts, am dramatischen Abbruch des Steilufers, zitiert die neugotisch-flamboyante Riverside Church die Kathedrale von Chartres. Sie ist eine der größten Kirchen der Welt. Man sieht ihre Turmspitze sogar vom Central Park aus. In inkommensurabler Einsamkeit ragt ihr verrückt aus Ornamenten, Statuen, Allegorien, Wasserspeiern, Spitzbögen, Kreuzrippengewölben, Strebepfeilern und Fensterrosetten emporgestapelter Turm über den Baumwipfeln des Riverside Parks in den Himmel. Weit nach Norden und westlich nach New Jersey hinüber breitet sich der Hudson. Es ist kein Zufall, dass John D. Rockefeller Junior und der berühmte liberale Baptistenprediger Harry Emerson Fosdick (»Shall the Fundamentalist Win?«) sich für ihr Lebensmonument gerade die Architekturen der französischen Gotik zum Vorbild genommen haben. Der Baustil des Spätmittelalters hat seit Augustus Welby Northmore Pugins »Westminster Palace« in London und John Ruskins Buch »The stones of Venice« eine lange Geschichte der gesellschaftspolitischen Idealisierung und Ideologisierung durch bürgerliche Bautheoretiker durchgemacht. In diesem modernen Nachleben der Gotik geht es um Gemeinsinn, Individualstil, unentfremdeten künstlerischen Ausdruck, kommunale (und doch spontane) Arbeitsamkeit, gemeinschaftliche Kreativität, Zähmung des Kapitalismus und des Fordismus. Rockefeller und Fosdick haben die gesellschaftspolitischen Implikationen der Gotikbegeisterung mit der Riverside Church in eine fast anarchische Konsequenz getrieben, die vom konservativ-rückwärtsgewandten Charakter ihres Unternehmens gerade noch verdeckt wird und die Religionspolitik der Gemeinde heute noch prägt. Skulpturen von Lincoln, Einstein und Albert Schweitzer schmücken das Maßwerk des Altars. Nicht nur Martin Luther King und Nelson Mandela haben hier gepredigt. Auch Fidel Castro hat auf der Kanzel der Riverside Church gestanden, und das Gotteshaus versteht sich als programmatisch offen für alle Religionen und Denominationen der Welt.

Wir aber radeln vom »Covo« durch den Herbst am großen Fluss hinauf zum titanenhaften, unter unaufhörlichem Verkehr wie eine Saite vibrierenden Stahlgebirge der Washington Bridge. Auf der Wiese an dem kleinen roten Leuchtturm kann man grillen, Frisbee spielen oder einfach nur im Gras liegen, dem Geräusch der Wellen auf den Ufersteinen zuhören und dem Lauf des Hudson nach Süden mit den Augen folgen bis dorthin, wo die schon ganz fernen Türme von Midtown die berühmte Stadtsilhouette bilden. Dann schieben wir das Fahrrad durch die Berggassen von Washington Heights die Uferhöhe hinauf. Neugotisch-elegante Luxuswohnblocks bieten atemberaubende Ausblicke. Gepflegte Rosenbeete und frisch gemähte Rasenflächen zwischen ihnen. Kleine, fast dörfliche Plätze weiter landeinwärts, familiäre italienische Restaurants, ein Starbucks an einer hochgelegenen Ecke mit dramatischem Ausblick auf Brücke, Fluss und das felsige Hochufer von New Jersey (»The Palisades«). Ein Montmartre-Gefühl. Dorfgeräusche. Hier war in den vierziger Jahren »Frankfurt-on-the Hudson«, wie damals gesagt wurde, eine Gegend, in der so viele Emigranten aus Deutschland lebten, dass man mehr Deutsch als Englisch auf der Straße hörte (so wie heute die verschiedenen spanischen Dialekte der Dominikanischen Republik vorherrschen und ich meine Zigarren hier besonders günstig kaufe). Alan Greenspan hat in Washington Heights gelebt und Henry Kissinger, Ruth Westheimer und Lou Gehrig. Ein berühmtes Fort des Bürgerkriegs ist heute ein Anwohnerpark mit Bänken und Spielplatz, ein anderes hat dem Fort Tryon Park den Namen gegeben, ist aber bis auf ein paar Mauerreste auch nicht mehr erhalten. Und nach einer weiten Biegung der Straße, die sich vom stillen, ringsum mit Platanen bestandenen Platz der 190th Street-Station in die Tiefen des Parks hinunterschwingt, fahren wir plötzlich zu auf eine mittelalterliche Klosteranlage mit romanischem

Viereckturm, gotischen Anbauten, Mauervorsprüngen, Innenhöfen, Kreuzgängen und Baumwipfeln, die in Burgund stehen könnte oder in den Vorhügeln der Pyrenäen. Wir haben schon vergessen, dass wir am Hudson radeln und dass das strahlende Nachmittagsherbstlicht um uns in amerikanischen Ahornbäumen leuchtet, nicht in den Kastanien des polnischen Kalwaria Zebrzydowska. Wir sind angekommen. Das ist »The Cloisters«.

In amerikanischen Museen ist eine Formgesinnung des Inszenatorischen lebendig geblieben, die ich in Deutschland nur im Berliner Bode-Museum (1904/2006) gesehen habe und die sich am Ende des 19. Jahrhunderts gegen den barocken Magazincharakter der »Petersburger Hängung« ebenso gestellt hat wie gegen die von Lichtwark in Hamburg erprobte »kunstwissenschaftliche« Isolierung des Einzelwerks im *white cube* (der wurde in Europa dann stilbildend). Wilhelm von Bode dagegen orientierte sich in dem später nach ihm benannten Museum am Stil der Sammlervilla (die in New York ganz rein in der Frick Collection an der Fifth Avenue zu studieren ist). Die großen Sammler nämlich des 19. und frühen 20. Jahrhunderts ließen sich angelegen sein, ihre Werke in Räumen auszustellen, die ihre Entstehungszeit in Möblierung, Wandbespannung und Bodenbelag historistisch rekonstruierten. In Deutschland, wo sie sich in der Folge, wie gesagt, nicht durchgesetzt hat, wirkt diese Ausstellungstradition inzwischen exotisch. Im Münchner Lenbachhaus sind noch ein paar Räume der ursprünglichen Sammlervilla als exterritorialer Fremdkörper erhalten.

Und das Bode-Museum auf der Berliner Museumsinsel bewahrt als sein Zentrum den berühmten kirchenartigen Raum, in dem Bildwerke der Renaissance wie Altäre in Seitenkapellen inszeniert sind. Das Metropolitan Museum nähert sich Bodes inszenatorischer Ausstellungstradition so weitgehend an, wie es für ein so großes und enzyklopädisch organisiertes Haus gerade noch möglich ist. In »The Cloisters« aber, das John D. Rockefeller Junior in den dreißiger Jahren für seine mittelalterliche Kunstsammlung gebaut hat, ist die historistische Kunstpräsentation ein konsequent in sich zusammenhängendes Architekturprogramm geworden und sozusagen in den Stadtraum übergegangen, der sich im Norden von Washington Heights mit Park, Felsenlandschaft, Museumsgebäude, Fluss, Bäumen und Himmel verwandelt in ein *Mittelalter des 20. Jahrhunderts*. Die Baustile der Romanik und Gotik sind hier eine Form der Gegenwart. Als Vorbild richtiger Arbeit und gelungenen Lebens waren sie John Ruskins und William Morris' Traum und eben auch der Gesellschafts- und Kunstentwurf John D. Rockefeller Juniors. Eine ausgearbeitete und differenzierte Antithese zu den modernistischen Projekten, Aspirationen und Bauvorhaben seiner Frau und seiner Söhne. Die steingewordene Abdankungsarie Wotans.

An New Yorker Herbstwochenenden des Jahres 2009 hänge ich John Rockefellers Utopie nach im Kreuzgang der Abtei Saint-Michel-de-Cuxa, den er hierher transportieren ließ und zum Zentrum seines Museums gemacht hat. Vor einem halben Menschenalter habe ich das wirk-

liche Kloster einmal besucht, auf dem Weg von Südfrankreich nach Barcelona. Jetzt sitze ich im Sonnenschein eines Nachmittags im 21. Jahrhundert. Die Bilder
stehen still um mein Leben. Im Nachbarraum hängen
die flämischen Tapisserien mit dem Einhorn, die seit
dem 17. Jahrhundert den Rochefoucaults gehört haben
und seit dem 19. den Rockefellers. Nelson Rockefeller
hat sie als kleiner Junge gesehen in dem Haus, das an
der Stelle des MoMA an der Fifth Avenue stand. Der
Klostergarten, sorgfältig angelegt nach Vorschriften und
Mustern in europäischen Klosterbibliotheken, welkt und
färbt sich schon herbstlich. Ich gehe noch einmal zu der
Verkündigungsszene von Robert Campin hinüber, wo
man den schönen Blick über den Hudson hat. Oder zu
einem spanischen Andreasaltar des 13. Jahrhunderts, wo
der Teufel als schöne Frau dargestellt ist, die mit dem
sehr mürrisch und misstrauisch dreinschauenden Heiligen an einem gedeckten Tisch sitzt (Drachenflügel ragen aus ihrem eleganten Kleid). Die Illusionen John
D. Rockefellers von einer mit der Vergangenheit versöhnten und in ihr begründeten Moderne sind um mich,
wenn ich am späteren Nachmittag mein Fahrrad auf
dem Rückweg bergauf wieder durch den Fort Tryon
Park schiebe und der Hudson in der Tiefe glitzert. Das
Paralleluniversum von Washington Heights, denke ich
an diesen Nachmittagen, ist der verschwiegene Bauplan
von Midtown Fifth Avenue, aus dem dann doch nichts
geworden ist. Der Financier der Moderne hat hier, in
der nördlichsten, unberühmtesten und poetischsten Rockefeller-Stadt von New York City, sein Shangri-La ge

baut, für sich selbst und für uns alle, die wir uns hier von der Gestalt erholen können, die seine Träumereien stattdessen dann in der Wirklichkeit angenommen haben. Und verwundert mache ich mir klar, dass unser Inneres, während wir in der großen Stadt umhergehen, gleichzeitig vielleicht immer in ganz kleinen Städten zu Hause ist, in abgelegenen Dörfern, in vergessenen Klöstern. Im Landschaftsdetail eines Gemäldes von Petrus Christus in der Berliner Nationalgalerie, das ich auf einem Kunstdruck gesehen habe, wenn ich als kleiner Junge in meinem Bett lag (geborgen in den fünfziger Jahren, die damals noch nicht explodiert waren).

Zurück in der Fifth Avenue. Wenn man sich von der Atlasstatue des Rockefeller Centers nach Osten wendet und den Boulevard überquert, steht man vor dem ernsten Portal von St. Patrick's, der neugotischen Kathedrale des Erzbischofs von New York. Auf Stadtspaziergängen, Besorgungen und Dienstgängen in Midtown Manhattan ist mir in den letzten zwei Jahren ihr sozusagen weltweiter und himmelhoher Innenraum zur Eingangspforte in ein System ausgedehnter Traumpfade, Geistreiserouten und innerer Expeditionen geworden. Diese paradoxen Träumereien haben mich aus dem New York des 21. Jahrhunderts in verlassene irische Berglandschaften des 5. geführt, auf die katalanischen Schlachtfelder des Hunnenkrieges an der Marne, ins pannonische Grenzland des spätrömischen Reiches, nach Tschenstochau in Polen und überhaupt fast überall anderswohin als in die Gegenwart des Hier-und-Jetzt, die es wahrscheinlich gar nicht gibt. Zu Beginn des Kinderromans »Alice im Wunderland« folgt die von der Wirklichkeit gelangweilte junge Heroine einem sprechenden weißen Kaninchen durch ein »rabbit hole« in die Parallelwelt des verrückten Hutmachers, der wutentbrannten Königin und so vieler anderer merkwürdiger Gestalten, dass »rabbit hole« seither im Englischen die Bedeutung eines Interface zwischen wirklicher Welt und Phantasie angenommen hat. Und es stellt vielleicht keine Gotteslästerung dar, wenn ich bekenne, dass das spirituelle und architektonische Zentrum des amerikanischen Katholizismus für mich, seit ich mich in New York aufhalte, zum ultimativen »rabbit hole« auf der in Wirklichkeit naturgemäß vollkommen kaninchenfreien Fifth Avenue geworden ist.

Der hohe Innenraum stürzt jäh in das sich unter seiner Decke sammelnde Dunkel. Zu jeder Tageszeit drängen sich hier Pilger, Gelegenheitsbeter und Touristen. Viele erschöpfte Gesichter. Viele verschiedene Herkünfte aus allen denkbaren Weltgegenden. Die Einheitstracht der internationalen Touristen. Jeans, T-Shirts, Allzweck-Anoraks, Baseballmützen, Sneakers, Fotoapparate. Stadtführer in flexiblen und strapazierfähigen Hochglanzeinbänden. Es war irgendwann im Frühling 2008. Ich war zwischen zwei Geschäftsterminen in die St. Patrick's Cathedral gekommen, den Kopf voll mit den Befürchtungen, Arbeitsaufträgen, Deadlines und Besprechungsnotizen der Gegenwart. Das plötzlich unabweisbare Gefühl des durch die Stadt habituell Erschöpften: Vielleicht wäre es besser, ihr gingt jetzt mal alle nach Hause (weil ich selbst dort hin will und nicht mehr weiß, wo das ist). Begonnen haben die inneren Absencen, die ich schildern will, vor derjenigen Seitenkapelle, die man der Schwarzen Madonna von Tschenstochau geweiht hat. Der polnische Wallfahrtsort Częstochowa ist seit dem Mittelalter Verehrungsstätte dieser 1383 erstmals erwähnten Mariendarstellung, die in Polen die Rolle des politisch-religiösen Allerheiligsten spielt. An der Fifth Avenue, vor den Kerzen, Blumen, Votivzetteln und Erläuterungstafeln in Polnisch und Englisch, fast wider Willen innerlich erhoben vom Orgelgebraus im Hintergrund, umgeben vom Murmeln, von den Schrittgeräuschen, dem Sich-Nähern und Wiederentfernen der Touristen in meinem Rücken und schließlich kaum mehr gestört von ihrem Fotoapparatklicken, verschwand ich sekundenlang im Kaninchenbau meiner Erinnerung an einen Samstagnachmittag, den ich im Februar des Jahres 2000 im Innern der weitläufig ineinander übergehenden mittelalterlichen Kirchenräume des Forts Jasna Góra in Tschenstochau verbracht habe, umdrängt von polnischen Pilgermassen. Genau wie vielleicht ein Pilger in Mekka (dachte ich, wie mir nun wieder einfiel, damals sofort) sich mit einer Million Glaubensbrüdern langsam in enger werdenden Kreisen um den heiligen Stein bewegt, der schwarz ist wie das Gesicht des hochheiligen Madonnenbilds von Częstochowa. Der Legende zufolge ist es vom Heiligen Lukas selbst gemalt worden. In Wahrheit aber gehört es zum Typ jener in Frankreich (und später in Südamerika) weit verbreiteten schwarzhäutigen Madonnen, deren Herkunft und Bedeutung

die Kunst- und Religionshistoriker sich nicht recht erklären können. Wieso sind diese Madonnen schwarzgesich-
tig? Vielleicht geht die Darstellungstradition auf eine
Formulierung im Hohen Lied Salomos zurück (»Nigra
sum sed formosa«). Der Innenraum der St. Patrick's Cathedral zeigte die »neugotische Abstraktion«: das *second-
order*-Formcharakteristikum, dass neugotische Kirchen
einen zwar viel gotischer anmuten als die wirklich gotischen. Dass man sich aber an sie und ihre Einzelheiten
viel schlechter erinnern kann als zum Beispiel an das
Ulmer Münster, an die Kathedrale von Sandomierz, an
die Schlosskapelle von Blutenburg oder die Blaubeurer
Klosterkirche. Es war dann an der Fifth Avenue das rei-
ne sandsteinfarbene Gen-Himmel-Streben, Hoch-Sein,
das schiere Weit-und-majestätisch-sich-im-Dunkel-des-
Chors-Verlieren, das schlechthin und summarisch ge-
heimnisvolle Leuchten der farbigen Glasfenster. Das mit
keinem eindeutigen Ort mehr in Verbindung zu brin-
gende feierliche Scheinen der Kerzen. Das abstrakte
mystische Dunkel. Und trotzdem war ich an der Fifth
Avenue an jenem Allerweltstag in St. Patrick's Cathedral
einen Moment lang im Tschenstochau des Frühjahrs
2000 zuhause. *My own private Częstochowa* war mir in
New York plötzlich wirklicher als der Tag, an dem ich
dort tatsächlich umherging. Wie überhaupt nicht nur
alle Alltagskulturen, Religionen, Künste, Mafias, Koch-
traditionen aller Weltgegenden sich in New York versammeln, sondern auch mein eigenes Leben mir
manchmal lange schon vor mir selbst hier gewesen zu
sein scheint.

Es sind Theoretiker und Historiker der revolutionären Bewegungen gewesen, die zuerst darauf aufmerksam gemacht und es ins allgemeine Bewusstsein gehoben haben, dass der säkulare, vom Positivismus erforschte und überlieferte Geschichtsverlauf eigentlich leer ist und niemanden etwas angeht. Denn der Positivismus verhält sich, wie zum Beispiel Benjamin in seinen berühmten »Thesen zur Geschichte« geschrieben hat, folgenlos, oberflächlich, kulinarisch, impotent zur historischen Überlieferung (die ihm doch alles geben könnte und ihm alle Geheimnisse enträtseln, wenn er sie nur richtig befragte und in Besitz nähme). Dagegen überlässt der »historische Materialist«, der Benjamin als der rechte *Historiker der Praxis* vorschwebt, es »andern, bei der Hure ›Es war einmal‹ im Bordell des Historismus sich auszugeben. Er bleibt seiner Kräfte Herr: Manns genug, das Kontinuum der Geschichte aufzusprengen.« Als ich Benjamins »Thesen zur Geschichte« in meinen dummen Zwanzigerjahren sozusagen mit erhobener geballter Faust las, habe ich, wie so vieles andere, übersehen, dass für Benjamin der historische Materialist Anhänger einer *Heilsgeschichte* ist (ein messianischer Rabbi wie Sabbatai Zvi vielleicht, der geistesgestörte kabbalistische Revolutionär des 17. Jahrhunderts). Historischer Materialist kann man nur sein, wenn man in einer wie immer säkularisierten Weise auf das Jüngste Gericht wartet. Oder wenigstens auf das letzte Gefecht. Erst die religiösen und die revolutionären Heilsgeschichten machen die Vergangenheit so relevant für die Gegenwart, wie der Vorfrühling des Jahres 2000 in Tschenstochau für mich dann im Jahr 2008 in Midtown

Manhattan vor der Schwarze-Madonna-Seitenkapelle der St. Patrick's Cathedral einen privaten Moment lang wurde. Nicht nur eine bestimmte Atmosphäre aus meiner eigenen Vergangenheit, sondern die gesamte katholische Heilsgeschichte war in diesem seltsam abstrahierten gotischen Innenraum plötzlich um mich versammelt. Die lückenlos mit sich selbst zusammenhängende, in jedem Winkel der Erde irgendwie beheimatete Christenheit und ihre bis in unausdenkbare Zeittiefen zurückreichende Geschichte. »Das Reich Gottes«, sagte ich vor mich hin. Und konnte meine innere Bewegung nur durch die Überlegung herabmodulieren, dass die Juden und vollends die Chinesen eine kulturelle Erinnerung haben, die noch erheblich weiter als bis ins Römische Kaiserreich zurückreicht. Dass um nachdenkliche Juden und Chinesen in derartigen Besinnungsmomenten die vorderasiatische Bronze- und die Jungsteinzeit des Jang-Tse-Tals innerlich wiederauferstehen (und zwangsläufig und auch ohne dass sie sich darauf besinnen müssten, sogar im alltäglichen Lesen und Schreiben ihrer Schriftzeichen).

St. Patrick war mir allerdings bisher nur als der Namenspatron eines bestimmten Tages im März gegenwärtig gewesen, an dem New Yorks irischstämmige Einwohner spätestens um drei Uhr nachmittags von Kopf bis Fuß und stadtauf, stadtab in jeder Kneipe mit knallgrünen Kleeblättern aus Papier, seltsamen grünen Hüten und dergleichen geschmückt sind. Später, etwa auf dem Heimweg vom Büro, fallen einem ältere Sekretärinnen oder Hausfrauen auf der 3rd Avenue um den Hals und verpflichten den nur halbherzig Widerstrebenden zu einem Guinness an der Bar, wo man dann nicht das Geringste miteinander anzufangen weiß. Indem ich jetzt mehr über den irischen Nationalheiligen herauszufinden versuchte, ergab sich im Herbst 2009 zwei oder drei Wochenenden lang ein Kurzschluss zwischen meinen gewohnten Spätantike-Träumereien und der St.-Patrick-Legende insofern, als ich mir auf meinen Stadtspaziergängen wieder einmal James O'Donnells »The Ruin of the Roman Empire«, Peter Browns »The cult of the Saints« und andere einschlägige Bücher mitnahm und in meinem libanesischen Lieblingsrestaurant in Harlem, im Hof der American Academy of Letters oder in gewissen Pizzerien um den Washington Square über das fünfte Jahrhundert nachlas. In dessen Wirren der junge Patricius aus den kurz zuvor noch römisch beherrschten, jetzt aber der Anarchie überantworteten Landstrichen Südenglands von Piraten geraubt und von ihnen ins noch ganz und gar heidnische Irland verkauft worden ist, wo er als Schafhirte auf einsamen Bergweiden und Hochebenen eine christlich-mystische Erleuchtung fand. Er floh dann nach Gallien. Und wurde von dort durch gottgesandte Träume, in denen die Iren vielstimmig seine Rückkehr in das Land seiner Sklaverei forderten und geradezu erflehten, höchstinstanzlich dann doch wieder nach Irland zurückbeordert, wo er seit 440 oder 450 als einer der wichtigsten Missionare der Spätantike gewirkt hat.

Währenddessen wurde der Sitz der weströmischen Reichsregierung von Rom nach Ravenna verlegt, wo man leichter übers Meer nach Konstantinopel flüchten konnte, wenn eine neue Welle land- und beutehungriger Barbaren vor den Toren stand. Die Kaisertochter Galla Placidia heiratete den Westgotenkönig Athaulf, der nicht lange mehr zu leben hatte. Ihre Tochter mit Kaiser Constantius III. wiederum (dem sie nach Athaulfs Tod in Ravenna dann angetraut worden war), eine offenbar etwas durchgeknallte junge Frau namens Grata Honoria, rief Attila, den Hunnenkönig, ins Land, indem sie ihm ihre Hand versprach, was zwar eine pubertäre Kinderei von Grata Honoria war, aber trotzdem zum Einfall einer riesigen Armee von Hunnen und Germanen ins weströmische Reich führte, die erst bei Chalon von dem großen Strategen und Politiker Flavius Aëtius mit Hilfe germanischer Alliierter gestoppt werden konnte, in einer Schlacht, bei der Tausende und vielleicht Zehntausende ihr Leben ließen. Die Westgoten eroberten ein Reich in Spanien und plünderten Rom, und Augustinus schrieb »De civitate Dei«. Aëtius, der seinem mediokren Chef, dem Kaiser Valentinian, schon lange zu erfolgreich und mächtig gewesen war, wurde von diesem eigenhändig hinterrücks erstochen, kurz bevor der kaiserliche Mörder selbst einem Mordanschlag zum Opfer fiel. Die Germanen überrannten die römische Rheingrenze und das römische Britannien wurde aufgegeben. Attila starb, und sein Reich würde nicht mehr lange bestehen. Die Vandalen eroberten Nordafrika, und Julius Nepos (juristisch betrachtet der letzte Römische Kaiser) starb auch. »Übers Meer wird Krummaxt-Kopf kommen.« So hatten die Druiden (die sympathisch viel Sinn für sarkastischen Humor gehabt zu haben scheinen) laut einer mittelalterlichen Heiligenlegende Patricks Ankunft und sein Wirken in Irland prophezeit. »Nicht richtig im Kopf, ein Loch oben im Mantel für seinen Kopf, sein Stock gekrümmt oben am Stockkopf. Gottlosigkeiten wird er singen von einem Tisch aus vor seinem Haus und all sein Volk wird antworten: So sei es, so sei es!« So relativ ist »Erlösung«, denke ich und sehe auf von O'Donnells »The Ruin of the Roman Empire«. So verschieden kann man die Heilsgeschichte betrachten. Aber wenn ich auf meinen Lektüreausflügen an diesen Samstagnachmittagen 2009 in die Harlemer Herbstsonne blinzelte, die Farben, Gerüche, Anregungen, *dates* und Hoffnungen meines neuen amerikanischen Lebens um mich, dann schien mir während langer Augenblicke meine persönliche Geschichte und diejenige, die sich mit dem heiligen Patrick verbindet, eine Strecke gemeinsam in die Zukunft gegangen zu sein, Hand in Hand sozusagen.

Dabei ist die New Yorker St. Patrick's Cathedral ja selber Ergebnis und Dokument einer gesellschaftlichen Wiederaneignung oder Renaissance. Die träumerisch-utopische Wiederkunft eines mittelalterlichen Baustils in der längst vollständig erwachsen gewordenen Moderne. Und nicht nur Pugin, Ruskin, Morris und John D. Rockefeller Junior haben die Gotik als eine Art Romantik der Industriearbeit illusorisch wiederbelebt. Auch der Traum der Bauhausarchitekten, deren wirkliche und durchaus nicht bloß geträumte Entwurfsarbeit New York dann unwiderruflich geprägt hat, nahm seltsamerweise in einem *mittel-*

alterlichen Ursprungsphantasma seinen Ausgang. Es war inspiriert von der Vergangenheit und zielte auf die Kathedrale der Zukunft. »Architekten, Bildhauer, Maler, wir alle müssen zum Handwerk zurück«, postulierte Walter Gropius in seinem Ursprungsmanifest der architektonischen Moderne. »Denn es gibt keine ›Kunst von Beruf‹. Es gibt keinen Wesensunterschied zwischen dem Künstler und dem Handwerker. (…) Bilden wir also eine neue Zunft der Handwerker ohne die klassentrennende Anmaßung, die eine hochmütige Mauer zwischen Handwerkern und Künstlern errichten wollte! Wollen, erdenken, erschaffen wir gemeinsam den neuen Bau der Zukunft, der alles in einer Gestalt sein wird: Architektur und Plastik und Malerei, der aus Millionen Händen der Handwerker einst gen Himmel steigen wird als kristallenes Sinnbild eines neuen kommenden Glaubens.«

Hokusai und Hiroshige haben auf ihren Ukioyes das Höchste, Größte und Heiligste (den shintoistisch vergotteten Berg Fuji zum Beispiel) gern betrachtet und dargestellt im Rahmen des Kleinsten, des Abseitigen und Verachteten (etwa durch den Reifen eines Fassmachers). Wenn man sich versuchsweise einmal entschließen will, Midtown Manhattan, das Allerheiligste der architektonischen Moderne, einen Moment lang durch die Butzenscheiben der mittelalterlichen europäischen Kunst anzuschauen, wird auch dieser Abschnitt der Fifth Avenue sofort erkennbar als etwas seltsam Gotisches. In den düster-großartigen Zeichnungen des Architekten Hugh Ferriss ist diese Gotik zweiter Ordnung schon in den zwanziger Jahren erschienen. Als »Gotham City« erwies sich New York inspiriert vom deutschen Expressionismus und von dem *fake*-Mittelalter, das durch die unruhigen Träume des frühen deutschen Horrorfilms geistert. Als Gesamteindruck der hier zusammengeballten Vertikalmoderne kommt etwas wie San Gimignano zustande. Die Regensburger Geschlechtertürme erscheinen vor unserem inneren Auge. Die schiefen, schmalen, hohen Fachwerkbauten eines geträumten Prager Ghettos. Die modernsten Kilometer der Fifth Avenue sind dann plötzlich so etwas wie ein überdimensionierter, zur Stadtlandschaft erweiterter Mailänder Dom. Die phantasierte Gotik, die den Ursprung all dieser modernen Auftürmungen bildete, erscheint wieder. Wie die Zwecke und Formen der einzelnen Stockwerke im Gesamteindruck des Wolkenkratzers untergegangen sind, so gehen die architektonischen Gesinnungen und Zwecke der Einzeltürme jetzt auf in einem urbanistischen Bild oder Traum, in dem sie (noch einmal Rem Koolhaas) ihre »wahre Natur nicht offenbaren«. Sondern »weich und umstandslos ins Unterbewusstsein schlüpfen, wo sie ihre Rolle spielen als Symbol«.

Es dämmerte schon an einem Septemberabend, als ich an der Ecke der Fifth Avenue zur 34. Straße wohl eine halbe Stunde stand und am Empire State Building hinaufschaute (meine eigene kleine performative Hommage an Andy Warhols Film »Empire«). Je länger man sich in der unmittelbaren Nähe dieses gotischsten der New Yorker Art-Deco-Hochhäuser aufhält, desto überwältigender wird eine Art Fassungslosigkeit. In der Morgendämmerung schim-

mert es forellengrau, im Mittagsdunst verschwimmt seine
Fassade, abends nimmt sie die Farben des nahen Ozeans
und seiner Sonnenuntergänge an. Die einen Drittelkilo-
meter weit in den Himmel geschossenen schnurgeraden
Aluminiumbänder, die den monströsen Turm gliedern.
Die faltblumenartigen Rosetten und Ornamentfelder. Die
hohen, mit gemeißelten Draperien verhängten steinernen
Wächtergestalten zu Seiten des Hauptportals. Eine merk-
würdige Überforderung des Wahrnehmungs- und Ge-
fühlsapparats, sobald man in die Höhe schaut. Man denkt
an den Grand Canyon. Man denkt an die Niagara-Fälle.
Dass man auf die Idee kommen kann, solche gebirgsgro-
ßen Volumina von Stahl, Granit und Aluminium in derar-
tige Höhen aufzutürmen, übersteigt das Begriffsvermö-
gen auf systematisch bedeutsame Weise. Etwa so wie
Hegel über eine Wanderung in den Berner Alpen schrieb,
die Vernunft finde »in dem Gedanken der Dauer dieser
Berge oder in der Art der Erhabenheit, die man ihnen
zuschreibt, nichts, das ihr imponiert, das ihr Staunen oder
Bewunderung abnötigte. Der Anblick dieser ewig toten
Massen gab mir nichts als die Vorstellung: es ist so.« Meine
Phantasietätigkeit behalf sich mit überhitzter Bildproduk-
tion, um die Überwältigungskraft dieses Bauwerks irgendwie einzuholen in den Bereich der Vorstellbarkeit.
Für einige Minuten erschien es als Berg. Dann wieder als
Zauberschloss. Als ein riesiger Baum (die germanische
Schamanen- und Welteneiche Iggdrasil vielleicht). Ich er-
innerte mich daran, dass man aus den Büros im Inneren
auf die Stadt schaut nicht wie aus einem Gebäude, sondern wie aus einem Flugzeug. Zuletzt kam das Empire

State Building dem eingeschüchterten einsamen Betrachter als eine Art Lebewesen vor, ein alle Dimensionen
sprengender Wal zum Beispiel. Das Entsetzen meines
zweijährigen Sohnes fiel mir ein, als ich ihm 1994 auf einer
Englandreise den ausgestopften Pottwal im Londoner
Museum of Natural History zeigte. Mein sonst unaufhörlich von Ideen, Wünschen, Fragen und Bewegungsdrang
umgetriebener Junge wurde plötzlich sehr still, wollte auf
meinen Arm und legte den Kopf in meine Halsbeuge,
während er die aufgerissenen Augen nicht abwenden
konnte von dem grauen, in seiner entsetzlichen Größe
daliegenden Tier (ich beeilte mich, aus dem Saal hinaus-
zukommen).

In der Erinnerung an meine halbe Stunde an der Stra-
ßenecke vor dem Empire State Building bleibt der Eindruck eines in sich irgendwie schwingenden und vielleicht brummenden, mit sinistrer Energie aufgeladenen,
zum Schluss in seinem Zweck gar nicht mehr erkennba-
ren Gegenstands. Das Empire State Building längere Zeit
zu betrachten bedeutet eine Begegnung mit dem Inkom-
mensurablen. Man kann dann nach einiger Zeit nichts
Bestimmtes mehr sagen über dieses wirklich maßlose,
alle gewohnten Maßstäbe übersteigende Gebäude. Im
Dastehen und Schauen fiel mir auf, wie wenige Passanten, die hier vorbeikommen, auch nur flüchtig an der
Fassade des Ungeheuers hinaufschauen. Man will damit
gleichsam nichts mehr zu tun haben, wenn man sich
seelisch ein- oder zweimal daran abgearbeitet hat. Und
auch die Touristen, die anfangs routinemäßig (sozusagen

anstandshalber) die Köpfe in den Nacken gelegt haben, sind an diesem Spätnachmittag gleich darauf nur noch damit beschäftigt gewesen, sich in die immer noch langen Ticketschalterschlangen einzureihen oder vielleicht im »Empire State Store« ein miniaturisiertes Andenken an etwas zu kaufen, das sich unserer natürlichen Auffassungsgabe, wie ich inzwischen glaube, weitgehend entzieht. Im Grunde hat der achselzuckende Alpenwanderer Hegel in seiner »Ästhetik« das Erhabene fast wörtlich genauso bestimmt wie Rem Koolhaas die New Yorker Wolkenkratzer. Denn wie das Erhabene *according to Hegel* setzt auch das Empire State Building »die Bedeutung in einer Selbständigkeit voraus, der gegenüber das Äußerliche als nur unterworfen erscheinen muss, insofern das Innere nicht darin erscheint, sondern so darüber hinausgeht, dass eben nichts als dieses Hinaussein und Hinausgehen zur Darstellung kommt«. Ein »kristallenes Sinnbild eines neuen kommenden Glaubens« wollte Gropius mit seinem neuen Mittelalter schaffen. Und mir schien an jenem dann schon fast in Nacht übergegangenen Septemberabend, während rings die Leuchtreklamen angingen und ich mich um ein Taxi für die Heimfahrt bemühte, als könne man an etwas wie das Empire State Building im Grunde wirklich nur noch glauben (»Architektur als Glaubenssache«, dachte ich, fast schon wieder fröhlich, vor mich hin und atmete auf, als ich heraus war aus Midtown).

Noch ein Ukioye-Experiment. Oder vielleicht besser: die Nacherzählung eines kulturpolitischen Experiments. Das

Protokoll der Ergebnisse eines Versuchs vom Beginn des letzten Jahrhunderts, die Drift symbolischen Kapitals, die seit Beginn des Jahrhunderts alles kulturell Nennenswerte von den nördlichen und südlichen Rändern der Stadt nach Midtown schafft, umzudrehen und stattdessen ein Zentrum kultureller Legitimation im Norden aufzurichten. Nicht ein von vornherein resigniertes Rückzugsreservat, wie es John D. Rockefellers modernes Mittelalter auf Washington Heights und um die Riverside Church gewesen ist. Sondern eine kulturell ausstrahlende Akropolis des hispanischen Erbes von Stadt und Kontinent, eine Harlemer Akropolis, *a puertorican shining city on the hill*, eine alternative Hochburg der Kunst und der Wissenschaft fern von Midtown. »Audubon Terrace« liegt in einer Gegend von Washington Heights, die als »Sugar Hill« dann später eine berühmte Gegend des Jazz geworden ist (eine andere Geschichte). Ein historischer Friedhof erstreckt sich südlich. Das Gelände ist (daher sein Name) ehemals im Besitz des berühmten Vogelforschers und Malers John James Audubon gewesen. Dessen Haus kann man noch heute unweit von hier als Museum besichtigen. Das plateauartig hochgelegene, etwa blockgroße granitene Geviert der »Audubon Terrace« aber ist seit Beginn des letzten Jahrhunderts das Denkmal einer mit den Rockefellers mäzenatisch konkurrierenden Magnaten- und Mäzenatenfamilie, der Huntingtons. Arabella Huntington, Gemahlin des legendären Eisenbahngründers Collis P. Huntington, hat nicht nur das Metropolitan Museum bedacht mit einen halben Dutzend Rembrandts, Vermeers und Hunderten anderer unschätzbarer Gemälde, sondern mit bedeutenden *endowments* auch die Universität von Yale. Vor allem aber die von ihr und ihrem Mann gegründete »Huntington Library and Art Gallery« im kalifornischen San Marino bei Los Angeles. Fans der Coen-Brüder kennen das Gebäude aus dem Film »Intolerable Cruelty«. Da ist die pinkfarbene, auf einem Hügel von Palmen und Bougainvilleen umstandene Villa der Huntingtons das Anwesen von Rex Rexroth, des ersten Ehemanns von Catherine Zeta-Jones / Marylin. In Wirklichkeit ist sie seit 1928 das bedeutendste Museum und Literaturarchiv in Südkalifornien, Aufbewahrungsstätte beispielsweise unschätzbarer Gainsboroughs. Der Manuskripte Charles Bukowskis und William Morris'. Einer Gutenberg-Bibel und des persönlichen Nachlasses von Abraham Lincoln.

Wie tröstlich und wie bemerkenswert, denke ich manchmal, dass die großen kulturellen Einrichtungen New Yorks, all die Beaux-Arts-Tempel von McKim, Meade und White, die staunenerregenden Bilder- und Skulpturensammlungen, all diese unausschöpflichen Bibliotheken und ehrfurchtgebietenden Gemäldegalerien auf die Bildung und Großzügigkeit der Helden, Könige, Schurken, Mätressen und Erben der kapitalistischen Gründerzeit zurückgehen. In John Pierpont Morgans Bibliothek und Arbeitszimmer an der 36sten Straße verlor ich mich neulich in Hintergrundlandschaften auf Stifterporträts von Hans Memling. Dann stand ich im scharlachroten, viktorianisch gedämpften Licht der seidenen Tapeten vor einer Kopie von Botticellis Gemälde »Madonna del

Magnificat«, das mein Lieblingsbild schon gewesen ist, als ich sechzehn, und das ich in den Uffizien gesehen habe, als ich achtzehn Jahre alt war. Seit dem späten 19. Jahrhundert hing das Bild über dem Schreibtisch des amerikanischen Großfinanciers. Das Jesuskind, das den Blick aufwärts in den Himmel richtet, greift mit seinem zu kurzen Ärmchen nach der Hand seiner Mutter, die in ein von Engeln gehaltenes Buch schreibt. Andere Engel (einer sieht aus wie ein Mädchen, mit dem ich mit sechzehn gern gesprochen hätte und mehr, wenn ich dazu nicht zu schüchtern gewesen wäre) krönen Marias eigenartig und anmutig geneigten Kopf. Zwischen ihnen, über dem Buch, vor dem sich ihre Hände treffen, zieht ein geschwungener Weg den Blick in eine jener Unendlichkeitslandschaften, aus denen man verwandelt in die Wirklichkeit zurückkehrt.

Dem Mäzenatentum der Huntingtons ist (wie dem freilich viel berühmteren und folgenreicheren der Rockefeller) eine ödipale Mutter-Sohn-Dynamik eingebaut. Denn Archer M. Huntington, Arabellas Sohn, war offensichtlich auf der Suche nach einer originellen Nische kultureller Legitimation und persönlicher Arrivierung in seiner industriegeschichtlich wie kulturell so bedeutenden Familie. Er hatte sich schon als junger Mann den damals eher abgelegenen *Hispanic Studies* verschrieben. Archer hat dann nicht nur als Gelehrter auf diesem Feld Wichtiges geleistet. Er eiferte seinen Eltern auch mäzenatisch nach und gründete nach dem Vorbild ihrer »Huntington Library« die »Hispanic Society of America«, die in der Folge zu der größten Sammlung literarischer und künstlerischer Hispanica außerhalb der Iberischen Halbinsel geworden ist. Und zusammen mit seinem Cousin, dem Architekten Charles Pratt Huntington, baute er Audubon Terrace zu einem architektonischen Komplex aus, der um einen klassizistischen Innenhof das Museum der Hispanic Society versammelt mit der ebenfalls von Archer Huntington geförderten »American Academy of Art and Letters«, der numismatischen Gesellschaft der Vereinigten Staaten, dem prunkvollen Gebäude eines (inzwischen an den Battery Park verlegten) Museums der indianischen Kultur und dem Boricua College, einer zweisprachigen Bildungseinrichtung, das seine Angebote vor allem an puertorikanische Einwandererkinder richtet. Beim Umhergehen, Dasitzen, Fotografieren, Sinnen und Notizenmachen in dem tatsächlich sehr terrassenhaften und vollkommen vereinsamt in der Herbstsonne daliegenden Innenhof habe ich mich im September 2009 an den Numismatiker Dr. Kranich aus Thomas Manns »Doktor Faustus« erinnert. In der herzzerreißenden Schlussszene dieses Romans erklärt er sich in seiner »asthmatisch verstandesklaren« Sprechweise als »gänzlich unzuständig« für den nun schließlich zutagetretenden Jammer, die umfassende Lebensverfehlung und epochale Verworfenheit des syphilitisch verrückt gewordenen und dem Teufel verschriebenen modernistischen Künstlers Adrian Leverkühn. »Und wirklich erschien mir in diesem Augenblick die Münzenkunde als die müßigste der Wissenschaften, noch unnützer, als die Philologie, was keineswegs aufrecht zu halten ist«, sagt der Erzähler.

Auch mir kam das Ensemble aus Münzenkundler-Sozie-
tät, Akademie, Minoritätenuniversität und Spanienkun-
de-Bildungstempel auf der Audubon-Anhöhe über dem
Hudson vor wie eine poetisch-skurrile und irgendwie
»gänzlich unzuständige« nichtmoderne Enklave im hohen Norden der wimmelnden, unentwegt und empha-
tisch *up-to-date* sich haltenden Stadt. Es ist bestimmt kein
Zufall, dass Robert Underwood Johnson, der langjährige
Sekretär der American Academy im frühen 20. Jahrhundert, am bekanntesten geworden ist durch eine hochher-
zig-inspirierte, intellektuelle anspruchsvolle, vollkommen erfolglose und das Donquichotische mehr als
streifende publizistische Kampagne gegen die modernistische Literatur seiner Zeit. Es ist mir an diesen gedämpft
sonnenglühenden Septembernachmittagen des Jahres
2009 gewesen, als gehe Robert Underwood Johnsons
»gänzlich unzuständiger« Geist um auf den melancho-
lischen Freiflächen des Beaux-Arts-Campus. Und doch ist
Audubon-Terrace in Wirklichkeit als Zentrum einer kulturellen *Erneuerung* konzipiert und gebaut worden. Huntingtons Harlemer *folly* ist auch architektonisch eine Kopie – die Wiederholung oder vielleicht der Versuch einer
Überwindung des geheimen Zentrums von Midtown,
das als das Hauptgebäude der weltberühmten *New York
Public Library* an der Fifth Avenue gelegen ist. Diese Institution, deren äußere Gestalt das Museum der Hispanic
Society wiederholt bis hin zu den zu Seiten des Haupt-
eingangs postierten steinernen Löwen, dreht die Verti-
kalspannung von Midtown Manhattan dramatisch und
majestätisch in die Horizontale. Breit hingelagert, als gä-

be es hier keinerlei Platzbeschränkung, tut sich die klassizistische Säulenfront der New York Public Library an der Fifth Avenue auf, vom Trottoir getrennt durch eine weite Freitreppe, die von den erwähnten Löwen bewacht wird. Die palladinische Tempelfront verdeckt ein Inneres, das sich allerdings, anders als die Fassade, eher an der barocken Palast- als an der antiken Sakralarchitektur orientiert.

Manchmal nach Dienstschluss habe ich in jenen Wochen den Bus nach Süden genommen und habe eine oder zwei Stunden im titanisch überdimensionierten Lesesaal der New York Public Library gesessen. In der mir sonst nirgends untergekommenen Kombination aus internationaler Forschungsbibliothek und in der ganzen Stadt präsenter öffentlicher Leihbücherei ist sie so etwas wie die moderne und demokratische Version des Museions von Alexandria. Es passte zu diesen träumerischen Parallelen, dass ich an einem dieser frühen Abende ausgerechnet den von Manfred Landfester herausgegebenen Supplementenband zum »Neuen Pauly« über die Geschichte der antiken Texte aus dem Regal nahm. Eine unvergessliche Stunde lang vertiefte ich mich in die biographischen Abrisse und die Berichte vom archivalischen Nachleben abgelegener antiker Autoren, angetrieben von Grübeleien darüber, ob in 2000 Jahren vielleicht auch etwas übrig sein mochte von meinen eigenen Überlegungen und Bemühungen. Über mir zeigten große Deckengemälde einen von Wolken durchflogenen, in immer tiefere Bläue den Blick leitenden Sommertagshimmel, während draußen in Wirklichkeit der Oktoberabend dunkelte. Dann auf der hell, bunt und blinkend beleuchteten Fifth Avenue wieder das um die Vergangenheit und deren Nachleben denkbar unbekümmerte Einkaufen, Stolzieren, Flirten, Sehen und Gesehenwerden der Gegenwart, *the young / in one another's arms*, die überwältigend konzentrierte Lebendigkeit der Weltstadt. Hinter dem Gebäude (es nimmt das Areal eines für die Errichtung der Bibliothek abgerissenen gigantischen Wasserreservoirs ein), öffnet sich die weite Rasenfläche des Bryant Park. Hunderte von Klappstühlen waren an jenem Abend auf der weiten innerstädtischen Wiese unter großen Bäumen dort stehengeblieben, wo am Mittag die Sekretärinnen und Anzugherren von Midtown ihre Sandwiches verzehrt und Bürogespräche fortgesetzt hatten. Im überweißen, alle Farben auslöschenden Licht von Scheinwerfern waren die dunkelgrünen Gartenmöbel sekundenlang eine Versammlung giacomettistisch ausgemergelter (von Duchamp oder Picasso in diesen Allerweltsgegenstand hineingesehener) Kraniche.

Dann wieder auf der Audubon Terrace, im herbstlichen Samstagnachmittagslicht von Harlem. Wir wenden uns ab von der Freifläche, gehen ein paar Stufen hinauf und betreten das braunmarmorne Innere der Hispanic Society of America. Ein verschlafener, unterbeschäftigter Wächter winkt uns resigniert durch. Wir sind eh die Einzigen, und der Eintritt ist frei. Es ist ein hoher länglicher Raum in der Größe zweier hintereinanderliegender Volleyballfelder, auf halber Höhe geteilt durch eine umlaufende Galerie. Durch die verglaste Decke fällt das Licht bis zu uns herunter. Aber es wird verschluckt und verwandelt, bevor es ankommt. Denn das aus Arkadenbögen bestehende erste Stockwerk ist ganz und gar eingenommen von einer Einfassung, Verkleidung und Rahmung durch tiefbraun glänzenden, in nicht endenwollende Frucht- und Blumen-girlanden ausgemeißelten Marmor. Goyas Porträts des Herzogs und der Herzogin von Alba hängen dem Eingang gegenüber. Die hyperrealistisch-detailgetreue mittelalterliche Reiterstatue eines Kriegerheiligen daneben wirkt wie gigantisches Kinderspielzeug. Altäre, Sarkophage. Das Aufbahrungsbild einer Königin. Der mexikanisch große und grausige, mit Damastdraperien umhängte Totenkopf in der Mitte. Greinende Putten sehen seltsam altmännerhaft aus, vielleicht sind es Karikaturen bestimmter Hofleute. Denn der Tod ist in dieser Kunst so gegenwärtig, dass man sich Witze mit ihm erlauben kann. Der abgesperrte dunkle Hintergrund der umlaufenden Galerie. Es scheint, als sei dort Sperrmüll abgestellt. Murillos im Obergeschoss. Das erschütternde Porträt eines durch Erwachseneinmüssen überanstrengten kleinen Mädchens von Velázquez. Heiligenbilder von El Greco, vor denen man den Eindruck nie loswird, dass es sich in Wirklichkeit um Porträts wirklicher Personen handelt, die dem Maler viel wichtiger waren als der Heilige Hieronymus und die Gottesmutter. Azteken-Keramik auf barocken Postamenten. Und mir kam es vor, während ich hier umherging, als werde der Bildungsheroismus der New Yorker Milliardäre, die man viel geschmäht hat, in den merkwürdig rumpelkammerartigen Arrangements der Hispanic Society erkennbar als ein anachronistisches, für die Gegenwart wirklich tief unzuständiges Unternehmen. Es ist dem Realitätssinn so wenig zurechenbar, wie Bildung die Jahrhunderte hindurch immer war, aber jedenfalls nicht mehr zu erreichen und nie mehr einzuholen von unserem eigenen Jahrhundert, das über Bildung unaufhörlich redet und doch keinen politisch oder pädagogisch umsetzbaren Begriff davon hat, was sie in Wirklichkeit bedeutet.

Nach Jackson Pollock

Am südlichen wie am nördlichen Endpunkt der Fifth Avenue steht eine steinerne Erinnerung an Paris. Ein kleiner Obelisk im Norden (wir haben ihn auf dem ersten dieser Spaziergänge besichtigt) und ein Marmortor von fast der tatsächlichen Größe des *Arc de Triomphe* im Süden, das als »Washington Memorial« bekannt ist. Paris hat von New York aus gesehen im 19. Jahrhundert etwas Weibliches bedeutet. Die große europäische Vorgängerin und noch bis 1920 ernstzunehmende Mitbewerberin um den Status der ultimativen Weltstadt (an deren Bild sich das Selbstbewusstsein New Yorks untergründig bis heute misst) war im Kontrast zur New Yorker Kapitalakkumulation ein Ort des Genusses. Eine Stadt der Verschwendung statt der Ersparnis. Der Souveränität statt der Arbeit. Kunst, Erotik und Revolution hießen die Pariser Maximen. Sie sind noch im heutigen Alltagsbewusstsein so präsent, dass sie die Fallhöhe für Witze in der *standup-comedian*-Tradition abgeben können. »You're all cynicism, sarcasm and orgasm«, schleudert zum Beispiel die ordentliche jüdische Hausfrau in Woody Allens »Deconstructing Harry« ihrem aus der rechten amerikanischen Art geschlagenen Bruder Harry Block entgegen, einem Schriftsteller, der in Begleitung einer schwarzen Prostituierten und seines gekidnappten fünfjährigen Jun-

gen aus erster Ehe gerade unterwegs ist zu einem College im Staat New York, wo man ihm einen Preis verlei-
hen will. »Hey, in France I could run on this slogan«,
verteidigt sich der verlorene Sohn. »And win.«

Wenn man diese transatlantische Aufgabenteilung unseres kulturellen Unterbewusstseins bedenkt, ist es kein
Zufall, dass sich rund um den New Yorker *Arc de Triomphe*
am Washington Square schon zu Beginn des Jahrhunderts das soziale Milieu angesiedelt hat, in dem – parallel
zu den Revolutionskonzepten der radikalen Arbeiterbewegung – die kapitalistische Erwerbsgesellschaft einer
Kritik der Künstler und der Lebenskünstler ausgesetzt
wurde. Dort inszenierte sich das Boheme-Milieu der
Künstlerkritik als Neu-Paris. Die Sozialkritik der Sozialis-
ten, Kommunisten und Anarchisten dagegen bevorzugte
die Slums der Lower East Side weiter östlich, wo Leo
Trotzki unmittelbar vor der Oktoberrevolution im New
Yorker Büro der revolutionären Zeitschrift »Novy Mir«
am St. Mark's Place arbeitete und wo das spektakuläre
Gebäude des jüdischen »Forward« am East Broadway
noch heute auf den Seward Park herabsieht (die hebrä-
ischen Goldlettern seiner Giebelinschrift glänzen in der
Sonne). Wenn *liberté, égalité, fraternité* das ursprüngliche
Modell trinitarischer Freiheitsparolen gewesen ist; Marx,
Engels, Lenin die Dreifaltigkeit der Kommunisten; *cyni-*
cism, sarcasm and orgasm schließlich das humoristische
Wahlprogramm Harry Blocks, dann wären die Intentionen der von dem Soziologen Luc Boltanski (er ist nicht
zufällig der Bruder eines weltberühmten Künstlers) so-

genannten »Künstlerkritik« am Kapitalismus zusammenzufassen in die Begriffe Freiheit, Autonomie und
Authentizität.

»Während die Sozialkritik primär auf die Lösung sozio-
ökonomischer Probleme durch Verstaatlichung und Um-
verteilung zielte, kreiste die Künstlerkritik um ein Ideal
der individuellen Autonomie, der Selbstverwirklichung
und der Kreativität, das im Widerspruch zu allen Formen
hierarchischer Machtverhältnisse und sozialer Kontrolle
steht«, schreiben Boltanski und Eve Chiapello. Und kein
Zufall ist es eben auch, dass die Neuerfindung der südlichen Ursprungsgegend der Fifth Avenue – die kulturelle
Kodierung des »Greenwich Village« als amerikanisches
Paris, als Hort amerikanischer Künstlerfreiheit und
Authentizität – die Lebensarbeit von Frauen gewesen ist.
Das Museum of Modern Art an der Fifth Avenue, auf das
alle Avantgarden New Yorks und überhaupt der Welt im
letzten Jahrhundert mit aller verfügbaren Kraft zustreb-
ten, verdankt sich (wir haben es im vorigen Kapitel gesehen), dem ödipalen Bündnis Abby Rockefellers mit ihren
Söhnen gegen den Patriarchen John D. Rockefeller Junior.
Eine Stifterin von Greenwich Village (wo viele der berühmtesten Werke des MoMA dann Mitte des Jahrhunderts entstanden sind) war Edna St. Vincent Millay, Lyri-
kerin, Boheme-Selbstdarstellerin und Theaterdirektorin.
Vor allem aber sind die Gegend und deren geistige Gestalt eine Schöpfung der Kunstmäzenin, Sammlerin und
Bildhauerin Gertrude Vanderbilt Whitney, der Vorgängerin und Konkurrentin Abby Rockefellers – und, wenn

nicht aller Augenschein täuscht, das große Vorbild von deren Kulturinitiativen in den dreißiger Jahren.

Vanderbilt Whitney, eine der berühmtesten und umworbensten Erbinnen des frühen 20. Jahrhunderts, entstammte dem künstlerisch und mäzenatisch gesinnten Milieu jener unvorstellbar reichen Industriebarone, die eine Generation zuvor das Metropolitan Museum, die Morgan Library oder die Frick Collection gegründet und mit ihren Schätzen ausgestattet hatten. Um 1900 war die junge Frau auf einer ausgedehnten europäischen Bildungsreise nach Paris gekommen und hatte sich verliebt in die Künstlergesellschaft des Montmartre und das freie Leben in den Ateliers und Dachkammern, die sie besuchte. Als Schülerin Rodins wurde sie selbst eine international anerkannte Bildhauerin. Ihre prominenteste Arbeit ist wahrscheinlich das (wirklich sehr an Rodin erinnernde) Denkmal für die Opfer der Titanic-Katastrophe in Washington D. C. Ihr institutionelles Denkmal aber, das Whitney Museum of American Art, entstand in Greenwich Village, in der Nähe des Washington Square. Sein Vorläufer war der »Whitney Studio Club«, eine Art lokaler Kunstverein im Haus Nummer 8 auf der West 8th Street, mit dem Gertrude Whitney ihren armen und noch unberühmten Kolleginnen und Kollegen das zur Verfügung stellte, was für Künstler zu Beginn ihrer Karriere das Kostbarste ist: eine zentral gelegene und sorgfältig kuratierte Möglichkeit, Arbeiten zu zeigen und künstlerisches Startkapital zu akkumulieren.

Aus dieser Institution kultureller Selbstorganisation (es ist übrigens wirklich gut denkbar, dass die junge Gertrude Vanderbilt Whitney das Konzept des »Studio Club« auf ihren Europareisen an den deutschen Kunstvereinen studiert hat) ging nun auch die Kunstsammlung Whitneys hervor, die im Gegensatz zu den von Anfang an international orientierten Sammlungsabsichten des Museum of Modern Art sich vor allem der amerikanischen Moderne zugewandt hatte. Sie nahm in den ersten Jahrzehnten des letzten Jahrhunderts im Schatten des Washington Memorial wenig beachtet ihren Anfang. Das Whitney Museum steht heute nicht mehr in Greenwich Village. Der uns schon bekannten zentripetalen Tendenz New Yorker Kulturgüter folgend, ist es um die Mitte des letzten Jahrhunderts aus der Peripherie in die Stadtmitte umgesiedelt und seit 1966 in einem Bau Marcel Breuers auf der Upper East Side untergebracht, ein wenig südlich und einen Avenueblock östlich vom Metropolitan Museum. Das nämlich hatte die Schenkung von Whitneys Sammlung noch in den frühen dreißiger Jahren, befangen in einem Konservatismus, den spätere Direktoren- und Kuratorengenerationen dann oft genug verflucht haben werden, schlechterdings zurückgewiesen.

Im Herbst 1954 – ich war zwei Jahre alt – nahm meine Mutter das Schiff von Bremerhaven nach Amerika, getrieben von der Hoffnung, bei einem New Yorker Frauenmagazin als Modezeichnerin ihr Glück zu machen. Es war die Mitte des Jahrhunderts. Die zweite oder dritte Generation von Villagebewohnern nach Vanderbilt Whitney und St. Vincent Millay malten in den fünfziger Jahren unter aufgeregter Anteilnahme der ganzen Welt inzwischen so grundlegend anders, als die gesamte bisherige Kunstgeschichte hindurch für möglich gehalten worden war, dass man es der Welt und der Kunst bis heute ansieht, wahrscheinlich für immer. Für unsere eigene Zeit und Kunst sind die amerikanischen Kunstwilden der Jahrhundertmitte viel folgenreicher als die eigentlichen Gründerinnen von Greenwich Village (die heute nur noch Gebildeten und Feministinnen überhaupt ein Begriff sind). Das Hauptquartier der neuen Revolution aber lag immer noch am Ausgangs- oder Zielpunkt der Fifth Avenue. Jackson Pollock, Willem De Kooning, Frank O'Hara, John Graham, Mark Rothko, Robert Motherwell, Franz Kline, Philip Guston, Hans Hofmann, Ad Reinhardt, Barnett Newman, John Ashberry, Clyfford Still und Clement Greenberg hatten am Washington Square seit den dreißiger Jahren wenig beachtet herumgelebt, gemalt, theoretisiert und sich getroffen, in möblierten Zimmern, ungeheizten Ateliers, durchgehend geöffneten Clubs und Kneipen. In den fünfziger Jahren des letzten Jahrhunderts waren sie längst weltberühmt, ihr abstrakter Expressionismus die definitive Kunst des demokratischen Westens (eine Karriere, an der, wie man inzwischen weiß, die CIA und verschiedene ihrer Tarn- und Frontorganisationen entscheidend mitgearbeitet haben; aber das ist eine andere Geschichte).

Greenwich Village war historisch prädestiniert als Spielfläche soziokultureller Arrivierung. Im 18. Jahrhundert hatte die dreifach fußballfeldgroße Freifläche des Washington Square den Armen- und Fremdenfriedhof beherbergt, die Hinrichtungsstätte, einen Exerzierplatz am Nordrand der Stadt. Im frühen 19. Jahrhundert dann würden sich die Stadtpaläste des Großbürgertums dort versammeln, ein *Belle-Epoque*-New York, das mit seinen *townhouses*, Kutschen, Bediensteten und Familiendramen in den folgenden Jahrzehnten den Siedlungsweg *uptown* antreten sollte – aufs Land hinaus die Fifth Avenue entlang, die durch diese ständig sich selbst überholende Wanderungsbewegung überhaupt erst entstanden ist. Als ich – ein kleiner Junge mit seiner eleganten Mutter – 1954 zum ersten Mal hinkam, war Washington Square zum Campus, Spielplatz und Naherholungsgebiet der New York University und ihrer liberalen, großstädtisch und europäisch orientierten Belegschaft geworden. Die Straße, die in Harlem ihren schnurgeraden Lauf durch die Kulturgeschichte der Moderne begonnen hat, mündet unter dem Bogen des Washington-Monuments (das eine meiner ganz deutlichen Kindheitserinnerungen bildet) in den Platz und verliert sich auf Nimmerwiedersehen zwischen den Rasenflächen, Baumwipfeln, Liebespaaren, Springbrunnen, Sommerkleidern, Haschischschwaden, Frisbeeflugbahnen, Bänken, Tauben, Sehnsüchten und Lunchpaketen des innerstädtischen Volksparks. Ich kann, wenn ich in diesen ersten Jahren des 21. Jahrhunderts als Erwachsener herkomme, oft nicht unterscheiden, welche Anmutungen dieser Stadtlandschaft mich in meine Kindheit zurückführen und welche in die Bücher, die ich über das Greenwich Village gelesen habe.

Die Fifth Avenue endet hier. Man könnte sagen, sie löse sich auf in ein postmodernes (und gefühlsmäßig auch *vormodernes*) Delta komplizierter Verzweigungen, Nebenarme und Sümpfe. Wir aber nehmen noch nicht Abschied von dem zeitalterlangen, durch nie auszulotende Erinnerungen, Geister und Bilder unaufhörlich belebten Weltboulevard. Sondern es soll jetzt noch eine Weile lang davon erzählt werden, wie Mitte des 20. Jahrhunderts um den Washington Square herum – in mir; in uns allen; und überall – sich jener grundlegende Wechsel des Kunstwollens ereignet hat, die Kontinentalplattenverschiebung auf unserem inneren Planeten, der seither unwiderruflich nicht mehr die Welt jenes Soldaten Henry Lincoln Johnson ist, dem wir im ersten Kapitel dieser Stadterzählung begegnet sind, und nicht mehr die Welt meines Großvaters. Sondern eben unsere. Und nachdem die Welt seit Beginn der Geschichte sich dekonstruiert und neu zusammengesetzt hat vor allem durch schreckliche und immer schrecklichere Kriege, Umstürze, Schlachten und Massaker, ist dagegen die Revolution, die nach dem letzten großen Krieg vom New Yorker Süden her die Fifth Avenue entlang in die Mitte der Stadt und von dort um die Erdkugel gereist ist, vielleicht die erste gewesen, die sich nur im Kopf, im Sehen, auf Leinwänden, in Zeitungen, Galerien und Büchern begeben hat, eine Weltrevolution des Friedens, der Kunst und der Frauen. Zumindest eine Revolution *für* die Frauen. Jedenfalls aber ist die modernistische Kunst des vergangenen Jahrhunderts für mich schon als Kind nicht nur eine Revolution für meine Mutter gewesen, sondern schlechterdings die *Revolution meiner Mutter.*

214

Mein Großvater, der die Frauen seiner späteren Jahre vielleicht überhaupt nicht mochte und die Kunst meiner Mutter (die übrigens ganz konventionell war und nichts zu tun hatte mit den Umwälzungen jener Jahre) nie respektiert hat, muss spätestens seit den fünfziger Jahren gespürt haben, dass von New York aus (wie in den Verhaltensweisen und Meinungen seines Enkels) etwas in Gang kam, das ihn – alles wofür er stand und was ihm heilig war – zu überholen und historisch zu machen sich anschickte. Mitte der Siebziger lebte er noch. Aber er war schon längst kein Zeitgenosse mehr und nirgends hat sich das so deutlich gezeigt wie in den abfälligen Bemerkungen, die er über die bildende Kunst seiner Zeit machte (die dagegen mir so wichtig war damals, dass ich dringend wünschte, nach der Schule an einer Kunstakademie angenommen zu werden). Meinen Großvater muss man, ob er es gewollt hätte oder nicht, als einen Schriftsteller sehen und sein Leben in diesem Sinn beurteilen. Nicht nur die literarisch erstaunlich gehaltvollen Predigten, die er jahrzehntelang jeden Freitagnachmittag und -abend schrieb, jeden Samstagnachmittag auswendig lernte und jeden Sonntag so eindrucksvoll hielt, dass manche Formulierungen mir, nachdem ich sie als Kind gehört habe, heute noch erinnerlich sind, bilden sein Lebenswerk. Sondern auch seine nie veröffentlichte Autobiographie, die ein authentisches und schön geschriebenes Lebensbild ist aus dem subjektiven Innern des kurzen, nämlich schon 1989 zu Ende gegangenen 20. Jahrhunderts.

Überhaupt aber sind Formulierungen, Erwägungen, Begründungen, Geschichten, das Strömen der Prosa, der Aufbau eines Gedankengebäudes, einer Argumentation, einer Tröstung, einer *Erbauung* für mich seit dem frühen Scheitern meiner Karriere als bildender Künstler das Ausdrucksmedium der großväterlichen und väterlichen Welt. Mich für diese Ausdruckssphäre nicht bewusst zu entscheiden, sie zu verlassen, in ihr mir nicht irgendwie einen Namen zu machen, hätte für mich bedeutet, überzugehen oder abzurutschen in die gefährliche Welt meiner Mutter und der Frauen, die eine Verlockung und eine Verführung bleiben wird für den Rest meiner Lebenszeit, aber eine, vor der ich mich (wie ich inzwischen weiß) immer wieder zurückziehen muss ins festgefügte Universum der Männer und Wörter, sonst würde ich untergehen, und das will ich nicht (jedenfalls nicht für immer).

So verstehe ich heute meinen Großvater besser, als er das jemals wissen wird. Aber wenn ich ihn als Sechzehn-, Siebzehn- und Achtzehnjähriger, aus der schwäbischen Provinz kommend, an seinem Alterssitz in Lörrach besuchte, fuhr ich, sobald ich mich von meinen Großeltern mit auch nur einigem Anstand freimachen und aus ihrer Welt mich davondrücken konnte, mit der Vorortbahn nach Basel und floh ins Universum der modernen Bilder. Das Kunstmuseum, die Matisses, Picassos, Dufys, Lichtenbergs, Pollocks dort. Die billigen, seltsam bunt verpackten Zigaretten, die es jenseits der Grenze dann plötzlich zu kaufen gab. Das *Ausland*. Das Münster, der

Rhein. Unsynchronisierte Filme im Kino. Godards
»Week-End« an einem verregneten, kein Ende nehmenden Samstagnachmittag. Die fast leeren Straßen der frühen sechziger Jahre. Antonionis »Blow Up«. Die große
Ausstellung der Zeichnungen von Joseph Beuys 1969 im
Kupferstichkabinett. Sie erzeugten in mir den wilden,
fast körperlich schmerzenden Wunsch, selbst Kunst zu
machen und wurden der Anlass für längst verlorenge-
gangene Mappen voll epigonaler eigener Zeichnungen.

Im Foyer des Baseler Kunstmuseums liegt eine minima-
listische Arbeit aus rostigen Stahlplatten, wahrscheinlich
ist sie von Carl Andre. Sie wurde damals Anlass einer
mir bis heute unvergesslichen Mischung aus Wut, Fassungslosigkeit, gespieltem Amüsement und tatsächlicher
Verlorenheit angesichts einer nicht mehr zu verstehenden Welt, Kunst und Zeit im Gesicht meines Großvaters
und in seinen dann tagelang nicht mehr abreißenden
provokatorischen Reden. Ein Museumswärter hatte ihn
einigermaßen barsch darauf hingewiesen, dass er im Foyer des Museums nicht auf versehentlich dort vergessenen Bauteilen stand, sondern auf einem Kunstwerk. Er
solle doch bitte von der Skulptur Carl Andres herunter-
treten. Mich aber fesselte mit siebzehn weniges so sehr
wie der Inhalt des Kunstmuseums Basel. Mein ganzes
späteres Leben lang bin ich mit bildenden Künstlern be-
freundet gewesen und habe mich verliebt in bildende
Künstlerinnen. Noch heute hält nicht einmal der galop-
pierende *bullshit* zeitgenössischer Kunstindustrie mich
davon ab, alle ihre Hervorbringungen unaufhörlich und

leidenschaftlich zur Kenntnis zu nehmen. Sobald mir
mein Beruf und meine Schreiberei etwas mehr Zeit lassen als während meiner Alltagswochen (im Urlaub zum
Beispiel), kaufe ich mir einen Block und beginne zu
zeichnen, was ich sehe. Und in all dem erreicht mich das
ferne, aber nicht mehr verhallende Echo einer ödipalen
Kinderreise von 1954 nach New York, zum Washington
Square.

Wieder einmal in der Thomas J. Watson Library des
Metropolitan Museum. Vor mir könnte jetzt eine Biographie Christian Diors liegen oder der Katalog einer
Ausstellung über den »New Look« aus der unerschöpf-
lichen Sammlung des »Costume Institute«. In amerikanischen Museen hat man diese wunderbaren Kleider der
fünfziger Jahre schon als Kunst erkannt und gesammelt,
als sie von europäischen Bildungsbürgern noch als ober-
flächlicher Tand verachtet worden sind. Oder ich blätte-
re traumverloren in einem Band mit den Modefotogra-
fien Irving Penns aus den klassischen Zeiten des großen
Designers (der gestorben ist, als ich fünf war). Die Lini-
en eines taillierten schwarzen Kostüms mit knielangem
Rock vor den grauen und weißen Flächen einer eleganten Wohnung mit niedrigen schmiedeeisernen Gittern.
Fenster, die bis auf den Boden reichen. Draußen regnet
es vielleicht. Es ist ein kühler Sommer in Paris und ich
bin drei Jahre alt. Auf einer von kanellierten Säulen um-
gebenen Terrasse ist eine Frau in das diffuse graue Licht
eines undeutlichen Parks hinausgetreten, von elaborierten Auffaltungen aus schwerer Seide zugleich verhüllt

und entblößt. Sie sieht über ihre vollkommen geschwungene Schulter lächelnd zum Fotografen zurück.

Lisa Fonssagrives präsentiert sich in einem Bleistiftrock mit weitem Mantel. Die unbeteiligten Linien eines Lippenpaars, einer Augenbraue, eines hohen Absatzes, eines Dekolletés, kühl, nichts als nur ästhetisch, keinen Moment bekümmert um die erotische Macht, die sie verkörpern. In einer Monographie über die Geschichte des Schneiderhandwerks dann bis in Einzelheiten ausgeleuchtete Detailfotos der originalen Modellkleider Diors. Noch bis in fast nur mit der Lupe erkennbare Winzigkeiten hinein sind die Stiche, Fugen, Fältelungen, Raffungen und Abnäher vollkommen ebenmäßig und präzise. Sie lösen ein Entzücken in mir aus, das nicht größer sein könnte, wenn ich eine Frau wäre. Meine Mutter hat noch im Alter mit einem seltsam koketten Stolz erzählt, ich hätte meinen Vater dann so gut wie vergessen gehabt bei meiner Rückkehr nach Deutschland (in die Wirklichkeit). Ich wollte ihn nicht mehr kennen. Denn ich war durch unsere Rückkehr nach Deutschland verstoßen aus dem ödipalen *fools paradise*, das Amerika für den kleinen Jungen gewesen sein muss und habe meine Mutter (die jetzt plötzlich einem anderen gehörte) damals (erzählte sie) oft gefragt, wann »der« denn wieder weggehen und wir wieder miteinander allein sein würden.

»Autumn in New York, why does it seem so inviting?« Als ich 1954 mit meiner Mutter hierherkam, war der jazzgeschichtlich so überwältigend fruchtbare *standard*

219

des von Vernon Duke schon 1934 geschriebenen Titels, in dessen Text und Melodie mir heute noch »Die Große Verführung« und Utopie konzentriert scheinen (der jede Zukunft und alle Möglichkeiten versprechende Sternenstaub, mit dem die Welt einen narzisstisch überstimulierten Dreijährigen überschüttet) schon ein großer Hit für Frank Sinatra gewesen. 1957 hat er die Nummer dann noch einmal für sein Album »Come fly with me« aufgenommen. »Come fly with me« ist Sinatras größter Erfolg gewesen und in vieler Hinsicht, scheint mir, der definitive ästhetische Ausdruck der fünfziger Jahre. Als schlanker junger Mann, strahlend, in einem braunen, wundervoll geschnittenen Anzug, goldene Knöpfe an seinen perfekten Manschetten, steht Sinatra, bis zur Taille sichtbar, auf dem Cover seiner berühmtesten und bedeutendsten Platte, den Hut naturgemäß schief auf dem Kopf, unter einem vollkommen blauen, unendlich tiefen Himmel und zeigt mit dem Daumen auf eine hinter ihm wartende schneeweiße Cessna. Aus der Richtung des Betrachters aber, von außerhalb des Bildfelds, kommt eine schön manikürte, mit einem Armband aus weißen Plastikkugeln geschmückte Frauenhand ins Bild und hat sich in seine gelegt. Es ist die Traumhand von Millionen Plattenkäuferinnen. Die Hand der Frau, die er jetzt in seiner Cessna mitnehmen wird auf die große Reise.

In seiner sozusagen schamlosen Einladung zum Tagträumen ist dieses Cover (das ich neulich in einem New Yorker Plattenantiquariat für ein ziemliches Geld gekauft habe und das vor mir steht, wenn ich von diesen Notizen aufsehe) das vollkommene Bild der narzisstischen Rauschzustände, die ich in der Liebe zu einer Frau erlebe und denen ich aufgrund unscheinbarer, aber untrüglicher Indizien ablesen kann, dass sie durch die Tage und Zeiten des Erwachsenseins hindurch zurückgehen auf meine »amerikanische Kindheit« in den fünfziger Jahren. Diese Frau gehört zu mir, und deshalb werde ich fliegen können (ein narzisstisches Phantasma, das ich als Kind, nach hingerissener Nils-Holgersson-Lektüre, in langen Tagträumen ausarbeitete, bis ich tatsächlich ins Land des Schlafs hinausflog). Meine phallisch gespreizte männliche Kraft (der Hut, das Lächeln, der Anzug, der Himmel, die Cessna) ist mir, durch ihre Hand hindurch, in Wirklichkeit von nirgendwoher zugeflossen als aus dem Substrat ihrer unendlichen, unsichtbaren, das Absolute streifenden Schönheit, deren Spiegelung mein Lächeln, mein Fliegen, der unendliche Sommer dieses Himmels sind. Zusammen aber sind wir allmächtig, an keine irdische Schwerkraft gebunden, auf unbegreifliche Weise schön. Wir genügen uns selbst. Die Welt besteht nur aus den wechselnden Hintergründen unserer Liebe, Einigkeit und Geborgenheit miteinander.

Jedes Mal, wenn ich mich während meines schon über ein halbes Jahrhundert dauernden Lebens verliebt habe, ist diese auf Sinatras Plattencover genial inkorporierte Utopie der fünfziger Jahre irgendwo im Hintergrund aufgetaucht und präsent gewesen, gehüllt in das seltsame Halbdunkel der Verdrängung, von dessen Inhalten, Gegenständen und Landschaften, wenn sie einmal ins

Wachbewusstsein getreten sind, man dann weiß und sich plötzlich erinnern kann, dass sie ja schon immer da waren und man eben nur nicht hingesehen hat (nicht hinsehen wollte). Auf dem Sinatra-Cover kann ich entziffern, was New York für mich als Kind war. Aber die Düsternis des Herbsts, die Totenlandschaft und Einsamkeit des Winters sind auch in den leuchtendsten Deckerinnerungen nicht weit. Dieser Sommer wird bald zu Ende sein (eigentlich gibt es ihn gar nicht). Durch den Central Park, der dann tief verschneit sein wird, wandert der Träumer, den die Quelle seiner nur phantasierten Kraft längst verlassen hat, bei Einbruch der Dunkelheit mutterseelenallein, während um ihn, am Horizont der Fassaden, die Lichter angehen. Im Metropolitan Museum stehen die Kunstwerke der ganzen Welt still und in der Thomas J. Watson Library die Bilder der Schönheit, die ihn retten könnte, wenn es sie gäbe. Aber es gibt sie nicht. Die Hoffnung ist unendlich. Aber nicht für mich.

Zu meinen frühesten Erinnerungen oder Deckerinnerungen gehört, dass ich an der Hand meiner Mutter die Reling eines riesigen Schiffs hinaufsteige. Wir sind auf dem Weg nach New York. Ich reiche ihr nur bis zum Knie. Sie trägt hochhackige Schuhe und ein rotbraunes Wollkostüm, aus dem sie mir wenig später eine Jacke schneidern wird, in der ich mich unverwundbar fühlen werde. Wir kommen dann auf der Aussichtsplattform des Schiffes an. Unter einem nieselnden Himmel wälzen sich die grauen Wasser in jede Richtung bis an den Horizont. Der Panik, die dem kleinen Jungen aus dieser Un-

endlichkeit noch in
der späten Erinne-
rung entgegen-
kommt, ist die
nicht zu bewälti-
gende Kehrseite
der Einigkeit abzu-
lesen. Die Gefahr
eines für immer
Verlorenseins in ei-
ner Weiblichkeit,

die kein Ende nimmt. Mein Schwanken zwischen dem
Wunsch, mich in der Flugutopie aufzulösen und der
plötzlichen Gewissheit, dass mich diese Einheit auffres-
sen, dass ich in ihr für immer untergehen könnte. Das
Wissen, dass schon dieses Schwanken, schon diese Angst
(die unter der Hand längst in fassungslose Panik explodiert ist) bedeutet, dass jene Einheit schon verloren ist
und in Wirklichkeit die Schmerzen der Individuation begonnen haben. Und doch ist in jedes meiner Bilder vom
Glück – so ungreifbar und geisterhaft anwesend wie alle
unbewussten Erinnerungen – das Kunstwollen jener Zeit
und die (mir als Kind wirklich unbegreifliche) Eleganz
meiner Mutter in den fünfziger Jahren eingegangen.
Auch in das Selbstbild des erwachsenen Mannes, der heute an langen Novembernachmittagen im Central Park
Fahrrad fährt oder im strahlenden Herbstlicht zwischen
glühend gelben, roten und braunen Bäumen unter einem
tiefblauen, kalten Himmel in seinem neuen Mantel spa-
zierengeht.

»Women's Wear Daily« – der Titel der seit 1910 täglich erscheinenden Modezeitung Edmund Fairchilds gäbe keine schlechte Überschrift ab für unser gemeinsames Leben in Amerika. Das winzige Arbeitszimmer meiner Mutter im Haus meiner Tante war ringsum auf Stühlen, Bügeln, Schranktüren und Wandhaken verhängt mit den Kreationen, die sie, ein geneigtes Reißbrett vor sich auf dem kleinen Tisch, von morgens bis abends zeichnete, während ich mich langweilte, Bilderbücher ansah, sie bewunderte, mit Stoffresten spielte, zwischendurch etwas gekocht oder vorgelesen bekam, bei ihr und mit ihr vollkommen glücklich war. Dann nahm sie mich zu ihren Auftraggebern mit, die in großen Büros in Midtown residierten. Wir waren beide schön angezogen und ich muss mich gefühlt haben wie heute, wenn ich mit einer Frau ausgehe, die ich liebe und auf die ich stolz bin. In diesen Momenten, an solchen Abenden bin ich, mein ganzes Leben lang und seit ich ein kleiner Junge war, nirgends anderswo als in New York gewesen *(A Fifth Avenue of the mind).* »Glittering crowds and shimmering clouds in canyons of steel, they're making me feel I'm home.« Der New Yorker Oktober des Jahres 2007 brachte der Stadt Tage von einer seit Menschengedenken nicht gesehenen, fast frühlingshaften Durchsichtigkeit. »Dreamers with empty hands may sigh for exotic lands. It's autumn in New York. It's good to live it again.« Und mir scheinen im Gehen, Träumen, im Momentelang-nicht-genau-Hinsehen die Wochen und Monate der fünfziger Jahre im Haus meiner amerikanischen Verwandten auf Long Island wieder lebendig geworden zu sein.

Mein erstes Weihnachten dort, von dem es viele Fotografien gibt. Meine Mutter in einem grauen, plissierten Seidenkleid mit kleinen weißen Punkten, der ich glückstrahlend meine chromfunkelnde neue Pistole zeige. Ihr sorgfältig coiffiertes Haar, ihr Dekolleté, ihr Lächeln. Seltsame neue Süßigkeiten (gebogene rotweiß gestreifte Nikolausstäbe aus glitzerndem Zucker). Das wie ein geräumiges Auto dahingleitende, mühelose, warme, leuchtende Leben meiner Verwandten, das aber doch auch ein Teil meiner Familie ist, so gut wie das düstere Haus meines Großvaters mütterlicherseits, der damals noch nicht lange aus seinem Entnazifizierungslager entlassen worden war. Die Jahre des Hungers liegen knapp hinter uns. Ich bin für meine Tante und meine Mutter die Zukunft. In bestimmten Dingen, die ich in Amerika als kleiner Junge zum ersten Mal gesehen habe, treten mir die unbegrenzten Möglichkeiten, die jene Frauen damals in mir gesehen haben, heute noch mit der Gewalt einer ästhetischen Epiphanie entgegen: Kitschige Winterlandschaften auf Weihnachtskarten, deren Lichtpunkte mit silbernem, auf Leim klebendem Glitter gehöht sind (ein bisschen Staub davon bleibt bei jeder Berührung an den Fingern zurück). Die mit tausenden kleiner Glühbirnen ganz umwundenen und eingewebten alten Bäume am Rand des Central Park, an denen ich in der Abenddämmerung in diesen Tagen vorbeiradle. Das dichtgedrängte Starren und Wogen der Lichter in der großen Stadt. Und die Farbspuren auf Jackson Pollocks Gemälden: lebendig, fast atmend ineinander verwoben, seit den fünfziger Jahren im jeweilig nächsten Moment zum Leben erwachend.

Ödipales Begehren, Zukunft, narzisstischer Sternenstaub, New York, Fliegenkönnen, moderne Kunst, die
fünfziger Jahre und meine Mutter sind auf einer urtüm-
lichen Ebene meiner seelischen Organisation eins. Eine
seltsame und explosionsträchtige Legierung aus Erotik,
Kunst, Eleganz, Demokratie, Licht, modernistischer Architektur, Design, Mode und einer freien Zukunft ist irgendwann um 1954 in New York zum tiefsten Inhalt
meines ödipalen Phantasmas geworden. Der Flug mit
Sinatras Cessna wird meine Mutter (sie ist plötzlich wieder jung und die schönste Frau der Welt) und mich (ich
bin plötzlich so groß und erwachsen, dass ich wirklich
ihr Mann sein könnte) in all die exotischen Traumländer
bringen, die der tiefblaue Himmel auf dem Cover von
»Come fly with me« verspricht. In Wirklichkeit sind sie
dann der Tod, die Lächerlichkeit, die Sucht, die zerstöre-
rische Liebe zu neurotischen jungen Frauen.

Und deshalb bin ich dann doch nie ein bildender Künstler geworden und kann über all das nur *schreiben*. Und
auch das kann ich kaum, ohne dass heute noch eine
Ahnung tiefer Angst aus mir heraufsteigt. Gerade noch
der prosaische Vater- und Großvaterfilter, so scheint es
mir dann in manchen Momenten vor meinem Laptop,
steht jetzt noch rettend oder sichernd zwischen mir und
dem Verschlungenwerden durch die dämonische Mütterlichkeit der Kunst. Das in New York mir wieder aufge-
gangene Problemsternbild meiner mich als Kind (und
fürs ganze spätere Leben) überfordernden Bekanntschaft
mit der modernen Kunst hat sich im Vorfrühling 2008,

ohne dass ich es gleich gemerkt hätte und gleichsam hinter meinem Rücken, neu konstelliert in eine der mich selbst oft ein bisschen manisch anmutenden und psychodynamisch jedenfalls verdächtig intensiven Interessen, aus denen, wenn sie lang genug anhalten, an meinen Wochenenden dann manchmal Stücke entstehen wie dieses. Die Vorarbeiten dazu führten mich nun monatelang jedes Wochenende aus der Gegend um das Museum of Modern Art, wo ich mich zuvor mit meinem Notizbuch herumgetrieben hatte, die Fifth Avenue entlang stadtabwärts und ein paar Straßenblocks östlich, ins »East Village«.

In eine tief seltsame Gegend. Denn einerseits kann sich ein Mann meines Alters dort straßenweit fühlen, als durchwandere er eine aufgeputzte und puppenstubenhaft gepflegte Version des Berlin SO 36 seiner Jugend in den achtziger Jahren. Andererseits sind alle Wohnungen, Restaurants, Cafés und Kinos dort heute so teuer geworden, dass nur reiche Leute sich den Glanz dieser schönen Armut leisten können. Die deshalb eben auch bevölkert, genossen und gefeiert wird nicht (wie das Kreuzberg der achtziger Jahre) von Hausbesetzern, Sozialfällen, Punks, Pennern, Künstlern, Rockmusikern und Arbeitslosen, sondern von einer mit der klassischen Boheme Mimikry treibenden Bourgeoisie von jungen Internetunternehmern, Werbeleuten, Adepten der Modebranche, Programmierern, Models, Journalisten, Mädchen aus reichem Haus, geschiedenen Millionärsgattinnen, Wohlstandsaussteigern und finanziell komfortabel gestellten

Opfern verschiedener Identitäts- oder *Midlife*-Krisen. Sowie den zu diesem Milieu gehörenden Dienstleistern.

Am Wochenende vollends werden die Bars, Diskotheken
und Restaurants des East Village überschwemmt von
Touristen aus dem eigenen Land (zu den unzähligen aus
fremden Ländern, die Tag und Nacht sowieso schon da
sind). In sorgfältig abgeschabter »Künstler«-Verkleidung
sind sie aufgebrochen aus Brooklyn, New Jersey und Con-
necticut in die Clubs und Bars der großen Stadt, zum
Geldausgeben, Tanzen, Rumknutschen, Trinken, Kotzen,
zum   Irgendwie-wieder-nach-Hause-Finden,   Sich-Aus-
schlafen und Dann-darüber-Erzählen. Der »Neue Geist
des Kapitalismus« betreibt im East Village eine seit Jahrzehnten Tag und Nacht nicht mehr endende Verklei-
dungsparty mit der Boheme und Künstleravantgarde der
fünfziger, sechziger, siebziger und achtziger Jahre. Die
Kunst ist ins Leben getreten. Man könnte aber, denke ich
jedes Mal, wenn ich hier nachts umhergehe, genausogut
sagen, sie habe sich in ihm verloren. Solche Großtheorien
stimmen bekanntlich nie. Aber trotzdem bleibt festzuhalten, dass in den inzwischen gestenreich und gedankenarm
lärmenden Straßen um den Washington Square und den
Tompkins Square Park, bevor die Kapitalismusboheme
hier die Macht übernahm, fast alle Kunstwerke, Formge-
sinnungen, Philosophien und Haltungen entstanden sind,
die mir das Leben bedeutsam, schön, leicht und hoff-
nungsvoll machen, seit ich denken, lesen, schreiben, Musik hören und ins Museum gehen kann.

Nach einem langen Frühsommerabend in Straßen voll schöner, aufsehenerregend aufgemachter und von einer unbestimmten Sehnsucht nach »Leben«, *energy* und Sex angetriebener Menschen bin ich eines Morgens im Mai 2008 aufgewacht in einer der winzigen und (wie man dann unvermeidlich erfährt) zum An-die-Stirn-Tippen überteuerten Wohnungen des East Village. Im »Tenement Museum of New York« ein wenig weiter südlich ist das *tenement*, die ursprüngliche Architekturform dieser Stadtlandschaft, für Besucher museal hergerichtet worden. Die Lower East Side, der ausgedehnteste Slum des amerikanischen Hochkapitalismus, besteht aus den winzigen, schlechtgebauten Proletarierunterkünften des 19. und frühen 20. Jahrhunderts. 1988 kaufte das »Tenement Museum«, 97 Orchard Street, ein Haus, das seit den dreißiger Jahren leergestanden hatte, nachdem in der Lower East Side so gut wie keine Mieteinnahmen mehr zu gewärtigen waren und die Besitzer nur noch die Läden im Erdgeschoss offen hielten.

Seither ist in 97 Orchard Street der wie in einer Zeitkapsel erhalten gebliebene Innenzustand des vormaligen Elendsviertels konserviert. Das Leben der letzten Bewohner (für die sich seinerzeit kein Gott, kein Kaiser, kein Tribun interessierte) hat man gründlich erforscht und hier eine Art Slum-Freiluftmuseum eingerichtet. Mit sorgfältig ergänzten Details aus der Entstehungszeit der Wohnsituation. Mit Dokumenten über die ehemaligen Bewohner. Mit der museumspädagogisch geschickt inszenierten Fiktion, hier wohne tatsächlich noch jemand

(Geister vielleicht). So bin ich mit einer Besuchergruppe in die winzige Zweizimmerwohnung der Näherin Nathalie Gumpertz aus dem ostpreußischen Rheinberg ins dritte Obergeschoss gekommen. Nathalie ist zwei Jahrzehnte früher in New York gelandet als zum Beispiel Clara Wackwitz, die erst am 31. März 1892 auf der »Bohemia« von Hamburg aus hierhergesegelt und in Ellis Island registriert worden ist (alle Einwandererakten von Ellis Island sind im Internet frei zugänglich). Clara, die nur die Erste gewesen ist in einer langen Reihe meiner Vorfahren, denen man im späten 19. Jahrhundert ihre Einwandererpapiere in Ellis Island ausgestellt hat, war 21 Jahre alt, als sie aus Oberfrohnau in Sachsen nach Amerika aufbrach. »Oberfrobua« hat der Einwanderungsbeamte als Herkunftsort in ihre *file* geschrieben, und es steht heute noch so auf der Website von Ellis Island. Soviel weiß ich. Aber ob sie in New York Heimweh hatte nach ihrem Dorf bei Zwickau, was später aus ihr geworden ist, ob sie in Amerika einen Mann bekommen hat, ob sie Kinder großgezogen und ob sie wirklich je in der Lower East Side gelebt hat, das weiß ich nicht.

Was aber Nathalie Gumpertz angeht, deren Wohnung das »Tenement Museum« in der Orchard Street zum Ausstellungsobjekt gemacht hat, so weiß man zumindest (und kann es während der Führung auf fotokopierten Aktenstücken in Plastikhüllen nachlesen), dass ihr Mann, der Schuhmacher Julius Gumpertz, im Jahr 1874 spurlos verschwand aus der bedrückend engen und dunklen Wohnung mit der abgearbeiteten Frau und den dreckigen und hungrigen Kindern. Vielleicht ist er nach Kalifornien gegangen, in der wilden Hoffnung, dort Gold zu finden. Vielleicht hat man ihn, was in der Lower East Side im 19. Jahrhundert haarsträubend oft vorkam, auf dem Nachhauseweg von der Fabrik ausgeraubt, ermordet und in den East River geworfen. Vielleicht ist er zu einer anderen Frau gezogen. Worauf die Verlassene (oder Witwe) ihre inzwischen vier Kinder mit dem Nähen, Ändern, Ausbessern von luxuriöser Damengarderobe tatsächlich irgendwie durchgebracht hat. Und sie ist in diesen kaum zum Umdrehen großen Zimmerchen, in denen unsere Besuchergruppe sich jetzt staunend drängt, auch nicht gestorben. Sondern sie machte 1883 eine Erbschaft und zog nach Yorkville auf die Upper East Side (vielleicht in die Nähe der Marx Brothers, vielleicht in die Häuserzeile, auf deren Dächern heute mein Penthouse steht). Dorthin jedenfalls, wo die Deutschen wohnten, die das ärgste Elend der Einwanderung schon hinter sich hatten.

An jenem Morgen des frühen 21. Jahrhunderts dann ging die mediterran strahlende New Yorker Frühsommersonne romantisch auf über den Backsteinmauern, Straßenbäumen, Blechdächern, Feuerleitern und Clematisranken des East Village. Ein bisschen Kopfweh, viel Fremdheit, die milde Persönlichkeitserschütterung, die man erleidet, wenn man ungeplant woanders als im eigenen Bett aufwacht. Keine Singer-Nähmaschine, wie in der Schneiderinnenwohnung von 97 Orchard, sondern der neueste iMac stand am Fenster, auf einem niedrigen

Holztisch. Wahrscheinlich stammt das Möbel aus dem späten 19. Jahrhundert und ist aus irgendeinem Dachboden der Lower East Side dann direkt in einen Antiquitätenladen des »Village« gewandert, wo er von seiner derzeitigen Besitzerin, vermutlich für ein Heidengeld, erworben worden ist. Kein schlechtes Falkensymbol für die Novelle und unerhörte Begebenheit, die dieser Gegend im 20. Jahrhundert zugestoßen ist. Vor Tisch und iMac, unordentlich bedeckt mit den Kleidern, die wir gestern anhatten, steht ein Panton-Stuhl aus durchsichtigem, seit den frühen siebziger Jahren stilvoll verkratztem Polyethuran. Dicht an dicht bedecken Fotos der Bewohnerin als Model vor 15 Jahren die Wand. Ein paar Bücher, eine Kommode, ein großer Spiegel, ein elaborierter Schminktisch, viele Kissen, Decken und Flickerlteppiche, das ausklappbare Bettsofa, der dunkle, raue Holzboden. Türenschlagen und Stimmen im Treppenhaus. Die Schritte in der Nachbarwohnung hinter der dünnen Wand sind so laut, als gingen die Nachbarn nicht nebenan umher, sondern in den fünfzehn Quadratmetern hier. Das winzige Duschklo, viele Duftkerzen, Plastikblumen, gerahmte Plakate, ein Vorhang vor einer Art Garderobennische, dahinter unzählige Schuhe, kaum mehr zu bändigende, aus allen Ecken quellende Kleidungsmassen, Pappkisten. Lagerhäuser für saisonal nicht benötigte Garderobe sind ein blühender Geschäftszweig in Manhattan. Der viel zu große Eisschrank, eine Kochnische. Die vormalige Elendswohnung sieht schön und erotisch aus. Fast ein bisschen glamourös irgendwie. Sie kostet 1300 Dollar im Monat, und das ist noch billig.

Frühstück dann in einem samstags um zehn schon überfüllten Café am Tompkins Square Park. Einrichtung, Be-
dienungspersonal und Angebot erinnern mich an das
Hausbesetzercafé »Kuckucksei« in der Muskauer Straße
in Kreuzberg, wohin ich 1985 am Samstagmorgen oft
ging. Zwei Omelettes, Brot, Kaffee kosten 85 Dollar. Im
»Kuckucksei« der achtziger Jahre wird dasselbe höchs-
tens 12 Mark 75 gekostet haben. Es ist seltsam, wie ehr-
lich das Geld ist; wie präzis Prätentionen durch Geld
ausgehöhlt werden. In diesem Viertel New Yorks,
scheint es, sagen nur noch die Preise die Wahrheit. Jedenfalls kann ich seit jenem Frühstück in der lachhaft
überteuerten »Kuckucksei«-Kopie am Tompkins Square
Park das berühmte East Village nicht mehr recht ernst
nehmen. Das Gespräch versandete dann ein bisschen. Es
wurde höchste Zeit, jetzt allmählich mit dem Fahrrad
am Hudson entlang *uptown* zu fahren. Ich hatte Sehnsucht nach Harlem.

Der Dichter Frank O'Hara war Kurator des MoMA, eine
Art Legionär oder Fußsoldat des Rockefeller-Projekts
einer Weltdemokratisierung durch Kunst. Der legendär
charmante und elegante *poet among artists* ist immer
mein persönlicher Liebling der Pollock-Generation gewesen. Ein paar Monate nachdem ich an jenem (übrigens erfundenen) Frühlingsmorgen in der Lower East
Side aufgewacht bin, habe ich entdeckt, dass er seit 1959
im Haus neben dem gewohnt hat, dessen Interieur ich
gerade beschrieben habe, vier Jahre lang, bis er 1963 an
den Broadway zog. Diese Jahre waren seine literarisch,

gesellschaftlich und kuratorisch produktivste Zeit. »Es wurde uns schnell bewusst, welchen schrecklichen Fehler wir gemacht hatten«, hat sein Freund Joe LeSueur über die Lower East Side der sechziger Jahre geschrieben. »›Na, es war doch deine Idee, hierher zu ziehen‹, erinnerte mich Frank, wenn ich mich über den Straßenlärm beklagte und über den ständig besoffenen Hausmeister, der uns nicht in Ruhe ließ, über die Küchenschaben (die ihr Einsatzgebiet durchaus nicht auf die Küche beschränkten) und die schwarze Ratte in der Größe einer wohlgenährten Katze, die eines Morgens in der Wohnung ihren Auftritt hatte. Auch der Park erwies sich als eine Enttäuschung. In den Jahren vor der Hippie-Revolution war Tompkins Square Park ein öder und abweisender Ort, wo allenfalls missmutige alte Leute spazierengingen. Die niedrige Miete war der einzige Vorteil, aber was wir daran sparten, ging für Taxis drauf, denn die Wohnung lag weitab.«

Eine Einwandererwelle nach der anderen hat seit 1830 die windschief gebauten, hellhörigen, zugigen, miefenden, undichten, von Ungeziefer und Menschen wimmelnden Quartiere bezogen. Und dann sind die Ankömmlinge in freundlichere Viertel weitergezogen, wenn sie sich etabliert hatten in ihrem neuen Leben und ihrem neuen Land. Die Iren waren die Ersten, dann kamen die Deutschen, dann die osteuropäischen Juden, dann die Italiener, dann die Chinesen, dann die Puertorikaner. In den späten Fünfzigern und frühen sechziger Jahren war die Lower East Side so etwas wie eine Wohngegend für Penner und arme alte Leute geworden. Wer sich sogar im (auch sehr billigen) ursprünglichen Bohemeviertel um den Washington Square partout nichts leisten konnte, bezog (für so gut wie gar nichts) eine der Slumwohnungen des 19. Jahrhunderts, ein *loft* um den Tompkins Square Park oder auf den Avenues östlich der York Avenue, die nicht mehr nummeriert, sondern durchbuchstabiert sind (»Alphabet City«). Den Dreck, die Ratten, die Kriminalität, die Nutten, die puertorikanischen Straßenbanden, die in der Wolke ihres Gestanks durch die Straßen schlurfenden und vor sich hinbrabbelnden alten Leute musste man eben in Kauf nehmen.

Unterdessen, in den späten siebziger Jahren, entstand Punk dort. Keith Haring und Jean-Paul Basquiat stellten in improvisierten Galerieräumen und Ateliers um die 9th Street herum aus. Und eine aufgeklärte Generation von Immobilienmaklern, die ihren Pierre Bourdieu verstanden, ohne dass sie ihn unbedingt gelesen haben mussten, startete ein kultursoziologisches Freiluftexperiment, das ihnen Milliarden eingebracht hat. Es begann ganz platonisch (oder adamitisch; jedenfalls nichtmateriell und aus einer Kenntnis *kultureller* Funktionsmechanismen heraus) mit einer Erneuerung des *Namens* dieses Viertels. »Lower East Side« hatte seit dem 19. Jahrhundert nach Kopfläusen, Kohlenheizung und Kappes geklungen. Die sich jetzt durchsetzende Neubezeichnung »East Village« verband Alphabet City plötzlich mit den ein paar Kilometer westlich, im amerikanischen Neu-Paris von Greenwich Village entstandenen kulturellen

Errungenschaften aus der Mitte des Jahrhunderts. Mit Pollock, Bob Dylan, de Kooning, W. H. Auden (von denen auch Wohnungskäufer *uptown* schon gelegentlich etwas mitbekommen hatten). Es war eine paradoxe PR-Intervention, deren damals revolutionäre Genialität wir heute nicht mehr ganz würdigen können, einfach deswegen nicht, weil sie so erfolgreich war und das Image der Gegend tatsächlich vollkommen umgedreht hat. Gleichzeitig kauften jene jungen, wagemutigen Investoren ganze Straßenzüge verkommener Mietskasernen auf, um einen Promillebetrag ihres heutigen Werts. Für einen ganz kurzen Moment zu Beginn der achtziger Jahre hielten entstehende Kunstszene und Spekulationskapital sich die Waage im »East Village«.

Ortstermin im Christadora House. Avenue B, Ecke 9th Street, direkt am Ostrand des Tompkins Square Park. Das Goethe-Institut überlegt sich, in der ehemaligen Turnhalle des siebzehnstöckigen Art-Deco-Gebäudes einen temporären Raum für seine Veranstaltungen einzurichten. Wir besichtigen einen zwei Etagen hohen Saal, in dem man Volleyballturniere austragen kann und der seit Jahrzehnten leergestanden hat. In Nebenräumen rostüberzogene Druckmaschinen auf Betonsockeln. Taubendreck, zerbrochene Milchglasscheiben. Ausblicke auf Hinterhoflandschaften voller Mülltonnen. Turnringe hängen an Seilen hoch im piranesihaften Dämmer unter der Decke. Wir treten mit dem Makler aus der Keller- und Ruinenkühle wieder ins Sonnenlicht des um diese Jahreszeit tropisch wuchernden Tompkins Square Park hinaus. Das

Anmietungsprojekt wird, soviel ist schon klargeworden, scheitern an fehlenden öffentlichen Zugangsmöglichkeiten. Auffällig ist in den Mienen, Haltungen und Äußerungen der Hausgemeinschaftsvertreter die Mischung aus Vermietungsgier und einem Misstrauen andererseits, das unverständlich, fast pathologisch wirkt. Diese innere Verfassung unserer potentiellen Vermieter – das ging mir auf, nachdem ich ein bisschen mehr über das Christadora House in Erfahrung gebracht hatte – bringt Erinnerungen an dessen bewegte und bezeichnende Geschichte im letzten Jahrhundert zum Ausdruck.

Christadora House (der Name bedeutet offensichtlich »Haus für Christi Geschenke«) wurde 1929 im schlimmsten Slum New Yorks eröffnet als ein sogenanntes *settlement house*, Stützpunkt einer Bewegung philanthropisch und reformorientiert gesinnter Frauen der aufgeklärten Großbourgeoisie. »Hull House«, eine sehr berühmte und frühe solche Einrichtung in Chicago wurde zeitweilig (das wird mir von meinen Internet-Recherchen über das *settlement movement* vermutlich bis ans Ende meiner Tage in Erinnerung bleiben) geleitet von einer Politikerin, Frauenrechtlerin und Professorin mit dem unsagbar wundervollen Namen Sophonisba Breckenridge. Die *settlement houses* waren Leuchttürme der Sozialreform in einem Meer aus Analphabetismus, Dreck, Gestank, Hunger, Krätze, Tuberkulose, Arbeitslosigkeit, Prostitution und Kriminalität. Christadora House zum Beispiel unterhielt in seinen 17 Stockwerken inmitten der Mietskasernen der Lower East Side Kindergärten, Volkshochschulen, Heimstätten für geschlagene Frauen und gefallene Mädchen, Bildungseinrichtungen, Sozialstationen, ambulante Altenpflegeeinrichtungen und eben auch die öffentliche Turnhalle, die mein Arbeitgeber im Sommer 2008 ein paar Tage lang für öffentliche kulturelle Veranstaltungen anzumieten ins Auge gefasst hatte. Im Zweiten Weltkrieg versiegte die städtische Unterstützung, und in den sechziger Jahren war es mit der liberalen New Yorker Stadtverwaltung dahin gekommen, dass sie in ihrer Zahlungsunfähigkeit, Ratlosigkeit und Eingeschüchtertheit das Christadora an die Black Panther Party vermietete.

Bewogen durch habituelle Daseinswut, akut aufgepeitscht von einem längst vergessenen Anlass, zündeten die »Panther« ihr eigenes Hauptquartier eines straßenkämpferischen Tags an und drehten zugleich im ganzen Haus die Wasserhähne über den zuvor sorgsam verstopften Abgüssen voll auf. Durch diese kühne revolutionäre Tat und ihre Nachwirkungen vollends unbrauchbar geworden, rottete das Christadora hinter allerlei Bretterverschlägen die siebziger Jahre hindurch vor sich hin, eine Wohnstätte der Penner, Ratten und Eulen. Bis es zu Beginn der Achtziger von einem der erwähnten Unternehmerpioniere, Bourdieuschüler und Erfinder des »East Village« für einen lächerlichen Betrag erworben und in Form von sensationell billigen Eigentumswohnungen an Künstler und Intellektuelle weiterverkauft wurde, die sich etwas Ähnliches eingebildet haben mögen wie seinerzeit die Mitstreiterinnen von Sophonisba

Breckenridge. Sie könnten zum Beispiel geglaubt haben, in der Lower East Side einerseits eine sinnvolle Verwendung für ihre Ersparnisse und Erbschaften gefunden zu haben und mit ihrem Kauf zugleich einen politisch korrekten *cause* zu fördern. Das Christadora nämlich vor dem Abriss zu retten und damit einen Beitrag zu leisten zur sozialen Wiederaufrichtung des Viertels. Denn denkbar gewesen wäre damals durchaus auch die Verwandlung der Gegend um den Tompkins Square Park in hässliche und sozial gefährliche Backstein-*projects* von der Art, wie sie ein wenig südlich tatsächlich herüberdrohen.

Woraufhin jedoch das Christadora House für ein Jahrzehnt das liebste Hassobjekt allerlei aufrührerischer Bewohner der Lower East Side wurde, Ziel fast täglicher Demonstrationen und *picket lines*, deren Losungen »Kill Yuppie Scum« lauteten oder überhaupt einfach nur »Kill, Kill, Kill«. Im Einschlagen der Art-Deco-Messingportale oder im Einwerfen der Fensterscheiben in niedriger gelegenen Stockwerken fanden sie ihre klassenkämpferische Erfüllung. Die neuen Besitzer der Christadora-Wohnungen waren langjährig leidgeprüfte Bewohner der Lower East Side, die einfach nur irgendwie zu ein bisschen Geld gekommen waren (oder auch zu ein bisschen mehr; denn es war immerhin zum Beispiel Iggy Pop unter ihnen, der über das Christadora 1999 das Album »Avenue B« schrieb). Sie fanden sich jetzt – nur weil sie das architektonische Juwel ihrer Gegend renovieren und darin ein bisschen behaglicher, bürgerlicher und sicherer leben wollten – von einem Tag auf den anderen wieder in der Rolle von Kulaken, ausgestoßen und verfolgt von der Sowjetmacht des damals offenbar noch vollkommen popstalinistisch-kreuzbergartig von jungen Menschen in schwarzen Lederjacken mit roten Sternen am Revers beherrschten Viertels. Wo sind diese Roten Garden der achtziger Jahre inzwischen? Was ist aus ihnen geworden? Ich hätte nie für möglich gehalten, dass ich dieser Art von Menschen einmal geradezu nachtrauern würde, aber im East Village überkommen mich solche Stimmungen für lange Momente.

Die sich freilich gleich verflüchtigen, wenn ich mir klarmache, dass der kolonisierte Blick, den ich bei so gut wie allen potentiellen Vermietern während meiner Suche nach einem Veranstaltungsort des Goethe-Instituts in der Lower East Side gesehen habe, vermutlich dem Gesichtsausdruck von Verfolgungsopfern gleicht. Es ist die das gesamte weitere Leben nicht mehr verlierbare Angst, noch einmal aus einer armen Nachbarschaft herausisoliert und an den Pranger gestellt zu werden, in anderen Vierteln einkaufen zu müssen, kein Bier mehr zu bekommen in der Kneipe um die Ecke, nicht mehr gegrüßt zu werden von Nachbarn. Untergekommen ist das Institut 2009 dann übrigens auf der 3rd Street ein bisschen weiter westlich, zwei Häuser von der Bowery entfernt, im Wyoming Building zwischen den luxuriösen Backsteinkuben des Bowery Hotel und einem Obdachlosenasyl, dessen Bewohner für die Besitzer der Art-Deco-Atelierwohnungen des Wyoming-Turms offenbar eine psychologisch immer noch virulente (wenn auch in

Wirklichkeit längst nicht mehr reale) Verwahrlosungs-
drohung darstellen. Die nur historisch erklärbaren Ver-
mieterängste schlugen sich dann in allerlei zwanghaft-
grüblerischen Bestimmungen unseres Mietvertrags nie-
der, die man auf den ersten Blick gar nicht verstehen
kann (keine Musik im vorderen Teil des schlauchartigen
Ladenlokals; nicht mehr als zehn Personen zu irgendeiner Zeit im Sichtbereich der straßenzugewandten
Schaufenster). Noch die ernsthaften Geldstrafen, die
man gewärtigt, wenn man in der Lower East Side in
Sichtweite der Polizei eine Dose Bier auf der Straße
trinkt, sind entferntes Echo aus einer Zeit, in der das
Christadora, das Wyoming und andere Eigentumsimmo-
bilien der Lower East Side Festungen einer prekären
Bürgerlichkeit waren, umgeben rings von einem wogenden und drohenden Meer aus Armut, Punk, Poprevoluti-
on – und von den Wellen und Moden dann bald eben
auch der Kunst, die bekanntlich immer zugleich Revolution ist und Arrivierung. Boheme *und* Kapitalismus.

Heute dagegen hat sich das Leben in New York so weit
entfernt von den Formen der Boheme, dass deren Schilderung unwillkürlich etwas Romanhaftes annimmt.
Zum Beispiel in der Autobiographie von Suze Rotolo,
die ihr Leben mit Bob Dylan in Greenwich Village be-
schreibt. An einem heißen Augusttag (mein Sohn und
dessen Freund waren derweil im East Village unterwegs,
um eine Gitarre zu kaufen) bin ich mit diesem Buch
in der Hand von einer Dylan-Stätte zur anderen durch
Greenwich Village gewandert, von dem Haus, in dessen

drittem Obergeschoss die beiden eine jener winzigen Einwandererwohnungen hatten (den von Rotolo beschriebenen Musikalien- und Instrumentenladen daneben gibt es immer noch) bis zum ehemaligen »Kettle of Fish«, einem der ersten Auftrittsorte des jungen Poeten. Vom längst aufgelassenen »Gaslight« zum Haus, in dem das »Café Wha?« war. In Dylans Werk hat die New Yorker Boheme mein Leben berührt, als ich so alt war wie mein Sohn heute, als ich (wie er jetzt) nach Modellen suchte für meine ganz eigene Form der Künstlerkritik (bevor die faschingshaft radikalen Spielformen der Sozialkritik mich hinnahmen, die damals Mode waren). Erst viel später im Leben hat mich das, was Boheme heißt – die radikale soziale Verwirklichung von Freiheit, Autonomie und Authentizität – dann auch außerhalb der Kunst betroffen. Und ich habe lernen müssen, womit Jackson Pollock, Mark Rothko, Jim Morrison, Keith Moon und so viele andere meiner Lebenshelden das Phantasma der absoluten Freiheit bezahlt haben. Mit einem Untergang, könnte man sagen und es damit vielleicht genauer erklären (wenn es in diesen Fragen auf Erklärungen ankäme), in einem Abgrund der Mütterlichkeit.

Denn genauso lange, wie man braucht, um begründet zu ahnen, was die Freiheit der Boheme in Wirklichkeit kostet, habe ich in einer ihrer klassischen Hauptstädte verbracht. Das südpolnische Krakau ist nicht nur die Heimat der großen polnischen Könige, Revolutionäre, Nobelpreisträger, Kardinäle und Professoren. Die Stadt beherbergt schon seit dem vorletzten Jahrhundert (und, anders als New York, noch heute) zugleich auch klandestine, abseitige, zweifelhafte Helden und Herrscherinnen. Nebel dämpfen im Herbst und Winter die Stadt. Laternen erhellen kaum die feuchte Dunkelheit des Spätherbsts. Und in beißend raucherfüllten Hinterzimmern, in gotischen Kellergewölben, die den Marktplatz unterminieren, ist eine Bohemetradition aus dem 19. Jahrhundert lebendig geblieben, den Kommunismus hindurch bis heute. Es ist im Westen unbekannt und überhaupt schwer zu begreifen, wie viel Alkohol, Zigaretten und andere Drogen während der Nächte unter dem Krakauer Marktplatz konsumiert werden. Wie wild man dort auf engstem Raum tanzt. Wie viele Tragödien und Romanzen die Ecken und Gänge dieser verwinkelten Lokale gesehen haben. Welche entsetzlichen Kopfschmerzen man dann an manchen Vormittagen und welchen unglaublichen Spaß man bei all dem hat. Bis manchen von uns ein Wesen von der Art begegnet ist wie jenes, dem erfahrene Marathonläufer den dämonischen Spitznamen »Der Mann mit dem Hammer« beigelegt haben. Oder die Lächerlichkeit, die bekanntlich auch tötet.

Von Talleyrand stammt die Einsicht, wer nach der Französischen Revolution zur Welt gekommen sei, wisse sein Leben lang nicht, wie schön es eigentlich sein kann. Er hätte vielleicht hinzufügen müssen, dass einen dieses Wissen dann irgendwann auf die Guillotine bringen konnte. Im Herbst 2008 bin ich umgeben von der Nüchternheit Manhattans. Und behaupte: Wer den Postsozialismus in

Krakau nicht erlebt hat, kann sich nicht vorstellen, dass die erotisch-künstlerisch-lebensweltliche Experimental-kultur, die zu Beginn des letzten Jahrhunderts von Europa nach Greenwich Village ausgewandert ist, am Ende des-selben Jahrhunderts ausgerechnet in Osteuropa noch (oder noch einmal) lebendig war. »Hier in Kyoto / höre ich einen Kuckuck / und sehne mich nach Kyoto.« So geht ein Haiku des bereits erwähnten japanischen Zen-Dichters Bashō. Um die Wende zum 21. Jahrhundert waren die Städte Osteuropas viel mehr Greenwich Village als Green-wich Village selbst. Was zu Beginn des letzten Jahrhun-derts in Schwabing, auf dem Monte Ascona oder in den fünfziger Jahren dann eben in *downtown* Manhattan blüh-te und tobte, setzte sich dort in verrauchten Kneipen des Internetzeitalters fort, als wäre seither nichts passiert auf der Welt. Es war wunderschön. Aber anstrengend und, wie gesagt, auch nicht ganz ungefährlich.

In Krakau hatte ich das Gefühl, im späten 19. Jahrhundert gestrandet zu sein (einer himmelhoch hysterischen Zeit). Im postfeministischen New York fühle ich mich manch-mal wie im 18. Jahrhundert (dem elaboriert zwanghaf-ten). Etwas von der Courtoisie höfischer Tänze ist in den *manners and mannerisms* besonders der weiblichen Nach-kommen von George Washington und Alexander Hamil-ton wiedergekehrt. Ein altmodisches Bedürfnis nach *Schicklichkeit*. Menuett-Etikette. Der grassierende *political correctness*-Wahnsinn ist wahrscheinlich nur eine extre-mistische Facette dieser allgegenwärtigen gesellschaftli-chen Stimmung. Man ist, gerade weiblicherseits, ja auch

sonst viel indigniert hierzulande, oft auch persönlich ge-
kränkt und beleidigt (und *gern*, hat man den Eindruck;
die *post-feministische Vorwurfspersönlichkeit*). Männer sind,
wenn ich meinen Beobachtungen, Enttäuschungen und
Gefühlen trauen kann, hier mehr als irgendwo anders auf
der Welt lückenlos von Regulierungen umstellt. Paradoxerweise am dichtesten in den traditionellen Reichen der
Freiheit. Als fast undurchdringliches Dickicht umdrängen
uns Verbotsschilder, Gesetzestafeln und Vorschriften,
wenn wir Männerfreundschaften schließen oder erotische Sehnsüchte an den Tag legen möchten. Nirgends ist
in New York die Regulierung dichter als in der inneren
Hitzezone intimer Beziehungen und ihrer Anbahnung.
Die Phantasien, Sehnsüchte, Manöver, *dates*, die Annäherungen, Signale, Interpretationsmöglichkeiten, Strate-
gien, Täuschungen, Triumphe, Grausamkeiten und Bese-
ligungen gefühlsintensiver Kommunikation sind überall
sonst auf der Welt ein Abenteuerspielplatz, der auch für
den wohlbestallten erwachsenen Angestellten Tragödien,
Lebensumschwünge, Wunder und Gefahren bereithält.
Als Begehrende rückt uns jene *doppelte Kontingenz*, die
Niklas Luhmann als den *big-bang*-artig heißen Ursprungs-
punkt sozialer Systeme ausgemacht hat, gefährlich und
erregend nah.

Was doppelte Kontingenz ist, kann man sich vielleicht
am besten anhand eines ethnologischen Modells klarma-
chen. Ein amazonischer Volksstamm, der noch nie Kon-
takt mit modernen Weltbürgern hatte, begegnet eindrin-
genden Forschern. In dieser Situation hat keine der

aufeinandertreffenden Parteien eine tragfähige Theorie darüber, was in ihrem Gegenüber vorgeht. Der Forscher weiß nicht, ob die Indigenen einen Gott in ihm sehen oder Suppenfleisch. Durch einen komplizierten, widersprüchlichen, störbaren, von Kommunikationskatastrophen, Rückkopplungen und jedem denkbaren Schrecknis bedrohten Prozess wird doppelte Kommunikation dann in ein soziales System umgearbeitet. In ein Lächeln, einen Gabentausch, eine Verhandlung, einen Kargokult.

Auch in erotischer Kommunikation ist der begehrten Partei notwendigerweise zu Beginn unklar, ob sie im Inneren des sich annähernden psychischen Systems als Göttin oder als Frischfleisch erscheint. Vorsicht ist geboten. Sie verringert sich in dem Maß wie die Bewegungen der einen Partei im psychischen System der anderen als etwas beobachtet und verarbeitet werden können, das der eigenen Autopoiesis zuträglich ist. »Er liebt mich, er liebt mich nicht.« Ein soziales System entsteht, ein Rendezvous, eine Liebesgeschichte. Die Gefahren, Unsicherheiten, Verklemmungen und Chancen, die zwischen Männern und Frauen zu sozialen Weiterungen führen, sind aber in New York durch Ratgeber, Zeitschriftenartikel und eine Art *dating*-Industrie derart heruntergekühlt und geradezu *verrechtlicht* worden, wie ich es sonst nirgendwo auf der Welt gesehen und erlebt habe. Kaum ein Schritt vom Wege scheint möglich. Einmal bin ich geradezu so weit gegangen, mir aus Interesse für eine New Yorkerin (und halb natürlich auch aus ethnologischer Neugier)

den hier allgegenwärtigen Bestseller »The Rules« der sogenannten *dating coaches* Ellen Fein and Sherrie Schnei-
der anzuschaffen (worauf ich jenes Interesse allerdings
umgehend verloren habe). Es wird in komplizierten ka-
suistischen Katalogen festgelegt, welche Annäherungen
oder Rückzüge auf welche Signale die angemessene Ant-
wort sind und welche einen ins soziale und erotische
Abseits führen. Wer sich in New York für Frauen interessiert, kann sozusagen am eigenen Leib verfolgen, wie
doppelte Kontingenz soziale Systeme hervorbringt.

Das *juste milieu* Manhattans hat es fast schon ganz dahin
gebracht, intimer Kommunikation jede Gefährlichkeit
und Peinlichkeit zu nehmen. Erotik ohne Überra-
schungsmoment scheint sein Ziel. Zeit, daran zu erinnern, dass die Boheme, deren Stadtteile die Spießerinnen
von New York sich angeeignet haben und deren Lebens-
form sie gedankenlos und oberflächlich imitieren, in ihren sozialen und vor allem ihren Liebesbeziehungen das
genaue Gegenteil unternommen hat. Und dass die viel-
fältigen emotionalen Komplizierungen, das seelische
Draufgängertum, die bewusst in Kauf genommenen und
ausgekosteten zwischenmenschlichen Katastrophen des
Bohemelebens zugleich die Modelle und Trainingsgrün-
de der modernen Kunst gewesen sind. Boheme wie
Kunstmoderne scheuen die Stilllegung von Kontingenz
im System. Eine der wenigen Selbstbeschreibungen, die
von Jackson Pollock überliefert sind, ist ein kurzer, auf
youTube zugänglicher Film. Gezeigt wird der Künstler bei
der Arbeit. Aus dem Off spricht er darüber, was er gerade

macht. Pollock vergleicht sein Malen mit einem Kommunikationsvorgang zwischen sich und der Leinwand – die »a life of it's own« habe. Mit einer Kommunikation, muss man ergänzen, in der die Unsicherheit, aus der alle Kommunikation entsteht, eben nicht beruhigt wird (»das ist ein Haus, was da auf der Leinwand entsteht«; »er will mit mir einen Kaffee trinken, vermutlich interessiert er sich für mich«). In dieser Beruhigung würde ein künstlerisches oder ein soziales System entstehen (ein naturalistisches Gemälde; ein *date*). Die Kommunikation aber, auf die es der klassischen New Yorker Moderne und der Boheme von Greenwich Village vor sechzig Jahren noch angekommen ist, hält die doppelte Kontingenz zwischen Künstler und Material, zwischen Alter und Ego offen, verstärkt sie sogar bewusst.

Heute gruselt sich die Stadt vor den Sozialstrategien der Boheme (die bekanntlich darauf hinauslaufen, dass Ego nicht weiß, ob der mit Alter geplante Abend in einen Heiratsantrag ausläuft oder mit einem Mordversuch enden wird). Woody Allens Film »Vicky Christina Barcelona« hat im Berichtszeitraum dieser Reflexionen einen umfassenden Katalog von Boheme-Verhaltensweisen aus Sicht des New Yorker Postfeminismus zusammengestellt. Bezeichnenderweise spielt der Film in Europa, in einem gut erfundenen Milieu abstrakt-expressionistischer Maler. Pollock ging, so kann man seine künstlerische Verfahrensweise zusammenfassen, mit der Leinwand um wie ein Bohemien mit seinen Künstlerkollegen, mit dem Publikum oder mit seinen Freundinnen. »When I am in my painting, I'm not aware of what I'm doing«, sagt seine irgendwie cowboyartige und nach Raucherart emphysematisch schnaufende Stimme auf jenem Filmstreifen. »It is only after a sort of ›get acquainted‹ period that I see what I have been about. I have no fear of making changes, destroying the image, etc., because the painting has a life of its own. I try to let it come through. It is only when I lose contact with the painting that the result is a mess. Otherwise there is pure harmony, an easy give and take, and the painting comes out well.« Oder eben auch nicht. Dass Ego Alter schnell verlässt, wenn die Kommunikation nicht mehr nach Wunsch verläuft, gehört ja zu den grundlegenden Sozialtechniken der Boheme, die das Konzept der »Liebe als Passion« übernommen hat von den Experimentalzirkeln der Romantik (denen es wiederum von der Adelsgesellschaft der Renaissance überliefert worden war). Die Boheme liebt das Fragment nicht nur in der Kunst, sondern auch im Leben.

Es ist paradox: Die Wien-Werdung von New York (oder – um die dritte Petrifizierungsvariante einer großen Bohemevergangenheit als Parallelbeispiel aufzurufen: die *Vermünchnerung* der Stadt) hat ihren Grund darin, dass man hier inzwischen dank Bürgermeister Rudolph Giulianis Sieg über Mafia und Drogenszene wieder in jedem Stadtteil unbehelligt leben und sich sicher bewegen kann. Aber mit der Gefahr haben auch die Schriftsteller, Herumhänger, Ausreißer, Punkmusiker, Maler, Groupies und Aussteiger die Insel verlassen. Ihre Nachbarn sind verschwunden, ihr Publikum, ihre Buchläden, Theater, Kinos, Musikklubs, Stammkneipen, ihre *thrift stores* und Arbeitsmöglichkeiten. *The nymphs are departed.* Die Boheme hatte das Risiko, den Dreck, den Lärm, die Kriminalität und die Depressivität jener Nachbarschaften das ganze letzte Jahrhundert lang auf sich genommen. Sie war gerade in ihrem Schutz vorangekommen. Jetzt ist es vorbei mit ihr. Manche New Yorker Künstler leben (auch dort schon eine vom Aussterben bedrohte Spezies) noch in Brooklyn. Viele sind schon in Berlin. Nur jene Anzugmänner und *office ladies* – Menschen die bereit sind, bis spät in die Nacht in ihren Büros herumzuleben – können sich Manhattan noch leisten, und auch die nicht mehr entfernt auf einem Niveau von Lebensqualität, das man bürgerlich nennen könnte. Ausländische Milliardäre kaufen derweil ganze Straßenzüge auf. Touristen aus der Eurozone tragen Einkaufstüten mit exklusiven Aufdrucken triumphierend durch Midtown. Dass die Dealer und ihre Kunden Manhattan verlassen mussten, ist ein historischer Sieg der Demokratie, des Rechts, des Lebens und der Menschlichkeit gewesen. Aber die politischen und juristischen Fortschritte Manhattans in den letzten 15 Jahren sind nicht das einzige Beispiel dafür, dass Fortschritte der Vernunft mit Rückschritten der Poesie erkauft wurden. Für die künstlerische Moderne ist es ebenso unabdingbar wie für den Kapitalismus, dass es mit ihr immer weiter gehen muss. Seit man als erfolgloser (als *noch nicht* erfolgreicher) Künstler in Manhattan so wenig noch leben kann wie der Mittelstand, zeigt sich, dass Rothko ohne die Ramones etwas fehlt (das Leben vermutlich).

Derweil ist »One Fifth Avenue«, ein Art-Deco-Wolken-kratzer mit der Nummer 1 in der vom Washington Square stadtaufwärts beginnenden Zählung, im letzten Jahr ein literarisch berühmtes Gebäude geworden durch einen gleichnamigen Roman von Candace Bushnell, der Erfin-derin der Fernsehserie »Sex and the City«. Die inzwi-schen weltberühmten Abenteuer einer Vierergruppe schon etwas angegangener, aber immer noch geradezu Hanni-und-Nanni-artig unzurechnungsfähiger Mittvierzi-gerinnen sind aus einer Kolumne Bushnells im »New York Observer« hervorgegangen und dann ein Klassiker der Neuerfindung des Fernsehens durch den Sender HBO geworden. Bevor ich hierhergezogen bin, habe ich »Sex and the City« immer für eine vollkommen überzogene Karikatur des New Yorker Frauenlebens gehalten. Heute weiß ich, dass wir es mit einer naturalistisch genau be-obachteten Milieustudie von großem dokumentarischen Wert zu tun haben. Der Schauplatz (und zugleich das steingewordene Realsymbol) des Romans »One Fifth Avenue« ist vom Washington Square Park und überhaupt in der ganzen Gegend von fast überall her sichtbar als eine hoch in den Himmel über der fünfstöckigen Village-Bebauung vorgetriebene Mischung aus mittelalterlich-burgartigen Formgesten und modernistischer Abstrak-tion. Der nach dem zehnten oder fünfzehnten Stockwerk in allerlei Brüstungen, Terrassen und Dachgärten aufge-löste Baukörper verjüngt sich in einem Dreierschritt zum Turm. Auf der östlichen Rückseite ist er durch bollwerk-artig vorgelagerte Untergeschosse verstärkt (als gelte es in Lower Manhattan, einen Barbareneinfall abzuwehren).

Die Fassade zur Fifth Avenue hin wiederum ist abstrahiert venezianisch. Im dritten Stock laufen Balkonbrüstungen ringsum, über denen sich ein Band stilisierter gotischer Spitzbögen hervortut. Türeinfassungen weiter unten sind spiralig oder bänderhaft in sich verdreht. Aber das sind nur historistische Andeutungen. Der umbaute Raum von »One Fifth Avenue« hat sich weit von ihnen und überhaupt allem Irdischen abstrahiert. Er verwirklicht die kaum mehr vorstellbare Höhe, durch die Manhattan sich in die Geschichte der Architektur für alle Zukunft eingeschrieben hat und die nicht mehr vereinbar ist mit hergebrachten Vorstellungen darüber, was ein Haus ist. Und die theaterhafte Vertikalität von »One Fifth Avenue« wird noch verstärkt durch schnurgerade und parallel zueinander in die Höhe geführte dunkle Backsteinbänder, die funktional weder Säulen sein könnten noch Friese, sondern stattdessen Formsymbole darstellen einer bis zur Selbstberauschung von sich selbst begeisterten Aufwärtsbewegung.

Der Vertikaldrang des Baus erscheint umso dramatischer, als »One Fifth Avenue« in unmittelbarer Nachbarschaft zu den »Washington Mews« in die Höhe schießt, direkt neben der ehemaligen Dienstboten-, Pferdestall- und Kutschengaragen-Hinterstraße also von »The Row«, einem straßenblocklangen Überbleibsel der ursprünglichen Randbebauung des Washington Square im klassizistischen *federal style*. Heute sind dort verschiedene Institute der New York University untergebracht. Henry James lässt 1880 seinen Roman »Washington Square« hier spie-

len: Die Geschichte der weder besonders klugen noch
atemberaubend schönen Catherine Sloper, deren Leben
zwischen einem geldgierigen Verführer und einem lieblo-
sen Vater pulverisiert wird. »Catherine, picking up her
morsel of fancy-work, had seated herself with it again –
for life, as it were«, lautet der berühmte Schlusssatz, wenn
schon alles vorbei ist und alles aus und alles egal. Nur
noch sinnlose Lebensjahre erstrecken sich im 19. Jahrhundert grau und ozeanweit vor der nach unseren Begriffen
noch ganz jungen Frau. Candace Bushnells Roman von
2008 ist – sehr wahrscheinlich, ohne dass die Verfasserin
von »One Fifth Avenue« es weiß und gewollt hat – ein
komisch-postfeministisches Gegenstück zu Henry James'
Tragödie weiblicher Hilflosigkeit. In einer Filiale von »Le
pain cotidien« an der Nordwestecke von 8th Street und
Fifth Avenue habe ich Bushnells Machwerk im heißen
Sommer 2009 an drei Wochenendnachmittagen aufopfe-
rungsvoll und einwandfrei weggelesen. Ich saß an einem
der langen *communal tables* aus unbehandeltem Holz, wie
sie für die Innenarchitektur dieser belgischen Patisserien-
Kette typisch sind und behielt die venezoide Fassade des
nahen Wolkenkratzers im Blick, als könne ich Bushnells
Personal dort *in flagranti* ertappen. Von Bushnells literari-
schem *Alter Ego* Carrie Bradshaw aber war so wenig zu
sehen wie von der dummen Samantha Fox, der schönen
Charlotte York oder von der für mein Empfinden immer
besonders entsetzlichen Miranda Hobbes. Stattdessen
entfaltete sich vor den Schaufensterscheiben das Durchei-
nanderwogen und Gelangweiltsein der Touristenmassen,
die New York das ganze Jahr hindurch überflutet halten.

Ganz ohne ein oder zwei Gläser Riesling ist es mir allerdings nie gelungen, diese Sitzungen durchzuhalten. Wenn ich mich (jedes Mal so gegen halb sechs) erhob, um mich in der nahe gelegenen Pizzeria »Tre Giovane« zur Belohnung für meine Lektüreleistung mit einem Salat und Pasta zu traktieren (die Hitze hatte nachgelassen, und die Baumschatten fielen im Washington Square Park), war ich jedesmal dann doch ein bisschen angegriffen von den Einblicken in die zeitgenössische weibliche Psychologie, die dieser – wie alle Bücher Candace Bushnells reißenden Absatz findende – Roman einem gewährt. Dabei glaube ich, dass kaum ein Mann außer mir ihn überhaupt je gelesen hat. Was ein Fehler ist. Man sollte derlei zur Kenntnis nehmen. Denn was Bushnells *»surprisingly thoughtful pop feminism, at once sharp and sweet«* (so das »New York Magazine« in einer Rezension) unterschwellig empfiehlt und erzählerisch vollzieht, ist die Abschaffung des Mannes als eines Wesens über das sich Gedanken zu machen irgendwie lohnen würde. Karikaturen sind freilich auch die fünf Frauen, deren Schicksale sich in »One Fifth Avenue« bündeln. Übrigens ohne, wie anzumerken bleibt, dass sich dabei irgendein schlüssiger, geschweige interessanter Konflikt oder etwas Ähnliches ergeben würde. Die Handlung (soweit man in Bezug auf Bushnells »One Fifth Avenue« von Handlung reden kann) verläppert ziellos, um dann, damit ein Ende sei, *ex machina* lieblos-unmotiviert abgeschaltet zu werden. Aber Bushnells Frauenfiguren haben, wenn sie auch Karikaturen sind, zumindest so etwas wie ein Innenleben. Männer dagegen sind in »One Fifth Avenue« grundsätzlich unver-

ständlich, unbegreifbar und nur als *Gegebenheiten* gezeich-
net – *things like rocks and bears*, wie Ian Jeffrey die Darstel-
lungsmodi der alchemischen *prima materia* charakterisiert
hat. Männer werden im Bushnell-Universum angeboten
in den Geschmacksrichtungen »eiskalt-machtbesessener
Geschäftsmann mit pathologischen Zügen«, »schwuler
alter Knuddeldandy mit Kunsthintergrund, der dann bald
stirbt«, »schmieriger Mittvierziger, der selbst dran schuld
ist, dass er von diesen jungen Dingern ausgebeutet wird«
und »jungenhafter Schriftsteller im Leserinnenalter, den
die Heldin nie vergessen konnte und am Schluss dann
kriegt«. Um es mit dem unsterblichen Buchtitel von Gaby
Hauptmann zu sagen: »Suche impotenten Mann fürs Leben.« Am genauesten beschrieben und verstanden worden ist das Personal Candace Bushnells (das es, so fiktio-
nal es ist, paradoxerweise *wirklich gibt*) in Jean-Claude
Kaufmanns Klassiker der Frauensoziologie »Singlefrau
und Märchenprinz«.

Ein paar Straßen von hier – 82 University Place – lag
bis 1963 die Cedar Tavern, in den fünfziger Jahren ein
heroischer Ort abstrakt-expressionistischen Bohemelebens. University Place war damals eine gefährliche,
elende und billige Straße und die Cedar Tavern eine
ziemliche Spelunke. Heute ist das Ladenlokal eine luxuriöse Boutique. Nach meinen Sitzungen mit Candace
Bushnells »One Fifth Avenue« am Rande des Washington
Square Park ist mir fast schmerzhaft klargeworden, dass
die Aufsteifungs-, Selbstausdrucks- und Reflexions-
krämpfe Pollocks und De Koonings nichts gewesen sind

als Rückzugsgefechte eines männlichen Selbstgefühls, für das es längst keinen Bedarf mehr gibt. Es hat nicht einmal mehr ein lebenspraktisches Reservat. Wobei das Seltsamste vielleicht gar nicht darin besteht, dass die postfeministische Kontingenzvermeidungskultur sozusagen die Männer abgeschafft hat (und seither in zahllosen Frauenzeitschriftsartikeln und »Sex and the City«-Folgen darüber Klage führt, dass es keine mehr gibt). Sondern dass Pollock und seine Trinkbrüder die letzten waren, die Kunst in einem jahrtausendelang überlieferten heroischen Sinn verstanden haben, als Kampf um den Ausdruck eines Inneren. Dass das *Museum of Modern Art* folglich heute tatsächlich so etwas sein könnte wie der Parthenon einer uns heute nicht mehr nachvollziehbaren Religion, die sich um das heldische Begreifen- und Gestaltenwollen gruppiert und gedreht hat. Ihr Zentralheiliger wäre Jakob, der Sohn Isaaks, der (»ich lasse dich nicht, du segnest mich denn«) mit einem Engel ringt und ihn *besiegt*. Später war dann die Natur der göttliche Bote und der Gegner im Ringkampf des klassischen Kunstwollens. Die menschliche Unergründlichkeit, die Liebe oder das Schicksal. Andy Warhol, der seine ursprüngliche *factory* nicht zufällig in Midtown angesiedelt hat und eben nicht in Greenwich Village, hat das Pollock-Modell künstlerischer Hervorbringung und sozialer Interaktion (bei dem einem immer irgendwie eine Titanenschlacht oder etwas ähnlich Mythologisches in den Sinn kommt) zu Beginn der sechziger Jahre zum ersten Mal und auf dem höchsten künstlerischen Niveau als Kitsch und als unelegant abgelehnt. Wir können, auch das ist mir in meinen New Yorker Jahren klargeworden, nicht mehr hinter seine Geste zurück. Und ich will auch nicht mehr dahinter zurück. So wenig es mir gefällt – seit Andy Warhol sind wir, in New York und überall auf der Welt, Candace Bushnells Personal näher als den Stammgästen der Cedar Tavern.

Zu Beginn des 21. Jahrhunderts ist, soweit ich sehen kann, Bob Dylan der einzige bedeutende Künstler, der noch wie Pollock arbeitet. Jede Neuinterpretation seiner Stücke (und er interpretiert sie in fast jedem Konzert neu, zum Teil grundlegend) *kommuniziert* mit den künstlerischen Materialien. Und Dylan hält in dieser Kommunikation die doppelte Kontingenz strategisch offen. Dylan, der oft in der *factory* war, hieß bei Warhol und den Seinen stets nur *the creep* und war ihr universal verwendbarer Feind, den zu hassen Einheit unter ihnen stiftete (»die eigene Frage als Gestalt«). Pollock selbst stand für den Hass der *factory*-Stammbelegschaft nicht mehr zur Verfügung. Er war schon tot. Stattdessen ist bis heute Bob Dylan das lebende Fossil jener männlichen und heterosexuellen Kunstgesinnung der fünfziger Jahre. Sein Werk ist bewusst und mit Nachdruck altmodisch. An ihm kann man studieren, wie Greenwich Village zur Zeit des Abstrakten Expressionismus mit seinem künstlerischen Material umgegangen ist. Es gibt nicht mehr viele Kunst-Echos aus dem 20. Jahrhundert, die so lebendig sind wie die Musik Bob Dylans. Dessen neues Album in den strahlenden Sommertagen des Jahres 2009 erschienen ist und »Together through Life« heißt. Seither trage ich »Jolene«, »My wife's hometown« und »Beyond here lies Nothin'« auf meinen Stadtwanderungen im iPod überall mit mir herum. Dylans neues Album ist zum *soundtrack* der letzten Abschnitte dieses Kapitels geworden. Und die Gesetze einer situationistisch begründeten Psychogeographie mögen es schließlich rechtfertigen, dass wir uns für einen letzten Blick auf die große Straße der klassischen Moderne nicht auf ihr selbst, sondern in einer benachbarten Stadtgegend ein wenig abseits setzen.

Es gibt in New York ein geheimes Geburtshaus der Postmoderne. An der nordöstlichen Kreuzungsecke der Lexington Avenue mit der 90th Street liegt ein Coffeeshop, den es ausweislich historischer Fotos an seinen Wänden schon in den fünfziger Jahren gab. Heute wird er betrieben von einem indisch-afroamerikanischen Wirtinnenduo, das zu wunderbaren Sandwiches, Scones, Cupcakes und Croissants den New Yorker Kaffee ausschenkt, an den man sich gewöhnen muss; der einem dann aber bald zur Notwendigkeit wird. Hier können wir ungestört ein letztes Mal über die Fifth Avenue nachdenken. An der Straßenfront zur 90th Street hat das Management direkt auf dem engen Bürgersteig, zwischen der Ecke zur Avenue und einem gefährlich starrenden Kellereingang, vier kleine, wacklige Stahltische mit mosaikverzierten Tischplatten ins Freie gestellt und Klappstühle aus Blech. Zu fast jeder Jahreszeit, im Mantel oder im T-Shirt, manchmal in Vorweihnachts- und ein andermal wieder in Ferienstimmung, bin ich in den letzten Jahren morgens vor der

Arbeit eine Weile hier gesessen, habe Kaffee aus einem Pappbecher geschlürft und den Strömen der Passanten zugeschaut, die sich von der U-Bahn-Station vier Blocks weiter südlich auf die Geschäfte und Büros der Upper East Side verteilen.

Wie in Suzanne Vegas berühmtem Lied »Tom's Diner« kommt vor meinen Bürotagen die Welt zu mir an meinen Cafétisch, der sich in ein Interface verwandelt hat zwischen der realistischen Straßenszene und all den inneren Erlebnissen, die New York in mir emporsteigen lässt. Manchmal sitzt ein alter Mann schon dort, wenn ich hinkomme, immer mit einer sehr guten Zigarre. Deren Duft andererseits erhitzte Jogging-Frauen, die nach der Anstrengung einen Kaffee trinken wollen, offenbar so stört, dass sie demonstrativ entrüstet (fast ein bisschen schnaubend) das Weite suchen. Meinen Nachbarn beeindruckt es nicht. Wenn er es überhaupt merkt. Manchmal kommen Kinder mit ihren schönen Upper-East-Side-Müttern her, auf dem Weg zu den vornehmen Kindergärten der Gegend oder zum 92nd Street Y, einer berühmten jüdischen Bildungseinrichtung ein paar Blocks stadtaufwärts. Ein bedrücktes Schulkind vielleicht, mit einem viel zu großen Ranzen auf dem Rücken, sitzt auf einem der Stühle und baumelt mit den Beinen. Ich aber trinke einen Milchkaffee zu einem *plain croissant* und schaue stadtabwärts auf eine sechsteilige Zeile von dreistöckigen Einfamilienhäusern, *brownstones* in den repräsentativen Formen der Neorenaissance. Eins dieser Häuser stellt den eigentlichen Grund meines morgendlichen Hierseins dar. Und bevor ich auf diesen Grund zu sprechen komme, soll über die Häuserzeile der Lexington Avenue nur schnell noch erzählt werden, dass sie eine Nebenarbeit von Henry J. Hardenbergh darstellt, dem Architekten des Plaza Hotel an der südöstlichen Ecke des Central Park und des Dakota-Building auf der westlichen Parkseite. Und dass sie aus dem Jahr 1889 stammt.

Siebzig Jahre dann nach dem Bau des Komplexes – und vor einem halben Jahrhundert von uns aus gerechnet, im Jahr 1959 nämlich – hat Andy Warhol (er war damals gerade dabei, sich als Werbegraphiker einen Namen zu machen) 1342 Lexington Avenue gekauft, das vorletzte Haus des Hardenbergh'schen Baukomplexes an der Ecke zur 89th Street. Hier hat der seltsame, gefährdete, einsame, kindliche Mann und (wie wir heute sehen können) sehr große postmoderne Künstler mit seiner Mutter bis 1974 gewohnt. Von hier aus ist er jahrzehntelang am frühen Nachmittag mit der U-Bahn zu seiner *factory* in Midtown gefahren, so verlässlich wie je ein leitender Angestellter. Dort arbeitete er bis Mitternacht und hat anschließend bis zum Morgengrauen – nüchtern, aber allgegenwärtig – in den Klubs und Bars von Greenwich Village und der Lower East Side hofgehalten, intrigiert, Verbindungen geknüpft und Präsenz gezeigt. Dann ging es mit der U-Bahn oder einem Taxi wieder stadtaufwärts, zu Mama. »I'd get home around four in the morning, make a few phone calls, usually talk to Henry Geldzahler for an hour or so, and then when it started to get light, I'd take a Seconal, sleep for a couple of hours and be back at the Factory by early afternoon.«

Mein Interesse für Andy Warhol ist viel älter als meine New Yorker Zeit. Oder besser: meine innere Verbundenheit mit Andy Warhol. Meine kein Ende findende innere Beschäftigung mit ihm, die vielleicht in Wirklichkeit ein Befasstsein mit der Zeit ist, in der ich lebe. Ein intellektuelles und seelisches Beschäftigtsein mit der *Warhol-Epoche*. Denn wir leben nach Jackson Pollock, und wir leben nach der Boheme, unwiderruflich. Der Künstler Warhol wollte nicht mehr innerlich sein, nicht mehr entfremdet, selbstzerstörerisch, gesellschaftskritisch und romantisch. Seine Kunst hat nicht mehr mit der Leinwand, mit der Tradition oder mit irgendetwas anderem *gerungen*. Neuformatierung war seine Ölfarbe, sein Pinsel, sein Marmor, sein Meißel. Er hat gezeigt, dass sich tiefste Einsichten durch einfachste Änderungen des Rahmens eröffnen lassen, in dem Dinge und Menschen erscheinen. Besucher seiner *factory* offenbaren so gut wie alles über sich, wenn er sie die Laufzeit einer Filmrolle lang vor einer Kamera mit sich selber allein ließ (»Screen Tests«). Er baute einen Warenkarton aus Holz und Farbe nach und vervielfältigte ihn im Galerieraum, und das reichte, um die intrikatesten Fragen nach dem Wesen der Kunst zu stellen und vielleicht für immer zu beantworten (»Brillo Box«). Andy Warhol hat gezeigt, dass Kunst so etwas wie die Transsubstantiation von Brot und Wein ist. Dass er dazu nicht mehr unternehmen musste, als die Welt, wie sie ist, in einen nur ganz geringfügig geänderten Rahmen zu stellen, hat die klassischen Legenden der Künstlerkritik zerstört und ins Schattenreich der Trivialität verbannt. Er hat die osteuropäische Andacht zur »Realität des geringsten Ranges« (wie Tadeusz Kantor jene abseitigen und »armen« Sujets nannte) in weltstädtische *coolness*-Konzeptkunst umgebildet.

Mit ungeahnten Folgen. Denn erst durch Warhols Innovationen ist das weltweite selbstreferenzielle Kunstsystem entstanden. Warhol hat die von Beuys heroisch-clownesk vorausgeahnte und von Nicolas Bourriaud jüngst auf den Begiff gebrachte *esthétique relationelle* der Gegenwartskunst zu einer späten Verwirklichung jener »progressiven Universalpoesie« gemacht, von der die deutschen Frühromantiker um 1800 postulatorisch träumten, ohne dass irgendeine wirklich existierende Kunst ihren Vorahnungen schon entsprochen hätte. »Sie umfasst alles, was nur poetisch ist«, schrieb Friedrich Schlegel über die progressive Universalpoesie (und, ohne es zu wissen, über die Kunst nach Jackson Pollock), »vom größten wieder mehrere Systeme in sich enthaltenden Systeme der Kunst bis zu dem Seufzer, dem Kuss, den das dichtende Kind aushaucht in kunstlosen Gesang.« »Tanztheater«, sagte Liam Gillick neulich, als ich ihn fragte, ob es eigentlich eine Kunstgattung gebe, in der er nicht aktiv sei. Aber auch das könne sich noch ändern. Inkompetente Stadtplanung oder miserable Dramatik sind seit Andy Warhols *factory* mit demselben Recht zeitgenössische Kunst wie schlechte Filme, dilettantische politikwissenschaftliche Theorien, unbeholfene

Malerei, Amateurmusik, zusammenphantasierte Philosophie oder gepökelte Tiere. »Es wird in Zukunft kaum
eine Verkehrtheit mehr geben, die sich nicht am aktuellen Kunstsystem ein Beispiel nimmt«, schreibt Peter Slo-
terdijk. Aber vielleicht gibt es schon längst nicht nur
keine Männer, sondern auch keine Kunst mehr. Vielleicht ist die Kunst wirklich im Leben verschwunden.
Vielleicht ist Schlegels Traum von 1798 (ohne dass wir
gemerkt hätten, wie das im Einzelnen zugegangen ist)
inzwischen wahr und seine progressive Universalpoesie
als zeitgenössisches Kunstsystem Realität geworden.

Wie auch immer. Ich will mir aus diesen Beobachtungen
und Vermutungen eigentlich keine folgerichtige Theorie
oder gar Theologie zusammenschustern. Jedenfalls aber
geht alles, was New York für mich jemals war, mir in
diesen Frühlingstagen auf der Lexington Avenue, Andy
Warhols ehemaligem Haus gegenüber, durch den Sinn.
An jedem Morgen etwas anderes und doch immer wieder das Gleiche. Nach einer durch ödipale Traumunru-
hen gestörten Nachtruhe bin ich heute, im August 2009,
schon sehr früh hergekommen und habe das Notizbuch
dabei. *That is no country for old men*, lese ich als Eintrag.
Ich weiß nicht mehr, wann ich das notiert habe und
warum. Ich denke über das neue Buch Arthur C. Dantos
über Warhol nach, das ich im Zusammenhang meiner
Recherchen für dieses Kapitel gestern fertiggelesen habe. Eine Stelle im achten Buch des antiken Kunsttouris-
ten Pausanias fällt mir ein, der zur Regierungszeit Hadri-
ans das museal gewordene Griechenland beschrieben hat

und aus dem überwachsenen und verfallenden Zeusheiligtum des arkadischen Lykaion die (mich in diesen Tagen aus irgendeinem Grund umtreibende) Gespenstergeschichte überliefert, wer in den Tempelbezirk des Berggipfels dort eintrete, ob Mensch oder Tier, werfe auch im hellen Mittagslicht keinen Schatten. Und der Gedanke an Andy Warhol tröstet mich wieder einmal, während ich in der Frühlingsluft auf meinem Blechstuhl an der Kreuzung der Lexington Avenue mit der 90th Street sitze. Die grimmig befriedigte Vorstellung zum Beispiel, wie vorbildlich mir an Warhol die *einfühlsame Distanz* zu der Boheme vorkommt, die er gemanagt hat. Und dass sich sein Distanzethos, seine *Formatierungsgesinnung* in der Lage von 1342 Lexington Avenue so perfekt ausdrückt.

Dessen rötlichbraune neugotische Mauern übrigens heute von einem leichten morgendlichen Dunst verklärt sind. Ich denke an Julia Warhola, Andys Mutter, die im Souterrain seines Hauses die osteuropäischen Kunsterinnerungen und Formintuitionen wachhielt, die das geheime Zentrum der Pop-Art sind. Es rührt mich immer wieder, dass Warhol sich für sein Aussehen, seine gesellschaftliche Unbeholfenheit, seine provinzielle Herkunft, seine Mutter (der er trotzdem sehr treu war) so geschämt hat. Dass er so einsam war und desto mehr, je älter, hässlicher und kranker. Dass ihn eine militante Genderfeministin fast umgebracht und für immer verkrüppelt hat. Dass ihn schöne junge Männer, denen er nicht widerstehen konnte, sein Leben lang übervorteilt

haben. Dass er in allem so anders war als seine Super-
stars und doch genauso sein wollte wie sie. *Nobody but
you / A nobody like you / All my life / It's been nobodies like
you*. Dass er irgendwie eigentlich Tonio Kröger in Thomas Manns gleichnamiger Novelle gewesen ist. Ich denke an meinen Sohn, der in Europa jetzt gerade aus der
Schule kommt und mühelos all das wirklich darstellt
und verkörpert, was ich sein wollte als junger Mann.
Wodurch ich mich wieder einmal *gerächt* fühle an den
Peinigern meiner Jugend. Oder *rehabilitiert* durch meine
eigene Familiengeschichte. Oder, noch anders: In New
York will mir oft scheinen, als hätte ich als längst Erwachsener – in Distanzierung und Mitleid, in Bewunderung und im Weiterarbeiten – meine Kindheit neufor-
matiert *(verklärt)*, in der verrückten Hoffnung, sie durch
diese Wiederholung zu retten oder von ihr gerettet zu
werden. Was vielleicht nicht verrückter ist als jedes andere Warten auf Erlösung.

Eine junge Frau am Nebentisch prüft ihr Spiegelbild in
der Schaufensterscheibe des Warhol-Coffeeshops und
fährt mit der Hand durch ihr Haar. Die Fußgängerampel
schaltet vom roten auf das weiße Signal. Ich schaue auf
die Uhr. Wir wollen, nachdem wir Zeitgenossen der
kunst- und mentalitätshistorischen Tatsache namens Andy Warhol geworden sind, nicht mehr kommunikativ
ringen mit dem Material der Kunst und mit den Gegebenheiten unseres Lebens. Seit Warhol sind unsere Lebensarbeit und unser Alltag postmoderne Kunst geworden. Was uns zustößt, ist Teil unserer Kunstwerke und

Lebenskunstwerke, einfach dadurch, dass es in ihrem Rahmen erscheint. Mehr brauchen wir nicht zu wissen. Auf nichts Gewaltigeres richten sich unser Kunstwollen und unsere Erlösungshoffnung. *That is all / Ye know on earth, and all ye need to know.* Mit gutem Grund sind wir keine abstrakten Expressionisten und keine Bohemiens mehr. »Die spätamerikanische Kunstindustrie«, denke ich befriedigt. Ich nehme mir vor, das große Buch Alois Riegls über die *spätrömische* mir bald mal wieder in den Lesesaal der Watson Library kommen zu lassen. Und gebe mich einen Moment lang der Phantasie hin, alles, was in meinem Leben seither wichtig gewesen ist, münde in die Straßen New Yorks oder sei von hier ausgegangen in die Welt (»Die Hauptstadt meines inneren Lebens«). Dann trinke ich meinen Kaffee aus, stehe auf und gehe ein paar Blocks weit nach Westen zur Fifth Avenue hinüber, ins Büro.

Stephan Wackwitz
Osterweiterung
Zwölf Reisen
224 Seiten. Gebunden

Reisen durch das Herz Europas – durch Tschechien und die
Slowakei, durch Polen, Ungarn und Litauen. Mit dem Blick
des Flaneurs und Spurendeuters unternimmt Stephan Wackwitz Expeditionen durch Kultur und Alltag eines noch immer
unentdeckten geographischen und historischen Raums – eine
Schule des Sehens und Denkens.

»Die größte Stärke des Buchs ist der Mut und das
handwerkliche Geschick des Autors, sein persönliches
Erleben in der Kulturgeschichte zu spiegeln. Damit
erschafft er nicht einfach ein Bild der Orte, sondern vor
allem ein Gefühl für sie. (…) Wackwitz macht die fremden
Geschichten zu seinen eigenen: das ist eine Anleitung zum
Europäischsein.«
Jenny Friedrich-Freksa,
Frankfurter Allgemeine Zeitung

S. Fischer

fi 1-091057 / 1

Stephan Wackwitz
Neue Menschen
Bildungsroman
276 Seiten. Gebunden

Ein glänzend geschriebener und höchst persönlicher Roman-
essay über die Verhexung einer ganzen Generation durch die
Glücksversprechen des Marxismus. Und über die langsame
Heimkehr ins Leben – durch die Liebe.

»Roman, Essay, Autobiographie
und Bildung verbinden, durchkreuzen und
betrügen sich hier in jeder erdenklichen Weise [...]
Thematisch reizvoll und stilistisch elegant bahnt sich die
Erzählung ihren Weg. Sie gewinnt Schwung an
intellektuellen Schwerkraftzentren, gerät in
weiter entfernte Umlaufbahnen und
kehrt doch immer wieder zurück.«
Oliver Jungen, Frankfurter Allgemeine Zeitung

S. Fischer

fi 1-091056 / 1